国家社会科学基金资助项目
项目批准号05BJY018

U0949813

中国中部发展论坛2011

我国注册会计师行业监管的理论、体制与效率研究

李长爱 著

WUHAN UNIVERSITY PRESS
武汉大学出版社

图书在版编目(CIP)数据

我国注册会计师行业监管的理论、体制与效率研究/李长爱著.—武汉：武汉大学出版社,2012.10
ISBN 978-7-307-10127-2

Ⅰ.我…　Ⅱ.李…　Ⅲ.注册会计师业—监管机制—研究—中国
Ⅳ.F233.2

中国版本图书馆 CIP 数据核字(2012)第 232095 号

责任编辑:田红恩　　责任校对:刘　欣　　版式设计:马　佳

出版发行：武汉大学出版社　(430072　武昌　珞珈山)
(电子邮件：cbs22@whu.edu.cn　网址：www.wdp.com.cn)
印刷：湖北金海印务有限公司
开本：787×1092　1/16　印张:12.25　字数:289 千字　插页:1
版次：2012 年 10 月第 1 版　2012 年 10 月第 1 次印刷
ISBN 978-7-307-10127-2/F·1714　定价:28.00 元

版权所有，不得翻印；凡购我社的图书，如有质量问题，请与当地图书销售部门联系调换。

作者简介

李长爱，女，1964年4月生，河南延津人，现任湖北经济学院会计学院院长、教授，管理学（会计学）博士。兼任湖北省会计学会常务理事；武汉市审计局特约审计员；武汉市审计学会常务理事；湖北省注册会计师协会惩戒委员会委员；湖北省第八届、第九届、第十届政协委员。主要研究会计理论与会计监管。在《会计研究》、《审计研究》等刊物上公开发表专业学术论文70余篇，主持国家社科基金项目2项。2008年获“全国先进会计工作者”荣誉称号；2004年获“全国优秀教师”荣誉称号；1995年获中国人民银行总行金融教育基金会“优秀教师奖”（“金晨奖”）。

前　言

自1853年英国爱丁堡会计师协会成立至今，注册会计师（简称CPA）行业监管已有近160年的历史。160年间，行业监管部门为CPA行业制定规范，创建方法，提供服务和支持，对违规CPA进行惩戒与处罚，从而为促进CPA行业健康发展，维持资本市场稳定乃至为整个国民经济的健康可持续发展作出了巨大贡献。期间行业监管理论随监管实务的变化而不断发展。安然事件后，CPA行业监管问题再次成为会计审计界探讨的热点问题之一。国内外学者用公共利益论、博弈论、市场失灵和政府管制理论等分析CPA行业存在的问题，对政府监管、行业自律监管和独立监管体制进行了深入的探讨，提出不少有价值的观点和可操作性的建议。但研究多集中在行业监管体制上，对行业监管理论、方法、效率等系统研究较少。如何界定CPA行业监管的目标、内容、原则等基本理论问题，我国应选择什么样的监管体制，怎样改进我国的监管方法，怎样提高监管效率，如何强化监管者的法律责任等一系列问题尚需深入研究。

对我国注册会计师行业监管问题进行研究的背景是基于：2001年安然事件后，美国又爆发世通、施乐等一系列重大会计造假与审计失败案，著名的国际“五大”会计公司之一的安达信会计公司因此解体，CPA行业备受责难，CPA的诚信受到全社会质疑。在社会各界的压力下，美国国会于2002年7月25日通过了《2002年萨班斯-奥克斯利法案》（Sarbanes-Oxley Act of 2002，简称萨班斯法案）。该法案对《1933年证券法》、《1934年证券交易法》的许多内容作了修改和补充，包括CPA行业监管、审计独立性、财务信息披露、公司责任、证券分析师的利益冲突、美国SEC的资源和权力、事务所合并等相关问题的研究和报告、公司及刑事欺诈责任、强化白领刑事责任、公司税收返还和公司欺诈责任等11个方面。根据萨班斯法案，美国设立了公众公司会计监管委员会（Public Company Accounting Oversight Board，简称PCAOB），对CPA行业实行独立监管，以此替代实施一个多世纪的行业自律监管体制。美国安然等一系列财务丑闻事件发生后，英国CPA行业并没出现大的问题，但英国政府、会计职业界以及各有关方面对于会计监管和公司治理进行了深刻的反思和检讨，英国贸工部于2003年宣布一揽子改革计划，建立新的监管框架，对CPA行业实行自律监管与独立监管、政府监管相结合的监管体制。几乎同一时间，我国也发生如红光实业、猴王集团、银广夏等一系列会计造假案和与之相关的蜀都、湖北立华、中天勤等审计失败案，财政部为了强化政府监管，于2002年11月发布［2002（19）］号文（简称19号文），将原委托中国注册会计师协会（简称中注协）行使的对CPA行业监管的行政职能收归财政部门。这些体制变化引起众多学者的广泛讨论：独立监管是否更有效，行业自律监管将如何发挥作用，我国财政部门收回行政监管职能是否开历史倒车，我国的自律监管该往何处走？如今，萨班斯法案已实施10年，我国的监管体制变革也已经历9年多，其实施效果如何？值得深入分析。

本书首先从监管的理论基础入手，研究我国CPA行业监管的基本理论问题，在理论指导下，探讨如何改革监管体制，改进监管方法，强化监管责任，从而提高监管效率，确保监管效果。主要采用历史研究法、实证研究法、比较研究法、调查法、案例分析法等方法分六章展开研究。

第一章“CPA行业监管理论研究”，以市场失灵与政府管制理论、制度变迁理论、和谐理论和效能优先理论为基础，研究CPA行业监管的基本理论问题。分析了CPA行业监管的必要性、可能性以及监管动机和局限性，探讨界定了CPA行业监管的目标、主体、内容、原则和标准。第二章“英美CPA行业监管体制变迁研究”，按照英美CPA行业监管体制的产生与发展历程，对其制度变迁展开研究。指出英美CPA行业监管体制的主要贡献和存在的主要不足，论述了政府监管、行业自律监管和独立监管的优缺点，并从理论上对变迁进行了分析。第三章“我国CPA行业监管体制改革研究”，阐述了我国CPA行业监管体制沿革，分析了监管体制现状，指出我国监管体制存在的主要问题，并提出改革思路及具体改进措施。第四章“CPA行业监管方法研究”，用案例分析法探讨CPA行业监管方法的变革过程，分析了英美等国监管方法的主要优点与不足，指出我国监管方法存在的主要问题，并提出改进监管方法的思路。第五章“我国CPA行业监管效率研究”，在对监管效率进行一般分析的基础上，以19号文发布，财政部收回行政监管权为背景，以1998年至2005年中国A股上市公司为研究样本，以盈余管理作为审计质量的衡量标准，通过单变量检验及多元回归分析研究财政部收回行政监管权是否有助于提高审计质量，进而探讨监管效率是否有所提高。第六章“CPA行业监管的法律责任研究”，研究CPA行业监管的法律责任，指出现行法规中有关监管责任规定的主要缺陷，提出强化监管者责任的建议。

本书是在作者博士学位论文（《我国注册会计师行业监管问题研究》）的基础上修改而成的。在本书即将出版之际，我首先要衷心感谢我的导师、中南财经政法大学会计学院罗飞教授，他对本书框架、观点等的悉心指导是本书能够问世的关键。我还要特别感谢廖洪教授、王永海教授、夏成才教授、许家林教授和汤湘希教授，他们对本书的肯定使我更有信心继续本课题的研究，他们对本书提出的建议是我修改的重要依据。感谢我的博士生同学王泽霞、谢盛纹、邓川、杨汉明、贡俊、王惠芳、黄中生、李月娥等对我的帮助和支持。

本书也是国家社会科学基金项目“我国注册会计师行业监管的理论、体制与效率研究”（项目批准号05BJY018）的最终研究成果。感谢恩师郭道扬教授，为课题提供了从申报到完成、从思想到内容上的大力支持；感谢课题组成员张龙平、朱锦余、黄美珠、申慧慧、曾艳霞、聂曼曼、黄益雄、殷治平、胡慧娟、黄旭等的杰出研究和帮助；还要特别感谢财政部监督检查局部进新先生、林启云先生，中国注册会计师协会唐建华先生，湖北省证监局陈海清先生等为本书提供的信息支持。

本书自完稿至出版历经6年时间，期间国内外CPA行业监管理论与实务发生了较大变化，尽管作者多次修改，仍有诸多不周到之处。对于书中存在的不足和错误，欢迎读者批评指正。

目　录

导　论

自1853年英国爱丁堡会计师协会成立至今，注册会计师（简称CPA）行业监管已有近160年的历史。160年间，行业监管部门为CPA行业制定规范，创建方法，提供服务和支持，对违规CPA及事务所进行惩戒与处罚，从而为促进CPA行业健康发展，维持资本市场稳定乃至为整个世界经济的健康可持续发展作出了巨大贡献。期间行业监管理论随监管实务的变化而不断发展。安然事件后，CPA行业监管问题再次成为会计审计界探讨的热点问题之一。国内外学者用公共利益论、博弈论、市场失灵和政府管制理论等分析CPA行业存在的问题，对政府监管、行业自律监管和独立监管体制进行了深入的探讨，提出不少有价值的观点和可操作性的建议。但人们的研究多集中在行业监管体制上，对行业监管理论、体制、方法、效率等系统性研究较少。怎样界定CPA行业监管的目标、内容、原则等相关理论问题，我国应选择什么样的监管体制，怎样改进我国的监管方法从而提高监管效率，如何强化监管者的法律责任等一系列问题尚需深入研究。

一、研究背景

2001年安然事件后，美国又爆发世通、施乐等一系列重大会计造假与审计失败案，著名的国际“五大”会计公司之一的安达信会计公司因此解体，CPA行业受尽责难，CPA的诚信受到全社会质疑。在社会各界的压力下，美国国会于2002年7月25日通过了《2002年萨班斯-奥克斯利法案》（Sarbanes-Oxley Act of 2002，简称萨班斯法案）。该法案对《1933年证券法》、《1934年证券交易法》的许多内容作了修改和补充，包括证券市场审计的监管、审计独立性、财务信息披露、公司责任、证券分析师的利益冲突、美国SEC的资源和权力、相关问题的研究和报告、公司及刑事欺诈责任、强化白领刑事责任、公司税收返还和公司欺诈责任等11个方面。根据萨班斯法案，美国设立了公众公司会计监管委员会（Public Company Accounting Oversight Board，简称PCAOB），对CPA行业实行独立监管，以此替代了实施一个多世纪的行业自律监管体制。

美国安然等一系列财务丑闻事件发生后，英国CPA行业并没出现大的问题，但英国政府、会计职业界以及各有关方面对于会计监管和公司治理进行了广泛的反思和深刻的检讨，英国贸工部于2003年宣布一揽子改革计划，建立新的监管框架，对CPA行业实行自律监管与独立监管、政府监管相结合的监管体制。

几乎同一时间，我国也发生如红光实业、猴王集团、银广夏等一系列会计造假案和与之相关的蜀都、湖北立华、中天勤等审计失败案，财政部为了强化政府监管，于2002年11月发布［2002（19）］号文（简称19号文），将原委托中国注册会计师协会（简称中注协）行使的对CPA行业监管的行政职能收归财政部门行使。

这些体制变动引起众多学者的广泛讨论：独立监管是否更有效，行业自律监管将如何发挥作用？我国财政部门收回行政监管职能是否开历史倒车，我国的自律监管该往何处走？

如今，萨班斯法案已实施近10年，我国的监管体制变革也已经历9年多，其实施效果如何？值得深入分析。

二、研究的理论与实际意义

本书在对美英等国CPA行业监管体制、监管方法和监管法律责任进行评价和借鉴的基础上，分析了我国CPA行业监管的现状，指出我国CPA行业监管方面存在的问题，如监管相关法规之间存在冲突，行政监管主体权责界定不清；政府多头监管，互不认账，重利益轻效率；行业自律监管体制不顺，地方注协没有发挥应有作用；各级监管部门均存在重行政权力，轻监管责任；缺乏系统、规范的监管方法体系；重事后监管，轻事前、事中监管等。提出构建我国CPA行业监管理论，改革监管体制，完善监管方法，强化监管责任，从而提高监管效率，确保监管效果的思路。本书研究的理论与实际意义在于：（1）通过探讨CPA行业监管理论体系的构建，界定出我国CPA行业的监管目标、监管组织架构与监管主体、监管的内容、监管的原则和监管标准，为CPA行业监管提供理论支持，从而确保CPA行业健康可持续发展。（2）提出建立“行业自律监管为主，政府行政监管为辅”的监管体制，重新定位政府监管与行业自律监管的职责权限，为我国修订《注册会计师法》提供参考。（3）提出实行舞弊导向监管法、事项监管法，全面推行同业互查等，为我国CPA行业监管提供全新视觉与方法，从而有助于提高监管效率，进而充分发挥CPA审计在我国证券市场的监督与保障作用。（4）通过对2002［19］号文前后的审计质量进行实证分析，验证变革后的监管效率，为我国CPA行业监管政策制定提供重要参考。（5）提出监管者也应承担相应的行政责任、民事责任和刑事责任，从而提高监管者的主动性与责任感，确保监管效果。

三、国内外相关研究综述

（一）关于CPA行业监管理论的相关研究

黄世忠等（2002）认为管制被看做一个讨价还价的博弈过程，市场的参与者组成各自的联盟对管制政策及其实施展开谈判。现有的监管模式是其初始博弈的结果，也是其重复博弈的基本框架；刘明辉等（2002）认为财务呈报涉及外部性和某种形式的市场失灵，如果没有规范，市场力量将导致投资者之间信息的不对称或不均衡拥有，公司管理当局有动机隐瞒不利的信息。

对CPA行业实施监管的必要性，国内专家学者提出很多值得借鉴的观点。如陈汉文（1999）认为：CPA职业服务作为一种无形商品，其质量如同会计信息的质量一样是难以观察的，需求者（社会公众）同样面临着与供给者间关于服务商品质量的信息分布严重不对称状态，处于信息劣势地位。实践证明，直接、明确、量化的约定是无法达成的，只能通过对该种无形商品的提供进行监管才能促使其保证质量。孙铮等（2002）认为：企业管理当局没有动力积极披露真实、可靠、完整的信息。作为中介者的CPA出于自身利益的考虑，有时甚至是迫于外界压力，会失去自身的独立性，这些就使得政府对会计的干预有了现实的必要性。刘明辉、金一（1999）认为：我们不可能、也没有理由期望CPA是超脱的完全利他主义者，实际上，CPA也必然是有理性的，追求自身利益或效用最大化的人。CPA在执业过程中所表现出来的自利性体现为对审计收费和客户数量的追求。在对某一客户进行审计过程中，CPA总是尽量要求更高的收费；另一方面，面对有限的客户，CPA总是希望在自己的能力范围之内争取到最多的客户，甚至以竞价方式拉抢业务，以实现收入总量的最大化，因此必须对其实施监管。徐经长（2002）认为：因为会计师事务所在会计监管中担负着极为重要的公众责任，要对上市公司对外公布的会计信息重新认定；同时会计师事务所也是理性的“经济人”，要追求自身利益的最大化，如果缺乏有效的监管制度和严厉的处罚措施，事务所就可能在缺乏有效约束的情况下弱化对上市公司会计监管的职能，造成证券市场虚假信息泛滥。因此，必须对事务所和CPA的执业资格、执业情况进行监管。

对CPA行业实施监管的可能性，刘明辉、金一（1999）提出：大多数CPA在执业过程中不会为了高额的审计收费而不顾触犯法律和规范，出具虚假的审计报告。出于理性的思考，他不可能无视法律制裁、道德谴责的严肃性，因而绝不能以CPA遵循自利原则为由而抹杀整个独立审计界在经济监督中所起的重要作用。理性的CPA会从长远利益的角度考虑其行为的最大效益，并主动接受制度的约束，因而不会危及他人的利益。

关于市场失灵与政府管制理论及其对CPA行业的影响：赵霜茁（2004）认为：市场失灵的理论表明市场不是万能的，市场本身存在着内在的缺陷，最根本的在于市场交易中交易双方的信息不对称，这是由市场机制内生的。由市场内生的信息不对称派生出外生的逆向选择和道德风险。监管的目的之一就是纠正市场失灵。监管必须提高市场交易的透明度，消除信息不对称，规范交易规则，防止逆向选择，通过监管法规的强制约束避免道德风险。黄世忠、杜兴强、张胜芳（2002）认为：会计信息最显著的特征之一是消费非竞争性和非排他性，即一个信息使用者对会计信息的使用不会排除另一个使用者对它的使用。非排他性消费又进一步产生公共领域问题，进而滋生外部性问题。造成会计信息市场失灵的另一个原因是信息不对称引发的一系列问题。在会计信息市场上，纯粹的市场力量难以有效防止信息生产不足或过剩的发生，也无法确保会计信息的质量。政府作为市场机制的补充，或许可以解决这个问题。陈国辉、李长群（2000）得出结论：（1）政府监管应严格限制在市场失灵领域。一般来说，会计市场失灵有三类：一是会计市场自身的缺陷，主要是指会计产品的“外部性”导致的市场失灵，如会计信息失真；二是会计市场由于发育不完善而出现的功能性障碍，如民间审计严重稀缺；三是政府监管过多或不当而造成的政府失灵，会计师事务所的挂靠制度及政府对民间审计的价格管制。从本质上说，政府监管主要是针对由于会计产品的“外部性”所引起的市场失灵。（2）政府监管应限于能够修补的会计市场缺陷。（3）政府监管行为要遵循成本效益原则。

如何构建和谐的CPA行业，张连起（2005）认为：为建立“和谐CPA行业”，中注协在自律监管中，应代表会员利益，反映会员诉求，倡导行业自律，协调会员关系，维护市场秩序，化解执业矛盾。紧紧依靠和团结会员，既是构建和谐协会的标志，也是凝聚业内共识的途径。

（二）关于CPA行业监管体制研究

2002年美国成立PCAOB，对CPA行业实行以独立监管为主，行业自律监管与政府监管为辅的监管体制；英国按照2003年新建立的监管框架，实行以自律监管为主、独立监管与政府监管为辅的监管体制。关于我国CPA行业监管体制的建设，有以下主要观点：中注协标准部（2001）认为：目前我国CPA行业应当实行相对自律，实行政府监管与行业自律相结合的管理模式。黄世忠、杜兴强、张胜芳（2002）认为：应借鉴美国PCAOB思路，建立以政府为主导的独立监管模式。刘明辉、张宜霞（2002）认为：可考虑增设公共监督管理委员会，对CPA行业实行监管。谢德仁（2002）认为：世界各国都朝着政府与市场力量结合的方向变革，独立管制方式就是这种结合的反映。阎达五等（2002）提出：我们完全可以借鉴证监会的组织建设历程，由国务院牵头，将财政部、审计署、证监会、国家税务总局、国家工商总局、中国人民银行及外汇管理局等有关部门联合组建"CPA职业管理委员会"，直属国务院领导，统一提出与协调对CPA职业及业务发展及管理的要求，然后由"CPA职业管理委员会"直接授权中注协对CPA及事务所实施全权自律管理。这样一来可以有效地理顺各个利益群体的关系，维护中注协本身的独立性、权威性和效率。叶友等（2004）提出：几乎所有的观察都指出了本质上作为"混合模式"的监管模式更加"混合"的趋势，过去以政府监管为主导的模式趋向于引入行业自律等市场因素，过去以行业自律为主导的模式则趋向于加强政府监管或独立监管的力度。薛祖云（2005）认为：应构建以政府行政监管为主，行业自律为补充的监管体制。任兴洲（2004）认为：应建立严肃的惩戒制度和严格的行业退出机制，确保监管与制裁机制的良性运作；联合证券监管、审计等部门，对CPA服务市场进行监管，对弄虚作假者予以严惩；利用信息网络和工具，对事务所执业情况实施监管；建立有效的监管制度和监管队伍，并动员社会的力量对行业质量实施监督，形成政府监管、行业自律和社会监督的有效网络。ICAEW专业标准总监萨利·亨克利（2004）认为：政府监管和行业自律监管必须在公众利益中形成互补，这对于任何计划经济和任何自由的市场经济都是正确的。自律需要政府与行业之间的"信任合同"。最佳的管理既不是政府全部承担管理的体制，也不是自律管理全部承担的体制。我们需要的是政府和行业之间真正的伙伴关系。秦红伟、李学峰（2009）建议：应将以政府监管为主导转变为以政府监管为引导，建立以独立监管为主体的监管机构，以行业自律监管作辅助的监管体制。乔引华、贾茜（2009）建议：应该从以下三方面入手，形成政府监管为主导、同时协调行业监管、建立独立机构管制的模式。首先要保持政府监管的主导地位，其次要协调行业的监管，最后要建立新型的独立机构进行监管。于志飞（2007）建议：由国务院牵头，财政部、审计署、证监会、国家税务总局、国家工商总局、中国人民银行以及外汇管理局等有关部门联合组建注册会计师职业管理委员会，直属国务院领导，统一和协调注册会计师职业及业务发展和管理的要求。陈晓卿（2007）提出：可考虑在中央一级设立行业监管委员会，并下设各类行业协会。《CPA行业行政管理问题研究》课题组（2005）建议：将政府监管部门划分为直接监管部门和派生监管部门。除财政部（业务主管部门）和民政部（负责协会管理）作为直接监管部门外，其余部门都是派生部门。关于中注协的定位：阎达五等（2002）提出：必须明确CPA协会的地位，赋予其全权自我管理的权力。发展我国CPA协会的一个总体要求就是，政府既要赋予其完全自治的权力，又要对其权力的实现给予强有力的保障。云南省财政厅课题组（2003）认为：如果注册会计师协会脱离财政部门，成为纯民间组织，在现有的不是很成熟的市场经济体制下，注册会计师协会要开展工作将会面临许多困难。何志尧（2004）认为：民间自治性、共利性、开放性、平等性是行业组织的基本特征。行业协会只有保持民间性，才能更好地发挥其协助党和政府推动经济发展，管理社会事务的作用。刘维（2005）认为：中注协如果不从准政府部门转变为纯粹的行业自律组织，其监管职能和自律职能将成为空话。曾铁兵（2005）认为：通过研究和比较不同国家和地区注册会计师职业协会的起源和发展问题可以发现，与其他职业协会相比，注册会计师职业协会有一个很突出的特点，就是兼具自利和公利的双重性，既要维护会员和职业的私利，又要维护社会公众的利益，这使得它与政府始终无法分离，也使得注册会计师职业的“自发秩序”过程始终不会具有完全的自发演进性，因此会充满很多政治性的变数。叶友等（2004）提出：如果暂时略去不同法律之间的矛盾，根据我国现行法律法规，行业协会不是一个政府机构或准政府机构，而是一个“社会团体”、“民办非企业单位”或者“事业单位”。薛祖云（2005）认为：《注册会计师法》应将协会管理模式及运作体制定位在法制化、民间化和自律化上，在法律上明确协会是依法成立并独立运作的法定专业团体。行业协会应定位在自律化运作机制上，由会员代表大会、理事会及其所属委员会与秘书处三个层次组成，会员代表大会属于最高权力机构，理事会属于决策机构，秘书处属于执行机构，三个层次机构各司其职，相互制约。陈建明（2004）认为：行业协会自律监管应建设成：（1）“桥梁”与“纽带”；（2）“家”和“拐杖”；（3）“卫兵”和“宪兵”；（4）“和事佬”和“推销员”。康玲、刘洪燕（2010）提出，应理顺注册会计师协会与财政部的关系，使注册会计师协会独立起来，同时要不断建立完善行业自律机制，加强自律组织建设，将注册会计师协会办成真正的“自我发展、自我服务”的自律性组织。樊千（2008）提出应确立中注协的独立地位。认为应当建立统一的、全国性的协会，即“中国注册会计师协会”，各省、自治区、直辖市现有的地方注册会计师协会均改编为中注协的地方分会，各分会依照法律和中注协章程的规定，代表中注协行使在各地的行业自律管理权。各地方注册会计师协会是中注协的分支机构，直接归中注协领导，与地方政府没有直接的领导与被领导关系。于志飞（2007）建议，应明确注册会计师协会的性质。注册会计师协会可以由注册会计师职业管理委员会授权进行对注册会计师事务所的日常监管，并在规章制度中明确注册会计师协会的权力及义务，以维护中国注册会计师协会本身的独立性、权威性和效率。注册会计师职业管理委员会在每一年度对注册会计师事务所进行抽样检查以监督注册会计师协会是否很好地履行自己的职责。封桂芹（2009）建议改革中注协的组织体系，使其成为真正的“行业自律组织”。机构设置上与财政部门彻底脱钩。

对于美国实施萨班斯法案及建立起来的独立监管运行情况的评价：任明川（2005）认为：PCAOB 权力过大，且制约失衡；运行效率不高。崔红（2005）认为：实施公司面临的压力不断增大，遵从法案成本十分高昂，注册会计师执业更为谨慎，注册会计师服务收费大幅增加。Kinney（2005）指出：与 AICPA 的审计准则委员会（ASB）相比，5 位 PCAOB 理事拥有较少的审计行业专长，也缺乏考虑审计准则和独立性准则成本的个人动机。由于 PCAOB 准则被 SEC 接受后，实际上具有联邦法律的效力，PCAOB 的权力可能会阻碍民间部门的研究以及环境变化时对审计新方法的开发。Simunic（2005）也认为：萨班斯法案中的某些方面可能会带来麻烦，尤其是将审计准则制定权集中在少数 PCAOB 理事手中。普华永道国际会计公司董事长兼高级合伙人丹尼斯·纳里（Dennis Nally）早在萨班斯法案通过后认为，“法案尽管声明委员会（即 PCAOB）为非政府机构，但是它所做的许多事情则是政府机构所做的事情”。Engel、Hayes 和 Wang（2007）发现因萨班斯法案执行成本过高，导致很多上市公司决定私有化。Leuz、Triantis 和 Wang（2008）发现萨班斯法案颁布后很多上市公司转向不在 SEC 监管下的市场上市交易。Lennox 和 Pittman（2010）研究发现 PCAOB 的检查报告缺乏信息价值。Hilary 和 Lennox（2005）也发现 CAOB 检查报告缺乏同业互查报告中有关事务所的评价性总结、内控弱点等有价值的信息。相对而言，同业互查报告虽有各种不足，但是有信息价值的。陈波（2010）认为：PCAOB 作出的许多重大决策经过 SEC 批准才能生效，SEC 可以改变 PCAOB 的处罚结果，还可以在必要情况下亲自进行调查。在这种情况下，如果 PCAOB 的监管效果不理想，负责对其进行监督的 SEC 也难辞其咎，这有可能导致 SEC 在对 PCAOB 进行监督的过程中有意袒护，从而弱化对于 PCAOB 的监督力度。不仅如此，与 AICPA 相比，PCAOB 更有可能演变成为一个“官僚机构”，以最大化本机构的预算收入为目标，而不是以最大化社会公益为目标。

（三）关于 CPA 行业的监管方法研究

PCAOB（2002）采用强制性持续检查方法；AICPA（2003）完善了同业互查方法；英国职业监管团体（2003）采用桌面监控、跟踪调查、实地调查等监管方法；我国中注协（2005）的执业质量检查通过随机抽样选择样本，然后进行实地检查；我国财政部门（2006）则采用实地调查、延伸调查等方法。

（四）关于 CPA 行业监管的法律责任研究

对于被审计单位应承担的会计责任，Arens 等（2003）提出：管理当局的会计责任是采用合理的会计政策，保持适当的内部控制，在财务报表中作出公允反映。秦荣生（1995）认为：会计责任是指会计主体以必要的权限从事资财保管以及对企业整个经济事项进行确认、记录、核算、报告和监督等活动的人员及会计主体自身应负的责任。刘国常（2001）认为：会计责任应当是指会计活动主体对与提供真实、完整会计信息有关的各方面所应承担的责任。

关于 CPA 的审计责任，李若山、周勤业（2002）认为：在我国，CPA 的审计责任是按照执业准则的要求，实施必要的审计程序，对企业财务报表是否按照公认会计原则的要求真实、公允地反映企业的财务状况和经营成果发表审计意见。王光远（1992）认为：审计责任原则要求执业审计师，恰当地运用审计准则，审查构成被审计单位财务会计报告的各个制度因素、数量、意见等证据材料，提出公允的审计意见。刘国常（2001）认为：审计责任分为广义和狭义两种观念。广义的审计责任是站在全社会的立场上，去观察和认识 CPA 及事务所应当承担的审计责任及其审计相关责任。狭义的审计是指站在审计职业的立场上，去观察和认识 CPA 及事务所应承担的审计责任。

但是对于监管者应承担的法律责任，几乎没有相关论述。

（五）研究现状述评

综上可以看出，国内外学者对CPA行业监管的必要性与可能性、CPA行业监管体制、我国中注协的定位等问题进行了较深入研究，并提出很多有价值的观点与可操作性的建议；对于行业监管理论及监管方法有所研究，但研究者不多；对于监管效率、监管者应承担法律责任等问题缺乏研究。本书拟在已有研究成果的基础上，对CPA行业监管的理论、体制、方法、效率及监管者法律责任等问题进行系统研究。

四、研究内容与方法

本书的研究目标和思路是：借鉴美英等国CPA行业监管的经验，研究我国CPA行业监管的基本理论问题，为改革我国CPA行业监管体制，改进监管方法，强化监管责任，从而确保监管效果提出可操作性建议。

本书的主要内容：以市场失灵与政府管制理论、制度变迁理论、和谐理论和效能优先理论作为理论基础，研究我国CPA行业监管的理论问题，界定我国CPA行业监管的目标、监管主体、监管内容、监管原则等具体内容。以监管理论为指导，借鉴美英等国CPA行业监管体制的经验，吸取其教训，改革我国的监管体制，建立以行业自律监管为主，政府监管为辅的监管体制。以监管体制为基础，吸收美英等国CPA行业监管方法的精华，选择适用于我国政府行政监管和注协行业自律监管的方法，如建议行政监管采用舞弊导向监管法、事项监管法；行业自律监管采用同业互查法等。以19号文发布，财政部收回行政监管权为背景，通过T检验及多元回归研究财政部收回行政监管权是否有助于提高审计质量，进而验证监管效率是否有所改进。针对现行法规中对监管者法律责任要求的不足，提出强化监管者责任的措施，从而提高监管效率，确保监管效果。

五、本书主要观点

通过研究，本书提出以下主要观点：

（1）以市场失灵理论、政府管制理论、制度变迁理论、和谐理论和效能优先理论为基础，研究我国的CPA行业监管的基本理论问题，对行业监管目标、监管主体、监管内容、监管原则等作了概括性界定。（2）通过对英国、美国CPA行业监管体制变迁进行研究，指出其变迁过程是诱致性变迁与强制性变迁的交替进行。其变迁主要由监管目标和监管主体变迁引致，而舞弊导向是体制变迁的内在动因。（3）强调立足于证券市场的可持续发展和CPA行业的健康发展，运用科学发展观来探究我国CPA行业监管的相关问题，摒弃部门利益之争和所有思想禁锢。指出我国在2002年19号文以前，中注协一直代为履行行政监管职能，行业自律监管职能一直不到位。提出重点按效能优先理论与和谐理论改革我国的CPA行业监管体制，建议我国应实行行业自律监管为主、政府行政监管为辅的监管体制，自律监管与政府监管相互配合、协调发展才能确保监管效果。（4）建议吸收美国同业互查、英国实地调查法的优点，革新我国CPA行业监管方法。通过研究指出行业行政监管的重中之重是侦处上市公司重大财务欺诈，具有针对性地主张采用“舞弊导向监管法”和“事项监管法”；行业自律监管的核心是提高执业质量，提升行业可信度，进而维护公众利益，从而主张采用“同业互查法”，以实现监管效率和效果。（5）率先用实证研究方法，以2002［19］号文前后的审计报告质量为依据，验证我国CPA行业监管的效率与效果。（6）认为相关法规对被审计单位会计责任、CPA审计责任的规定较具体，但对监管者的法律责任规定不明确、不均衡、不易追究，提出要强化监管者监管责任，从而提高监管人员的积极主动性，确保监管效果。

第一章　CPA 行业监管理论研究

安然事件后，CPA 行业监管问题成为会计审计界的热点问题之一。从监管实务看，美国颁布萨班斯法案，成立公众公司会计监管委员会（Public Company Accounting Oversight Board，简称 PCAOB），对 CPA 行业实行独立监管；英国革新监管框架，完善自律监管体制；国际会计师联合会（简称 IFAC）决定建立一个公众利益监管委员会，监管其审计与职业道德准则制定情况，让人们看到该国际会计组织是对公众利益负责的①；我国财政部从中国注册会计师协会（简称中注协）手中收回行政监管权，进一步明确财政部的行政监管职责和中注协的行业自律监管职责。从监管理论研究看，国内外学者用博弈论、市场失灵和政府管制等理论分析 CPA 行业存在的问题，对政府监管、行业自律监管和独立监管体制进行了深入的探讨，提出不少有价值的观点和可操作性的建议。但人们的研究多集中在行业监管体制上，对行业监管理论的系统探讨较少。本章试图对监管的相关理论问题进行初步研究。

第一节　CPA 行业监管的意义

一、CPA 行业监管的涵义

（一）监管的概念

"监管"一词对应的英文是"Regulation"、"Supervise"和"Oversight"，国内外对"监管"概念的探讨很多，有许多代表性观点。

1. 国外代表性的观点

美国经济学家斯蒂格勒（G. Stigler，1971）认为，作为一种法规，监管是产业所需并主要为其利益所设计和操纵的。D. Needham（1983）认为监管是一个经济个体通过各种手段试图有意识的影响另一个经济个体或者多个经济个体行为的活动。A. E. Kahm（1990）认为监管的本质是以政府命令作为一种基本的制度手段来代替市场的竞争机制，以确保获得更好的经济结果。B. M. Mitnick（1980）认为监管是对某种偏离既定规则的行为实施的某种干预，而对这种干预效果的评价则与人们在评价时所使用的价值体系有关。Alan Stone（1982）则认为：监管是国家凭借政治权力对经济个体自由决策所实施的强制性

---

① 英格兰和威尔士特许会计师协会（ICAEW）专业标准总监萨利·亨克利：《中注协举办的首届 CPA 论坛中的讲话——行业自律与公众利益》，2004 年 6 月 6 日。参见中注协编：《行业发展研究资料》，经济科学出版社 2005 年版，第 276 页。

限制。

2. 国内代表性的观点

李扬、王国刚（1998）认为在资本市场中，所谓监管是指政府、政府授权的机构或依法设立的其他组织，从降低资本市场风险、保护社会公众利益、维护社会安定的目的出发，根据国家的宪法和有关法律，制定相应的金融法律、法规、条例和政策，并根据他们对资本市场体系和各种活动进行的监督、管理、控制与指导。庄序莹（2001）认为市场监管是指人们通过政府机构或公众组织，依据国家的宪法和有关法律，为达到一般意义上规范的经济目标——公平与效率，而对市场的自然运行状态进行干预的行为。赵锡军（2002）认为监管是由监管主体（监管者）为了实现监管目标而利用各种监管手段对监管对象（被监管者）所采取的一种有意识的和主动的干预和控制活动。徐经长（2002）认为，在现代社会中，监管主要是政府及非政府机构通过法律、法规、政策、制度及方法等手段，对各种经济活动“市场失灵”部分所实施的监督和管理，其目标是最终实现市场的公平和效率。张俊民（2000）认为，从“监管”本意来看，具有监视管理也即检查、督促、控制之含义。

笔者认为：监管是监管部门为了特定的目标，利用专门的方法和手段，对监管对象实施的一系列监督和管理活动。

（二）会计监管的概念

徐经长（2002）认为会计监管是以矫正和改善证券市场中的会计信息披露问题为目的，政府机构和中介组织依照有关的法律和规章，通过法律、经济、行政等手段，对各类市场主题的会计行为所进行的干预、管制和引导。

张俊民（2000）认为会计监管是指通过会计检查、督促、控制等工作过程和手段，对企、事业单位的经济活动过程及其结果进行监督管理。具体包括两层基本含义：一是会计人员及其工作对企、事业单位的经济活动及其结果的监督管理；二是国家及地方各级行政、法律等管理机构、企业投资者、债权人、经营管理者等利害关系人对会计工作过程及结果的监督管理。

笔者认为，会计监管是一个比较宽泛的概念，既包括企业内部和企业外部各方对企业会计工作实施的监管，也包括 CPA 行业监管。以我国会计监管体制为例，企业内部实施会计监管的部门和人员包括：（1）单位内部会计机构及人员；（2）内部审计部门；（3）上市公司的审计委员会；（4）独立董事；（5）监事会等。企业外部进行会计监管的部门主要有：（1）财政部门；（2）国家审计部门；（3）证券监督管理机构；（4）CPA 及会计师事务所等。其中，CPA 既是监管者，同时又是被监管对象；财政部门、审计部门及证券监管机构既对企业实施会计监管，也对 CPA 行业实施监管。

（三）CPA 行业监管的概念

CPA 行业监管是 CPA 行业监管机构为了提高 CPA 审计质量及 CPA 已审会计信息质量，依据相关法规，采用专门的监管方法和手段，对 CPA、会计师事务所及他们所从事的执业活动进行的监督和管理活动。

1. CPA 行业监管的性质

CPA 行业监管是对监管者的再监管。我们知道，CPA 审计是会计监管的重要组成部分，其审计意见是投资者、债权人、有关政府部门等利益相关者进行管理与决策的重要依据。对 CPA 及事务所这一会计监管主体的有效再监管，可以大大提高整个国家的会计监管效率。目前对 CPA 行业实施监管的主要是政府相关部门、行业自律组织和独立监管机构。经常听到这样的疑问："谁来监管监管者?"显然，CPA 行业是可以被监管的，也是有人监管的。但监管效率如何，由谁承担相应的监管责任？目前尚无考评依据。如果能对证券监督管理机构、财政部门、审计部门等也实施有效监管，那么，整个社会的市场失灵和政府失灵问题都将得到很好解决。

2. CPA 行业监管的特点

CPA 行业监管与其他经济监管相比，具有以下特点：首先，监管制度的强制性，无论政府监管、行业自律监管还是独立监管，CPA 和会计师事务所都必须接受、配合，无权拒绝被监管；其次，监管目的的利益性，政府部门的行政监管和行业协会的自律监管，其目的都是为了督促 CPA 及事务所公正执业，提高审计质量，提升行业信誉，维护行业利益，其出发点都是帮助 CPA 及会计师事务所；再次，监管结果的连带性，在监管过程中一旦查出 CPA 与会计师事务所的审计舞弊问题，肯定可以追溯被审计单位的会计造假问题，因为 CPA 及事务所自身是不可能凭空舞弊的。

3. CPA 行业监管的意义

对 CPA 行业实施监管的重大意义在于：（1）通过监管，促使 CPA 恪守职业道德，始终保持独立、客观、公正的立场，诚实守信，树立良好的职业形象；（2）通过监管，促使 CPA 及会计师事务所严格遵守执业准则，提高执业质量，维护行业信誉；（3）通过监管，提高审计报告质量，从而提高已审财务会计报告的可信度，维护社会公众的利益；（4）通过监管，提高证券市场的监管效率，从而有助于维护证券市场的安定，进而促进整个国民经济的健康发展。

二、CPA 行业监管的必要性

1980 年财政部印发《关于成立会计顾问处的暂行规定》，成立上海会计师事务所，我国重新恢复 CPA 制度，截至 2011 年 12 月 31 日，全行业共 26 万人取得注册会计师资质，其中执业注册会计师 9.6 万人，会计师事务所近 8000 家，从业人员约 30 万人。2011 年全行业业务收入近 440 亿元，行业的业务收入以每年 20% 左右的速度快速增加，同时本土规模最大的事务所收入近 15 亿元，业务收入超过 1 亿元的事务所数量为 45 家，超过 5 亿元的大型会计师事务所增加到 10 家，超过 10 亿元的达到 2 家。70 余家事务所在香港或其他境外地区设立分支机构、成员机构或联系机构。目前，有 12 家大型事务所获得 A+H 股审计资格。注册会计师行业实现了跨越式发展①。

根据刘峰等人执笔的《行业发展研究资料》2007 年第 3 号，"同流合污还是中流砥柱"（以中注协搜集的从事上市公司审计的事务所 2001—2005 年度审计调整数据为依据），可以看出 CPA 所作的鲜为人知的贡献。（1）注册会计师每收 1 元审计费用带来约 470 元的纠错成效；（2）挤压利润水分方面，避免了约 5500 亿元的股市泡沫；（3）挡住

① 数据资料来源于中注协网站。

了至少 313 家公司的配股企图，减少股市“圈钱”约 1300 亿元；（4）制止至少 182 家公司虚增利润、甩掉 ST、PT 帽子的企图；（5）为国家追调应收税金高达 180 多亿元；（6）将 700 多家客户的违规行为以非标准审计意见的方式公诸于众；（7）仅调整的会计利润总额一项即达 2500 多亿元，这意味着：①可让“神六”上天至少 11 次；②是同期股市全部再融资额的 1.5 倍；（8）仅调整的资产总额一项即达 10200 亿元，这意味着：①相当于宝钢股份、华能国际、四川长虹和南方航空的资产总额的 5 倍；②等于 17 个三峡电站的投资。

然而，我们也注意到：

（1）审计失败案例触目惊心：如在①琼民源 1996 年的已审财务报告虚构利润 5.4 亿元，虚增资本公积 5.7 亿元；②银广夏 1998 年至 2001 年累计虚增利润 7.7 亿元等案例中，均存在 CPA 伙同上市公司造假的事实。

（2）中小事务所执业质量不佳：全国有百家以外的中小事务所 7000 余家，占事务所总数的 98.6%，其执业质量令人担忧。部分中小事务所仍存在卖公章、卖牌子，出具虚假报告、批发审计报告（无任何审计程序，每张工作底稿就是编造一笔分录），竞相压价，恶性竞争等恶劣行为，监管力量过度关注证券资格的大所。

（3）财政部门发布的“会计信息质量公告”和注协“事务所执业质量检查”结果显示：各类处罚约占被检查数量的 50%。

因此，加强行业监管迫在眉睫！

关于 CPA 行业监管的必要性，国内学者提出诸多值得借鉴的观点：如陈汉文（1999）认为 CPA 职业市场中买卖的是 CPA 职业服务这一“无形商品”，需求者是包括投资者、债权人、企业及金融团体、企业职工、政府等在内的社会公众，供给者是 CPA。CPA 职业服务市场的需求者与供给者在进行市场交易时，也需就该项交易签订合约，对服务商品的品种、质量、交易金额、完成日期等条款加以约定。然而，CPA 职业服务作为一种无形商品，其质量如同会计信息的质量一样是难以观察的，需求者（社会公众）同样面临着与供给者间关于服务商品质量的信息分布严重不对称状态，处于信息劣势地位。实践证明，直接、明确、量化的约定是无法达成的，只能通过对该种无形商品的提供进行监管才能促使其保证质量。汪建熙（2005）指出 CPA 在保证上市公司信息披露质量方面起到了至关重要的作用，但同时，虚假信息仍时有发生，这与企业制度有一定关系，我们的一些企业没有摆脱竞争力差、运行质量差、盈利能力差的状况，为了达到资本市场上对于盈利的各种规定，出现了不少虚假信息。虚假信息的存在也与整体诚信环境和法制环境比较差、中介机构自律性比较薄弱、政府的监管还存在很多缺失和问题有关①。孙铮等（2002）认为从会计信息自身利益来看，作为一种特殊商品，会计信息具有非竞争性和非排他性，具有外部效益，这就使得会计信息具有公共品的特性。会计信息的供给方和需求方存在着信息的不对称，作为供给方的企业，常常利用自身的优势从事舞弊。即使管理当局没有舞弊的初衷，但由于其提供的这种特殊商品比较容易为其他企业，特别是竞争对手

---

① 汪建熙：《中注协举办的首届 CPA 论坛中的讲话——行业自律与公众利益》，2004 年 6 月 6 日。参见中注协编：《行业发展研究资料》，经济科学出版社 2005 年版，第 273 页。

模仿，从而产生“搭便车”现象，对企业本身的经营造成诸多不利，因此企业管理当局没有动力积极披露真实、可靠、完整的信息。作为中介者的 CPA 出于自身利益的考虑，有时甚至是迫于外界压力，可能会失去自身利益的独立性，甚至铤而走险，这样 CPA 出具的审计报告和审计意见的可信程度就大大降低了。这些就使得政府对会计的干预有了现实的必要性。刘明辉等（1999）认为我们不可能、也没有理由期望 CPA 是超脱的完全利他主义者，实际上，CPA 也必然是有理性的，追求自身利益或效用最大化的人。CPA 在执业过程中所表现出来的自利性体现为对审计收费和客户数量的追求。在对某一客户进行审计过程中，CPA 总是尽量要求更高的收费；另一方面，面对有限的客户，CPA 总是希望在自己的能力范围之内争取到最多的客户，甚至以竞价方式拉抢业务，以实现收入总量的最大化。张龙平（1994）认为 CPA 审计需要监管的理由是：(1) 尽管 CPA 主观上力求做到独立、客观、公正，但客观社会并不总能使 CPA 始终保持独立、客观、公正的地位。只有加强对 CPA 行业的监管，才能消除社会对 CPA 的消极影响。(2) 尽管客观要求 CPA 能够独立、客观、公正，要求 CPA 具有胜任工作的能力，但在剧烈的同业竞争下，CPA 却并不总能在主观上要求自己充分体现独立、客观、公正。为了消除 CPA 主观上存在的消极影响，应加强对 CPA 的监管。(3) CPA 的工作经过几个世纪的努力，已在社会上树立起一个客观、公正、可信的形象。一旦这个形象受损，将使整个 CPA 的职业形象受到伤害。经济发展对 CPA 的工作越依赖，对 CPA 行业的监管就应越严格。(4) 经 CPA 审计确认为可信，但事实上不可信的会计报告，将使整个证券市场乃至国民经济受到巨大破坏。(5) CPA 审计是集体性的活动，而集体性活动就必须被管理。徐经长（2002）认为会计师事务所由于其在证券市场中的中介地位，使得它既是会计监管的主体（监管者），又是会计监管的对象（被监管者）。这主要是因为会计师事务所在会计监管中担负着极为重要的公众责任，要对上市公司对外公布的会计信息重新认定；同时会计师事务所也是理性的“经济人”，要追求自身利益的最大化，如果缺乏有效的监管制度和严厉的处罚措施，事务所就可能在缺乏有效约束的情况下弱化对上市公司会计监管的职能，造成证券市场虚假信息泛滥。因此，必须对会计师事务所和 CPA 的执业资格、执业情况进行监管，对没有充分发挥其会计监管职能的事务所和 CPA 进行严厉处罚，对严重犯规者应将其罚下场，甚至“终身禁入”，淘汰出局。

综合上述观点，笔者认为，CPA 行业监管的必要性主要体现为：(1) CPA 职业服务具有公共性。其公共性首先在于各个行业都离不开它，都需要它提供审计服务；其次在于其产品使用者是广泛的社会公众。既然其提供的服务具有公共性质，就必须接受代表公众利益的政府或其授权组织的监管。(2) CPA 执业者是有理性的“经济人”，其经营目标也是收益最大化。尽管要求 CPA 执业须独立、客观、公正，具有胜任工作的能力，但在剧烈的同业竞争下，CPA 在审计过程中不一定能时刻保持独立、客观、公正。上市公司当然也是经济人，他们必然要选择能为其提供“合格审计意见”的 CPA，那些坚持高质量审计的事务所必然会逐渐丢失审计份额。从而“劣币驱逐良币”在所难免，因此监管成为提高审计质量的必需。(3) CPA 是高风险职业，监管有助于防范和化解风险。现有审计准则、审计程序本身有防范风险的功能，但因为信息披露者自身存在利己性，加上审计程序、审计方法本身的局限性，不可能发现报表中所有的重大错报和漏报，实施监管，强化 CPA 的审计责任和压力，对防范和化解审计风险无疑是有利的。（4）为了保护利益相关者，需对 CPA 行业实施监管。按照“信息不对称”原理，信息使用者与报表编制者、审计者所掌握的信息是极不对称的，企业在信息的拥有和掌握上占绝对优势，可能会尽量将损失转移给投资者、债权人等利益相关者，而 CPA 出于自身利益的考虑，有替被审计单位隐藏虚假信息的动机。投资者和债权人需要高质量的会计信息，以降低信息不对称带来的损失，从而作出适当的决策，监管可以缓解信息不对称的发生。

三、CPA 行业监管的可能性

对 CPA 行业监管是可能的，因为：（1）CPA 和事务所为了自身的生存和发展，希望行业能够健康地发展下去，因此维护行业信誉，注重执业形象是每个 CPA 和事务所都想要做到的。大多数 CPA 在执业过程中不会为了高额的审计收费而触犯法律和规范，出具虚假的审计报告。理性的 CPA 会从长远利益的角度考虑其行为的最大效益，并主动接受制度的约束，因而主观上愿意接受监管。（2）安然事件后，社会公众更加关注 CPA 行业，利益相关者将上市公司财务欺诈的责任归咎于 CPA，CPA 执业者迫切希望提供高质量的审计报告以改善行业形象，从而客观上为实施 CPA 行业监管提供了较好的环境。（3）相关法律法规更加健全，行业自律监管逐步规范，政府行政监管手段日益改善，独立监管机构日益发挥重要作用，因此监管的可操作性和有效性将会逐步提高。

四、CPA 行业监管的动机

前面论述了对 CPA 行业监管是必要的，也是有可能的，但是对 CPA 行业监管的动机是什么？是为了提高 CPA 的执业质量、维护行业利益，还是维护社会公众利益，甚至是查找 CPA 的过失？

（一）谁需要高质量的 CPA 审计报告

会计信息的使用者主要包括投资者（含潜在的投资者）、债权人、公司管理当局和政府等。谁需要高质量的审计报告？（1）CPA 审计的委托人即公司董事会所关注的是本公司能否得到 CPA 出具的标准无保留意见审计报告，不需要从 CPA 的已审财务会计报告中获取信息，因为他们本身是信息的最知情者。（2）大股东是公司管理当局甚至董事会的决策者，当然也是会计信息的最知情者。（3）证券投机者对真实会计信息也没有需求，他们需要的是上市公司的某一卖点或亮点（即使这一卖点或亮点是虚假的）。（4）中小投资者和债权人比较需要 CPA 的高质量审计报告，但他们是会计信息的弱势群体，也是虚假会计信息和舞弊审计报告的最大受害者。（5）监管者自然希望 CPA 出具的是高质量的审计报告，但他们是通过 CPA 的审计报告决定监管策略，并不是报告的使用者。正如刘峰等（2002）所指出，我国的证券市场属于初创时期，加上我们的证券市场从一开始就由政府出面筹建、政府进行管理，因此，在很多方面都带有非常强的政府痕迹。这些使得公司的很多方面不是面对市场，而是面对政府和相应的管制机构：只要能符合或满足了政府管制机构的要求，企业就可以取得最佳的成本效益比，如取得上市资格、提高新股发行价格、获得配股资格等。在“取悦”政府管制机构的过程中，审计不是一种自发的市场需要，而只是政府管制机构“模仿”“国际惯例”的一个附带产物。审计质量不是寻求上市的公司或已上市公司成本效益函数中的一个变量。相反，一些独立性较高的会计师事务所甚至会降低那些自身质量不高的待上市或已上市公司的利益，由此推定：我国审计市场总体上并不需要，甚至排斥高质量的审计报告。

（二）监管动机

无论是中注协还是财政部、证券监督管理委员会（以下简称“证监会”）等，在对CPA 行业实施监管时都会面临这样的矛盾：即监管过程中发现问题，会被公众指责为因监管不力才出现问题的；若有问题而监管机构没有发现，之后被其他渠道披露出来，更会被公众指责为监管不力。那么监管的动机究竟是什么？

亚太会计师联合会主席、加拿大罗宾·哈丁认为：负责自律管理的人士必须致力于维护公众的信任，成功的行业自律取决于是否有能力保持符合资本市场需求的最好规则和执业行为准则，负责制定规则的人必须确保这些规则不断发展，以便为公众提供最好的服务。汪建熙认为在资本市场上，公众利益主要体现在投资者的利益上，保护投资者利益是证券市场监管的重要目标。英格兰及威尔士特许会计师协会专业标准总监萨利·亨克利认为英国的自律体制是为公众利益服务的①。

我国 1980 年恢复 CPA 制度后的较长时间内，存在为部门利益而监管、为权力而监管等动机。如 20 世纪 90 年代初审计署与财政部之争，2002 年财政部与中注协之争，1993 年后证监会与财政部之争等，其监管之争应该包含较多的权力利益动机。

安然事件后，证监会对证券从业资格 CPA 与会计师事务所的监管动机是查找 CPA 的过失，从而维护证券市场的稳定。

中注协与财政部监管的动机究竟是什么？《中国注册会计师协会章程》（2010 年修订）第 3 条指出：本会的宗旨是服务、监督、管理、协调，即以诚信建设为主线，服务本会会员，监督会员执业质量、职业道德，依法实施注册会计师行业管理，协调行业内、外部关系，维护社会公众利益和会员合法权益，促进行业科学发展。

由此笔者得出：行业自律监管的动机是进行行业内部管理，为会员服务，通过一系列监管举措防范执业风险，提升行业整体执业水平，首要是维护行业利益。财政部门行政监管的动机是对行业进行监督检查，行政处罚，净化执业环境，促进行业健康发展。就监管者动机而言，既有维护行业利益，也有维护社会公众利益，但行业利益重于社会公众利益。尽管中注协领导一再强调要正确处理好行业利益与公共利益的关系，绝不能把行业利益和公众利益对立起来；协会自律工作的目标和行业利益应该是统一的、一致的，那就是以维护公众利益为根本宗旨。但监管动机中的行业主体观仍十分明显。

五、CPA 行业监管的局限性

行业监管有助于防止审计舞弊，减少信息不对称，提高审计报告质量，但行业监管也有局限性，主要表现为：（1）CPA 本身是会计信息的监管者，这容易诱使人们相信，监督会计信息，防止会计舞弊是 CPA 的基本职责，当发生会计造假案时，CPA 极易成为造

① 上述三人观点是《中注协举办的首届 CPA 论坛中的讲话——行业自律与公众利益》，2004 年 6 月 6 日。参见中注协编：《行业发展研究资料》，经济科学出版社 2005 年版，第 272～276 页。

假者的代过者。而作为监管者，在出现会计造假和审计失败事件时，多数情况下难以区分企业的会计责任和 CPA 的审计责任，CPA 可能会成为替罪羊。(2) 前已述及，CPA 为了生存具有配合上市公司会计造假的潜意识，而监管者对 CPA 的执业过程和结果只是也只能是部分抽查，指望通过监管发现所有的审计失败是不现实的。(3) 公司治理结构决定了 CPA 审计的局限性，也决定了行业监管的局限性。我国国有企业改制而成的上市公司在整个证券市场中占相当大的比例，所有者缺位、股权代表虚置的问题还没有从根本上解决，内部人控制现象依然严重，从而损害 CPA 独立发表审计意见的地位。在这种情况下，即使上市公司存在财务欺诈行为，仍会出现 CPA 在同业竞争的压力中让步、"迁就"上市公司的现象。如果不从根本上解决公司治理结构问题，审计质量难以真正提高。(4) 成本与效益原则也会使监管受到局限。监管必须考虑成本，当监管成本大于收益时，监管部门可能会放弃部分监管程序或选择成本相对较低的监管方法。

第二节　CPA 行业监管的目标、内容、监管主体与原则

一、CPA 行业监管的目标

CPA 行业监管的最终目标是为了确保 CPA 审计目标，进而更好地实现会计目标。

(一) 会计的目标

FASB（美国财务会计准则委员会）概念公告第 1 号《企业财务报告的目标》(1978) 指出会计的目标①是：提供对现在和潜在的投资者，债权人和其他使用者作出合理的投资、信贷和类似决策有用的信息。

IASB（原 IASC，1989）《编制财务报表的框架》指出的会计目标是：提供在经济决策中有助于一系列使用者关于企业财务状况、经营业绩和财务状况变动的信息。还反映企业管理当局对交付给它的资源的受托管理责任或经营责任。

ASB（英国会计准则委员会，1991）《原则公告》指出会计的目标是：提供有关企业的财务状况、业绩和财务适应能力，以便对一系列广泛的使用者在进行经济决策时有用的信息。

AASB（澳大利亚会计准则委员会，1987）《会计概念报告》指出会计的目标是：向信息使用者提供对制定并评价稀缺资源有用的信息，还可用作管理当局免除向报告使用者所承受的受托管理责任的手段。

CICA（加拿大特许会计师协会，1988）《财务报表概念》指出会计的目标是：提供对资源配置决策和评估管理当局受托责任有用的信息。

我国《企业会计准则——基本准则》(2006) 指出会计的目标是：向财务会计报告使用者提供与企业财务状况、经营成果和现金流量等有关的会计信息，反映企业管理层受托责任履行情况，有助于财务会计报告使用者作出经济决策。

① 此处对财务会计报告目标、财务报表目标、会计核算目标、会计目标等不作区分。

（二）CPA 审计的目标

AICPA 颁布的《审计准则说明书》第 1 号指出审计的目标是：对财务报表是否遵守一般公认会计原则，在所有重要方面公允地表达其财务状况、经营成果和财务状况的变动情况发表意见。

国际会计师联合会（IFAC）下设的国际审计实务委员会颁布的《国际审计准则第 1 号》指出审计的目标是：为了使审计人员对在公认的会计政策规定范围内的财务报表能够表示意见。在《对会计报表的审计师报告》准则中指出：会计报表审计的目标是使审计人员能够对会计报表在所有重要方面是否按照确定的财务报告框架编制和发表意见，《中国注册会计师审计准则第 1101 号——财务报表审计的目标和一般原则》（2006 年）第 4 条指出：财务报表审计的目标是 CPA 通过执行审计工作，对财务报表发表审计意见，以说明：（1）财务报表是否按照适用的会计准则和相关会计制度的规定编制；（2）财务报表是否在所有重大方面公允反映被审计单位的财务状况、经营成果和现金流量。第 5 条指出：财务报表审计属于鉴证业务，CPA 的审计意见旨在提高财务报表的可信赖程度。

（三）监管、证券监管、会计监管的目标

关于监管目标，国内学者提出不少观点。如赵锡军（2000）提出的监管目标是：消除或部分消除人类的某些活动或者行为所带来的目标上的偏差，从而避免出现人们不愿意看到的结果。经济监管的目标是：尽可能地消除或避免市场失灵所带来的社会资源配置不经济、收入分配不公平或经济不稳定的后果，以确保市场机制能够更好地发挥其应有作用。证券监管的目标是：总体目标是建立一个高效率的证券市场，即一个既能发挥市场机制资金配置作用，同时又运行有序、合理竞争、信息透明度高、交易成本低、真正贯彻“公正、公开、公平”原则的市场。具体体现在四个方面：（1）促进全社会金融资源的配置与政府的政策目标相一致，从而得以提高整个社会资金的配置效率；（2）消除因证券市场和证券产品本身的原因而给某些市场参与者带来的信息的收集和处理能力上的不对称性，以避免因这种信息的不对称性造成的交易不公平性；（3）克服或消除超出个别机构承受能力的、涉及整个证券业或宏观经济的系统性风险；（4）促进整个证券业的公平竞争。

徐经长（2002）借用 IOSCO 的监管目标，认为会计监管的总目标是：（1）保护投资者利益；（2）保证市场公平、有效和透明；（3）降低系统风险。会计监管的具体目标是：确保会计信息的真实性、及时性、充分性和公平性。

薛祖云（2005）综述了会计监管目标的不同理论观点：（1）危机观。政府对一场经济危机的反应总是不可避免地伴随着经济管制措施的出台。（2）公共利益观。会计监管是公众要求纠正市场失灵的结果，政府权威机构或管制主体被假定是代表公众利益的，管制是为了最大化社会福利。（3）利益主体观。来源于经济学“寻租理论”，认为一个行业的经济活动，经常受制于许多利益主体或机构的影响，企业的经济活动同样存在着各种各样的“利益集团”，这些集团不断向政府游说以支持（或反对）某一市场管制政策（寻租活动）。（4）公平观。它不是从公众利益或社会集团利益出发，而是将分析的范围集中到资本市场，认为市场的公平与效率为会计监管提供了正当的理由。由此薛祖云认为会计监管目标的三种观点是：信息不对称、道德风险与受托责任观；信息不对称、逆向选择与决策有用观；信息不对称与会计监管的公平观。

（四）CPA 行业监管的目标

中注协 2004 年发布的《会计师事务所执业质量检查制度（试行）》将执业质量检查目标定位于：为了保护社会公众利益，加强注册会计师（简称 CPA）行业自律监管，帮助、教育、督促会计师事务所和 CPA 提高职业素质和执业质量。

财政部的监管目标是：落实财政部门对 CPA 行业的主管职责，切实发挥监督、指导 CPA 行业的主导作用；提高证券资格会计师事务所执业质量，促进 CPA 行业做大做强、健康发展；通过证券资格会计师事务所执业的辐射延伸，强化专员办对重点企业会计信息质量的监督，提升会计信息质量检查成效。

证监会的监管目标是：为了加强对会计师事务所及其相关人员执行证券、期货相关业务的监管，加大监管力度，促进其诚信建设和提高执业质量。

AICPA 的同业互查目标是：为了维护公众利益，通过帮助、教育和改进措施提高会计师事务所会计和审计服务质量。

中注协 2009 年发布的《会计师事务所执业质量检查制度》界定的执业质量检查的目标是：为了规范和指导注册会计师协会对会计师事务所的执业质量检查工作，加强对事务所执业质量的监管，督促事务所及 CPA 增强风险意识，提高执业质量。

我国对 CPA 行业实行的是“政府行政监管为主（以财政部为主导）、行业自律监管为辅”的监管体制，而执业质量检查作为中注协实施行业自律监管的最主要措施，2009 年检查制度将其监管的目标定位于系统内部检查规范，定位比较低调。这与《注册会计师法》和《中注协章程》等对注协自身的定位较为一致，但与执业质量检查在 CPA 行业监管中所起的作用比，定位显得过于谦虚。

本书认为 CPA 行业监管的目标可以分为三个层次：

第一层次目标：是行业监管的最高目标，该目标应与会计目标和 CPA 审计目标一致，笔者将其定位于：监管会计市场失灵，提高 CPA 的执业质量，进而提高经 CPA 审计后的财务会计报告的质量，尽量降低已审会计信息的风险，使报告使用者不至于因会计信息的可信度而作出错误的决策，从而保护社会公众利益。

第二层次目标：（1）构建和谐的 CPA 审计体系。该目标指明了 CPA 行业监管的方向，要求对 CPA 行业的所有监管工作都应有助于 CPA 更顺畅地依法执业，为 CPA 提供和谐的执业环境。（2）寻求政府与市场的平衡点。行业自律与政府监管都应立足于提高 CPA 执业效率，不存在谁的权力大，谁的利益多的问题。

第三层次目标：从保护社会公众利益出发，提高 CPA 执业质量，从而提高行业的社会公信力和权威性，增强社会公众对 CPA 执业者和监管者的认可度，进而保证 CPA 行业的健康可持续发展。

二、CPA 行业监管的体制与监管主体

CPA 行业监管体制通常有政府监管体制、行业自律监管体制和独立监管体制，不同国家在不同阶段可实行上述某种监管体制或实行两种或三种体制的融合，即混合监管体制。所以很多国家都有多个监管主体对 CPA 行业实施监管，这些监管主体包括政府部门、

独立监管机构和行业自律组织。

（1）政府监管部门。是指一个国家或地区有权力对CPA行业实施管制和干预的政府部门。如美国对CPA行业实施政府监管的部门是证券交易委员会（Securities and Exchange Commission，SEC）和州会计委员会；英国对CPA行业实施政府监管的部门是贸工部（Department of Trade and Industry，DTI）；我国对CPA行业实施政府监管的部门是财政部门、民政部门、证券监管部门、审计机关（另外还有中国人民银行、工商行政管理机关、税务机关等）。

（2）独立监管机构，是指一个国家或地区设立的既独立于政府部门又独立于CPA行业，专门对CPA行业实施监管的独立机构。如美国是公众公司会计监管委员会；英国是财务报告理事会（Financial Reporting Council，FRC）。我国没有设立独立监管机构。

（3）行业自律监管组织，是指对CPA行业实施自律监管的职业组织。如美国是AICPA和各州注册会计师协会；英国负责CPA行业自律监管的有多个职业组织，包括英格兰及威尔士特许会计师协会（The Institute of Chartered Accountants in England & Wales，ICAEW），苏格兰特许会计师协会（The Institute of Chartered Accountants of Scotland，ICAS），爱尔兰特许会计师协会（The Institute of Chartered Accountants in Ireland，ICAI）和特许公认会计师协会（The Association of Charterd Certified Accountants，ACCA）；我国对CPA行业实施自律监管的团体是中国注册会计师协会和地方注册会计师协会。另外会计师事务所内部对业务实施的项目质量控制复核和对质量控制制度实施的监控，也是行业自律监管的一部分，监管主体包括项目负责人、部门负责人和合伙人等①。

我国的CPA行业监管主体与英美有较大差别，英国的政府监管主体是DTI，美国的政府监管主体是SEC，英美的自律监管组织都是独立的民间职业团体，英美都设置了独立监管机构。而我国的政府监管主体是财政部门、证券监管部门等多个政府部门，我国的自律监管组织是准政府部门，我国没有设置独立监管机构。该问题是研究我国CPA行业监管体制改革需探讨的主要问题之一。

三、CPA行业监管的内容

依据《注册会计师法》的规定，财政部门实施监管的内容主要有：（1）制定注册会计师全国统一考试办法（第7条）；（2）负责注册会计师备案，并对是否授予注册会计师证书享有最终审定权和裁决权（第11条）；（3）被撤消注册，收回CPA证书的当事人有异议时，受理复议或享有最终仲裁权（第13条）；（4）会计师事务所设立批准权（第25条）；（5）负责制定职业风险基金和职业保险有关的规定（第28条）；（6）负责中注协章程备案，并享有决定权（第34条）；（7）CPA执业准则和规则的最终审定权（第35条）；（8）对CPA和会计师事务所违法行为处罚决定权和复议权（第39、40、41条）；（9）外国会计师事务所在大陆境内设立常驻代表机构的批准权（第44条）；（10）对中外合作会计师事务所设立的最终批准权（第44条）等。

---

① 事务所对CPA执业行为与执业质量的监管是CPA行业监管的首要环节，也是实现外部监管效率的关键因素，但本书仅讨论事务所外部监管主体对CPA行业实施的监管。

《注册会计师法》及《中国注册会计师协会章程》（2004）中有关中注协的监管内容规定如下：（1）审批和管理本会会员，指导地方注册会计师协会办理注册会计师注册；（2）拟订注册会计师执业准则、规则，监督、检查实施情况；（3）组织对注册会计师的任职资格、注册会计师和会计师事务所的执业情况进行年度检查；（4）制定行业自律管理规范，对违反行业自律管理规范的行为予以惩戒；（5）组织实施注册会计师全国统一考试；（6）组织和推动会员培训工作；（7）组织业务交流，开展理论研究，提供技术支持；（8）开展注册会计师行业宣传；（9）协调行业内、外部关系，支持会员依法执业，维护会员合法权益；（10）代表中国注册会计师行业开展国际交往活动；（11）指导地方注册会计师协会工作；（12）办理法律、行政法规规定和国家机关委托或授权的其他有关工作。

2004年中注协发布实施的“会计师事务所执业质量检查制度（试行）”规定质量检查的主要内容包括：（1）事务所和注册会计师遵循独立审计准则情况；（2）事务所和注册会计师职业道德情况；（3）事务所内部质量控制情况；（4）注册会计师协会认为需要检查的其他内容。将检查的重点定位于行规和纪律的执行方面，即会计师事务所和注册会计师是否遵循了独立审计准则的要求，是否遵守了行业的职业道德要求，此外还包括事务所是否按照质量控制准则的要求进行事务所内部质量管理等。

2009年中注协发布实施的“会计师事务所执业质量检查制度”，将执业质量检查的内容简单概括为：对事务所、注册会计师遵循中国注册会计师业务准则、质量控制准则、职业道德规范进行检查。

2005年财政部发布实施的《会计师事务所审批和监督暂行办法》规定的监督检查内容包括：（1）会计师事务所保持设立条件的情况；（2）会计师事务所应当向财政部和省级财政部门备案事项的报备情况；（3）会计师事务所和注册会计师的执业情况；（4）会计师事务所的质量控制制度；（5）法律、行政法规规定的其他监督检查事项。

中注协业务监管部的主要任务是：负责监督管理执业机构和执业人员的职业道德和执业质量，促进行业执业准则、规则的贯彻执行。基本职责：（1）拟定业务报备管理制度，组织实施业务报备工作及年度业务检查工作。（2）拟定对有关执业机构和执业人员职业道德、执业质量方面的投诉举报管理制度、办法，组织处理有关投诉举报及专案查处工作，协调有关方面对行业职业道德和执业质量方面的监督、检查和处理处罚事项。（3）拟定对违法违规的执业机构和执业人员的处理处罚制度、办法，组织实施有关处理处罚工作。（4）负责业务监管相关的队伍建设工作。（5）指导地方协会的业务监管工作。（6）协助办理有关行政听证、行政处罚和行政诉讼事项等①。

也有学者对执业质量检查内容进行研究，如叶友等（2004）认为CPA行业监管一般包括以下几个方面：（1）各项审计专业标准的制定，包括审计准则、职业道德准则等；（2）市场准入，包括CPA考试制度、后续教育培训制度以及职业资格和执业资格审批在内的资格认证，事务所审批，保证服务和非保证服务的许可，包括按地区和行业的市场准入的审批等；（3）执业质量检查；（4）对违规行为的行政惩戒和行业惩戒。

---

① 来源于中注协网站：www.cicpa.org.cn.

笔者认为 CPA 行业监管内容应包括以下几个方面：（1）为 CPA 行业制定各项审计规范如审计准则、职业道德准则和质量控制准则等；（2）对市场准入实施监管，包括 CPA 考试，事务所审批，证券市场准入等；（3）监管事务所及 CPA 执行审计业务时，从接受委托、具体实施审计程序到审计报告的提出是否落实执业准则的要求；（4）监管 CPA 审计是否达到规定的执业质量标准；（5）适度监管事务所的收费状况；（6）监管事务所的内部控制制度及运行状况；（7）对违规行为进行行政处罚或行业自律惩戒；（8）行政监管部门对行业协会的监管。只有市场失灵的部分才可能成为 CPA 行业监管的内容，而行业监管只能解决市场某些失灵问题。

四、CPA 行业监管的手段与方法

对 CPA 行业实施监管的手段很多，主要包括：（1）行政法规，是政府颁发的与规范 CPA 执业，强化 CPA 行业监管相关行政法规。如美国的《1933 年证券法》、《1934 年证券交易法》、1984 年《统一会计师法案》和 2002 年《萨班斯法案》等；英国的 1844 年《公司法》、1948 年《公司法》、1985 年《公司法》、1989 年《公司法》、2004 年《公司法（或审计、调查和集团企业条例）》（Companies（Audit，Investigations and Community Enterprise）Act 2004）等；我国的《注册会计师法》、《证券法》、《审计法》和《行政许可法》等。（2）行业准则，是政府部门、行业自律组织和独立监管机构为 CPA 行业制定的审计准则、职业道德准则和质量控制准则等。（3）行政处罚，是政府监管部门依法对违规 CPA 和事务所进行的一系列行政处罚。（4）经济杠杆，是政府监管部门、行业自律监管组织和独立监管机构依据有关法律法规准则，对违规 CPA 和事务所，视情节轻重给予的一种经济处罚。（5）自律管理，如谈话提醒；书面批评；强制培训；责令限期整改；责令书面检讨；责令赔礼道歉、消除影响；行业内通报批评；社会公开谴责直至取消注册会计师会员资格等。

监管的方法包括实地调查法、网上信息监控法，抽查法、详查法，现场监管法、非现场监管法，同业互查法、舞弊导向监管法等。

五、CPA 行业监管的原则

（一）成本效益原则

监管成本是为监管而付出的代价，包括直接成本、执行成本和其他成本。直接监管成本是监管机构（政府或相关监管部门）在制定监管措施和实施监管过程中承担的雇员费用和日常运作费用，这部分成本受监管机构预算约束，它可以通过监管机构报表数据进行较准确计算①。执行成本主要是被监管者为监管所付出的成本，包括被监管者应要求向监管者及时提供信息的成本、进行内部控制使其符合监管要求的成本、接待监管者实施实地监管的成本、因监管而导致的业务收入减少的代价等。这部分成本是监管机构强加给被监管者的。它可通过被监管机构的账簿数据进行粗略计算。其他成本大致包括：（1）监管失误、监管不力，监管人员以权谋私、徇私舞弊等带来的损失；（2）因监管措施严厉致

① 张荔等：《发达国家金融监管比较研究》，中国金融出版社 2003 年版，第 112 页。

使被监管者的道德风险和逆向选择行为带来的损失；（3）监管的机会成本（不监管或降低监管水平，其节省的资源用于其他方面而带来的收益）。这部分监管成本可能数额巨大，但不容易计算，只能作为考虑成本效益原则时的一个参考数据。监管收益是因监管而使被监管者、整个行业及利益相关者在竞争、效率、公正和稳定等方面达到的满意程度、获得的直接收益及避免的损失。(1) 单个 CPA 及事务所的监管收益：因监管使 CPA 执业更规范，信誉度更高，由此带来稳定的客户及拓宽的业务收益，或强化事务所内部控制，提高工作效率等带来的收益。(2) CPA 行业收益：通过监管保护充分有效的行业有序竞争，防止垄断或欺诈行为，避免审计风险而带来的行业收益或避免的损失。(3) 行业及公众的满意程度：因监管而使 CPA 行业稳步前进，证券市场健康发展，没有会计舞弊和审计失败案，公众对行业信赖，对监管认可。这部分收益无法计算，但是监管者最希望看到的结果。即使达到较满意或基本满意的水平，亦可以认定为取得较好的监管收益。

成本效益原则就是监管成本小于监管收益的原则，因为成本和收益都不能准确计算，因此笔者认为因监管使会计舞弊与审计失败案发生率下降，行业稳定发展，执业者与公众无太多怨言，就可以认定监管有效，符合成本效益原则。

（二）和谐原则

和谐原则就是在 CPA 行业的监管过程中，要做到：（1）政府监管与行业自律监管之间和谐，即政府监管适度，行业自律监管到位，各尽其责，各尽所能，通过有效监管促使行业协调发展。(2) 政府监管部门之间和谐，以“和”为贵，避免或减少部门利益之争，通过有效监管为行业创造优良的执业环境，促进行业持续发展。(3) 监管部门与 CPA 和事务所之间和谐，即监管部门依法监管，有效监管，负责任，不扰民；CPA 恪守职业道德规范，洁身自律，配合监管。(4) CPA 与被审计单位之间和谐，即 CPA 严格遵守执业准则，出具高质量审计报告，减少审计失败。被审计单位诚实守信，严格遵守会计规范，避免会计舞弊。由此确保 CPA 行业健康和谐发展。

关于构建和谐的 CPA 行业监管体系，业内专家学者提出了相关建议。如中注协秘书长陈毓圭（2005）提出，构建和谐会计，形成会计与 CPA 行业的合力，对于塑造行业形象和会计工作形象，提高行业管理的成效和行业的社会地位具有重要的战略意义。从协会工作的角度，要积极创建财政部门内部的和谐，采取多种方式，积极主动地向领导汇报工作，积极主动地与相关部门沟通协调；要积极创建协会内部的和谐，大胆管理，奖惩分明，加强作风建设，加强队伍建设，加强各级协会之间的沟通互动；要积极创建协会与其他部门和社会公众的和谐，加强沟通、协调和宣传，加强行业的执业质量监管和诚信建设，取得相关政府部门的支持和社会公众的信任信赖；要积极创建协会与行业会员的和谐，提高服务意识，关注会员需求，加强事务所内部治理的指导，加强对事务所执业的技术支持和指导，建立健全理事会等自律决策组织建设，充分发挥会员参与行业事务的积极性和主动性。何元福等（2005）认为，一个和谐的注册会计师行业，离不开行业与社会之间的和谐；离不开行业内部各会计师事务所之间的和谐；离不开会计师事务所内部人与人之间的和睦相处。张连起（2005）则建议，为建立“和谐 CPA 行业”，中注协在自律监管中，应代表会员利益，反映会员诉求，倡导行业自律，协调会员关系，维护市场秩序，化解执业矛盾。切实处理好行业利益与公共利益的关系，全面履行《注册会计师法》

等法律法规赋予的职责与权力，着力培育新的服务产品，拓展新的服务领域，就制约行业发展的重大问题，及时与有关部门磋商、沟通与斡旋。同时，利用多种媒体，表达行业心声；参与公益事业，提高行业声誉。协会工作的好坏，归根到底只有一个标准，那就是：会员满意不满意，会员认可不认可。紧紧依靠和团结会员，既是构建和谐协会的标志，也是凝聚业内共识的途径。

（三）以会计市场失灵为监管对象原则

政府对 CPA 行业的监管应以会计市场失灵为对象，而不应拘泥于 CPA 行业的日常细节管理问题。根据经济学的市场失灵理论，会计市场失灵是指会计市场生产的产品在数量上和质量上不同于社会需求的最佳量。也就是说，会计市场在会计资源的配置上没有实现“帕累托最优”。会计市场失灵无法通过市场机制内部解决，由此经济学家们首先想到的是政府监管，但实践证明，不适当的政府监管不仅无助于消除或减轻这种失灵，而且很可能会加剧这种失灵，进而会降低会计市场的效率，甚至于破坏整个会计市场。陈国辉、李长群（2000）因此得出结论：（1）政府监管应严格限制在市场失灵领域。一般来说，会计市场失灵有三类：一是会计市场自身的缺陷，主要是指由于会计产品的“外部性”导致的市场失灵，如会计信息失真；二是会计市场由于发育不完善而出现的功能性障碍，如民间审计严重稀缺；三是政府监管过多或不当而造成的政府失灵，如会计师事务所的挂靠制度及政府对民间审计的价格管制。从本质上说，政府监管主要是针对由于会计产品的“外部性”所引起的市场失灵。（2）政府监管应限于能够修补的会计市场缺陷。人们似乎有一种错觉：政府能够修补所有的市场缺陷。一旦发现市场缺陷，马上就想到要设立一个相应的政府机构，颁布一条行政命令，实施一项管理措施，而不是去分析这些行政行为能不能，或在多大程度上能奏效。结果一些行政监管不仅没有达到预期效果，反而使问题更加恶化。政府监管只能限于能够修补的市场缺陷。

对于那些因市场失灵而导致市场、行业协会、中介机构无法解决的资源配置，政府有必要介入，但并非意味着政府可以简单地实施事前行政许可。事实上，政府机关可以综合运用多种方式来实现行政目标，优先考虑非强制性的行政指导、行政合同、事中监督、事后行政处罚，最后再考虑行政许可的方式。许可、罚款等强制性较强的行政手段，成本较大，还容易导致市场扭曲、权力寻租、对经济和相对人权利的负面影响等，一般应当尽量少用。实践证明，无论出于何种初衷，也无论怀有多么美好的想法，政府对社会经济事务干预强度过大会阻碍经济的发展。政府运用相对缓和的手段干预经济，可以获得相对人的主动参与和积极配合，能够更好地提高行政干预的效果，能够使用非强制手段的，如行政指导、行政奖励、行政劝诫等方式的，就应当优先使用这些非强制方式。政府职能定位的目标应当是：一不越位，不该政府管的事，一定不要管；二不缺位，该政府管的事，一定要管好；三不扰民，该政府管的事，要保证管好的前提下，手续、程序越简单越好①。

（四）重要性原则

监管主体在实施监管时，应充分贯彻重要性原则，对重要内容实行重点监管。所以本书提出采用“舞弊导向监管法”和“事项监管法”等监管方法，先确定重点监管领域、

① 参见中注协编：《〈行政许可法〉解读》，《行业发展研究资料》（No. 2004-1）（李富莹执笔）。

重要监管项目、核心监管内容，再制定重点监管策略，以体现成本效益原则的要求，实现高效率监管。

（五）实时监管原则

实时监管是在充分利用现代信息技术的基础上，要求事务所通过计算机网络，实时将执业信息传递到财政部“注册会计师行业监管信息系统”上，监管部门随时了解 CPA 与事务所执业状况，掌握其执业时的异常线索，及时采取监管措施，有效防止和及时制止 CPA 及事务所违规行为，以提高行业整体审计质量。

六、CPA 行业监管的标准

（一）CPA 执业质量标准

1. 美国 CPA 执业质量控制要素

AICPA 审计质量控制标准委员会 1979 年 11 月发布“质量控制标准说明书第 1 号”提出质量控制的九个要素①，分别是：（1）独立性；（2）分派审计人员工作；（3）咨询；（4）督导；（5）职工招聘；（6）专业发展；（7）晋升；（8）客户的接受与续约；（9）检查。

1996 年 5 月，AICPA 又将九大要素缩减为五个，并于 1997 年 1 月 1 日起生效。质量控制的五大要素是②：（1）独立性、正直性和客观性；（2）人事管理；（3）客户与业务的接受与续约；（4）业务实施；（5）监督。

2. 国际 CPA 执业质量控制要素

国际会计师联合会（IFAC）所属的国际审计实务委员会（IAPC）1981 年 9 月发布的《国际审计准则第 7 号——审计工作的质量控制》提出全面质量控制的六项要素。这六项要素是：（1）人员质量；（2）专业技能；（3）委派工作；（4）指导和监督；（5）委托人的接受和续约；（6）检查。

《国际质量控制准则第 1 号——执行历史财务信息审计与审阅、其他鉴证业务以及相关服务的会计师事务所的质量控制》质量控制制度的要素是：（1）会计师事务所内部对质量的领导责任；（2）道德要求；（3）客户关系和特定业务的接受与保持；（4）人力资源；（5）业务执行；（6）监控。

3. 我国 CPA 执业质量控制要素

我国《会计师事务所质量控制准则第 5101 号——业务质量控制》质量控制制度的要素是：（1）对质量承担的领导责任；（2）职业道德规范；（3）客户关系和具体业务的接受与保持；（4）人力资源；（5）业务执行；（6）业务工作底稿；（7）监控。

（二）监管部门的监管标准

监管部门对 CPA 行业实施监管时，在对照 CPA 执业质量标准的前提下，应有自己的监管标准。

---

① 张龙平：《注册会计师审计控制系统研究》，东北财经大学出版社 1994 年版，第 212 页。

② ［美］阿尔文·A. 阿伦斯等：《审计学——整合方法研究》，石爱中等译，中国审计出版社 2001 年版，第 35 页。

现行《会计法》、《注册会计师法》、《会计师事务所审批和监督暂行办法》及《证券法》等与 CPA 行业监管内容相关的部分都没有规定 CPA 行业的监管标准。中注协的《会计师事务所执业质量检查制度》（2009）和财政部《会计师事务所监督检查工作规程》（2006）对 CPA 执业检查的对象、人员、内容、方法、计划、程序和检查结果处理等内容作了规定，但还不能称其为监管标准。

我们认为，无论哪一级监管部门，在对 CPA 行业实施监管时都必须有自己的监管标准。在监管标准中应至少明确以下内容：（1）监管的人员标准。即对监管人员的专业胜任能力、道德品质、实践经验等具体要求。（2）监管的程序标准。企业单位的会计处理和 CPA 审计都有严格的程序，行业监管也必须明确规定监管程序，随意监管程序得出的结论难以有很强的说服力。（3）监管的质量标准。通过监管，能否使 CPA 和事务所的执业更加规范、审计舞弊率降低，监管是否有助于切实提高审计质量？应规定质量标准。（4）监管的报告标准。财务会计报告和审计报告都非常规范，而监管报告过于随意，笔者认为，应规定监管报告格式，提高监管报告质量。（5）监管的责任标准。几乎所有的法规上都没有监管人员的监管责任，监管者该负怎样的监管责任，值得深入探讨。本书第六章专门讨论这一问题。

第三节　相关理论在 CPA 行业监管中的运用

自 1776 年亚当·斯密出版了《国富论》，从此“看不见的手”就成为市场经济的准则。以“看不见的手”作为范式基础，开创了崇尚自由放任政策的古典经济学派。亚当·斯密认为政府仅仅应该作为市场经济的“守夜人”，而不应该直接介入或干预经济运行，因为政府对于市场秩序的创建与维护既无必要也无可能。19 世纪 40 年代兴起的德国历史学派主张国家应对经济生活进行较多的干预，其创始人李斯特认为，国家对经济生活干预的原因是市场经济有许多局限性，如私人利益与国家利益并不总能保持一致，私人企业的发展离不开国家的保护和扶持，个人只有借助国家的政治组织和政治环境才能形成生产能力等。国家干预是弥补私人市场经济缺陷的主要手段。20 世纪 30 年代，凯恩斯有效需求原理从理论上打破了“看不见的手”的神话，强调了政府这只“看不见的手”在经济中的重要作用。20 世纪六七十年代，经济自由主义者们指责凯恩斯主义经济政策，极力主张减少国家干预，实行自由主义的经济政策。20 世纪 80 年代兴起的新古典学派与新凯恩斯主义已形成势均力敌的对峙，但双方的分歧已不再是政府干预应不应该或有无必要，而是集中于政府干预的范围、方式和有效性方面，这是因为市场的不完善性已得到双方的认同①。由此监管的必要性得到主流经济学的认可。

但 CPA 行业监管理论与政府干预或自由放任的经济学论争不是一个层次的问题，也不是政府干预或自由放任的经济学论争能够解答的问题。在对 CPA 行业监管理论进行研究时，既要考虑主流经济学理论的影响，又要结合 CPA 行业监管自身的特点。CPA 行业

---

① 参见白钦先：《金融监管理论与实践的历史性回顾与反思》，该文为白钦先先生为《发达国家金融监管比较研究》一书作的总序，中国金融出版社 2003 年版。

监管本身是一个实践性很强的问题，CPA 行业监管理论研究需与监管实践密切联系，纯理论研究对 CPA 行业监管几乎无指导意义。

国内外关于 CPA 行业监管理论研究大多是围绕监管实践展开的，纵观国内外有关 CPA 行业监管的理论研究成果，主要包括以下内容：（1）CPA 职业服务的负外部性影响；（2）CPA 职业服务的公共产品特性；（3）信息不对称理论等。

本书认为，CPA 行业监管理论是监管相关理论在 CPA 行业监管中的应用，所以应以与监管相关的基础理论作为构建 CPA 行业监管理论的基础。结合我国的 CPA 监管实践，本书将市场失灵与政府管制理论、制度变迁理论、效能优先理论与和谐理论作为我国 CPA 行业监管理论的基础。在理论基础的指导下，研究我国的 CPA 行业监管的基本理论问题。本部分分析监管相关理论在 CPA 行业监管中的运用。

一、市场失灵与政府管制理论在 CPA 行业监管中的运用

市场失灵的理论表明市场不是万能的，市场本身存在着缺陷，最根本的缺陷在于市场交易中交易双方的信息不对称，这是由市场机制内生的。由市场内生的信息不对称派生出外生的逆向选择和道德风险①。市场的缺陷主要包括：（1）不完全竞争。包括垄断、寡头垄断、垄断竞争和自然垄断等表现形式。（2）外部性。当生产或消费的成本不是由生产者全部承担时，将导致过多的产量或消费水平；当生产或消费的效益不是由生产者或消费者全部获得时，将导致较少的产量或消费水平。这就是外部性的经济含义。前者可以称之为负外部性，后者可以称之为正外部性。无论是负外部性还是正外部性，其存在的结果都将使得资源配置偏离帕累托效率状态。（3）信息失灵。信息失灵是指生产者或消费者不具备达成帕累托状态所需的完全信息条件。具体来说可分为信息不充分和信息不对称两种性质截然不同的情况。信息不充分反映的是生产者和消费者在作出决策时无法获得足够的信息；信息不对称反映的则是在交易过程中交易双方拥有的信息不相同。（4）偏好不合理。偏好不合理不完全是市场缺陷，因为某种偏好是否合理，在没有损害他人利益或妨碍他人自由时，纯粹是一种私人的事情。只有当人们将某时期社会普遍接受的风尚、伦理、道德等标准来对个人偏好进行评判时，才存在偏好不合理的现象。（5）收入分配不公平。完全竞争市场的假设主要考虑的是效率问题，并未考虑收入分配的问题。市场是按照个人对生产所做贡献的大小来分配收入的，其分配结果在个人之间必然是不均等的，分配原则本身也会带来分配不公平现象。如何任由这种不公平加剧，必然会导致市场赖以运行的规则受到冲击和破坏，从而最终威胁到市场机制的效率。

矫正市场缺陷的力量包括市场力量、政府力量和社会力量。政府监管是指政府以效率和公平为管制目标，以不完全竞争、外部性和信息失灵等市场缺陷为管制对象，凭借行政权力作出并直接执行的直接干预市场配置机制和改变企业与消费者的供需决策的一般规则或特殊行为。监管手段主要有：（1）标准管制；（2）收费管制；（3）权利交易管制等②。

① 赵霜茁：《现代金融监管》，对外经贸大学出版社 2004 年版，第 18 页。

② 参见刘小兵：《政府管制的经济分析》，上海财经大学出版社 2004 年版，第 12～21 页；蒋洪：《财政学》，上海财经大学出版社 2000 年版，第 62～64 页。

监管的目的之一就是纠正市场失灵。监管必须提高市场交易的透明度，消除信息不对称，规范交易规则，防止逆向选择，通过监管法规的强制约束避免道德风险。监管的基础是市场，背离市场规律的监管将会导致政府失灵。

会计信息的显著特征之一是消费的非竞争性和非排他性，即会计信息一旦公开披露便成了公共产品，任何一个信息使用者对会计信息的使用都不会排除其他使用者对同一会计信息的使用。使用者之间的竞争可能源于对同一会计信息的利用，但这与会计信息的公共性没有直接关系。不过非排他性可能产生公共领域问题，进而滋生外部性问题。造成会计信息市场失灵的一个原因是信息不对称，两类信息不对称可能带来市场失灵：一是企业管理当局和投资者之间的信息不对称，二是投资者相互之间的信息不对称。在会计信息市场上，纯粹的市场力量难以有效防止信息生产不足或过剩的发生，也无法确保会计信息的质量。政府作为市场机制的补充，政府管制或许可以解决市场失灵问题。管制被看作一个讨价还价的博弈过程，市场的参与者组成各自的联盟对管制政策及其实施展开谈判。会计监管涉及的主要市场参与者是监管者、企业、CPA 及事务所、投资者。现有的监管模式是其初始博弈的结果，也是其重复博弈的基本框架①。

二、制度变迁理论在 CPA 行业监管中的运用

制度变迁是制度的替代、转换和交易过程。实际上是权利和利益的再分配，即权利的重新界定。诱致性制度变迁是指现行制度安排的变更或替代，或是新制度安排的创造，它是由一个人或一群人，在响应获利机会时自发倡导、组织或实行②。诱致性制度的发生必须要有某些来自制度不均衡的获利机会，从初始制度均衡，到制度不均衡，再到制度均衡，周而复始，这个过程就是人类制度变迁的过程。诱致性制度变迁的特点可以概括为：(1) 盈利性，即只有当制度变迁的预期收益大于预期成本时，有关群体才会推进制度变迁。(2) 自发性，诱致性制度变迁是有关群体（初级行动团体）对制度不均衡的一种自发性反应，自发性反应的诱因就是外在利润的存在。(3) 渐进性，诱致性制度变迁是一种自下而上、从局部到整体的制度变迁过程。强制性制度变迁由政府命令和法律引入和实

① 黄世忠等认为：在这个框架中，会计监管可粗略地分为会计信息披露监管和会计职业监管。会计职业的监管比较引人注目。首先会计职业存在的理由是满足企业和投资者有效利用信息资源的共同需要，并以提供鉴证信息这一专业服务来实现。这也容易诱使人们相信，会计领域的一些失败、丑闻的罪魁祸首非会计职业莫属，他们的行业自律令人怀疑，应让监管之剑时刻高悬其头顶，随时威慑失衡的会计职业群体。其次，会计职业受人监管，却又有意无意地被假定应分担其监管者的部分责任，极易成为企业和监管者的代过者，尤其是在法律或监管本身不是很完善的时候更是如此。尽管如此，会计职业由于其工作的特殊性，在一定时期内仍将是监管的重心。道理好简单，它已经几乎被公认为负有监控会计信息质量的大部分责任，在监管企业（会计信息披露监管）的边际效率似乎低于监管会计职业的边际效率时（在成熟的市场上可能是这样一来），会计职业是最后一个能够被拧得更紧的螺丝钉。会计职业的弱势群体特征由此可见一斑。这也在一定程度上解释了为何会计职业往往成为企业财务舞弊的替罪羊。参见黄世忠、杜兴强、张胜芳：《政府、市场与会计监管》，载《会计研究》2002 年第 12 期，第 3 ~ 11 页。

② 林毅夫：《我国经济改革顺序的思考和突破口的选择》，载《经济社会结构比较》1989 年第 3 期，第 3 ~ 5 页。

现。与诱致性制度变迁不同，强制性制度变迁可以纯粹因在不同选民集团之间对现有收入进行再分配而发生。强制性制度变迁的主体是国家，国家的基本功能是提供法律和秩序，并保护产权以换取税收。根据新制度经济学的分析，国家在使用强制力时有很大的规模经济。作为垄断者，国家可以比竞争性组织以低得多的费用提供一定的制度性服务，国家在制度供应上除了规模经济这一优势外，在制度实施及其组织成本方面也有优势。新制度经济学认为，强制性制度变迁的有效性受许多因素的制约，其中主要有：统治者的偏好和有限理性、意识形态刚性、官僚政治、集团利益冲突和社会科学知识的局限性、国家的生存危机等。国家经过努力可以降低一些不利因素对制度变迁的影响，但并不能克服其他不利因素对制度变迁的约束①。

英美等国家 CPA 行业监管体制从纯粹自律，到政府适度监管、强制监管，再到独立监管，既有诱致性变迁，又有强制性变迁。而我国由纯粹政府监管到行业自律监管，再到行业自律监管与政府监管并重，是强制性制度变迁。

三、效能优先理论在 CPA 行业监管中的运用

人类的任何活动都有效率问题。经济效率，是指经济资源的配置和产出状态。对于一个企业或社会来说，最高效率意味着资源处于最优配置状态，从而使特定范围内的需要得到最大满足，或福利得到最大增进，或财富得到最大增加。经济效率涉及生产、分配、交换和消费各个领域，涉及经济力、经济关系和经济体制各个方面②。在党中央倡导建立节约型社会的形势下，效能优先在 CPA 行业监管中就显得特别重要。我国在确定 CPA 行业监管体制时，究竟应该实行政府监管体制、行业自律监管体制还是独立监管体制问题，有众多观点，我们认为从效能优先理论出发，应实行行业自律监管为主，政府行政监管为辅的体制，因为自律监管最内行、节约、有效，政府强制监管也必不可少，但应处在次要的位置。如何构建行业自律和政府监管部门内部的监管体制？我们认为也应依效能优先理论，合理划分财政部与中注协在监管方面的权力责任，分清中注协与地方注协权责。

四、和谐理论在 CPA 行业监管中的运用

和谐理论包括③：和谐主题、和则、谐则和绩效。和谐主题是在特定情境下，组织中人与物要素互动过程中所产生的核心组织问题。“和”定义为人及人群的观念、行为在组织中的“合意”的“嵌入”，主要关注人的主观性、主动性；由“和”的概念直接派生出“和则”这一探求并对组织中“人的永恒的不确定性”所显现的规律的概念，以协调人际间的共处，乃至组织间、组织与环境间的共处。如制度、规则、契约、文化、舆论、社会观念等均是和则所考察的内容。“谐”是指一切要素在组织中的“合理”的“投

---

① 参见卢现祥：《西方新制度经济学》，中国发展出版社 2003 年版，第 80、107、110、112 页。

② 程恩富：《公平与效率：如何兼得——程恩富教授 9 月 18 日在吉林大学的讲演》（节选），载《文汇报》2002 年 10 月 15 日。

③ 参见席酉民、唐方成、郭士伊：《和谐理论》，西安交通大学出版社 2004 年版，第 82、84、172 页。

人”，是一种客观、被动的状态，“谐则”作为“谐”的派生概念，是指任何可以被最终要素化的管理问题，是可以通过数学和量化处理模式根据目标需要得以解决的。它可以是质量技术标准，也可以是结构；可以是静态的，也可以是动态的。因此，和谐管理理论的终极目标是：对复杂多变环境下的充满不确定性的一系列管理问题提出一种较为全面的解决方法，其理论能对已发生、正在发生及将发生的管理现象有广泛且良好的解释力与预见力，并能同时具有紧贴管理实践的精确性以及更加简洁与易操作性。和谐理论管理思想的两个基本理论是：(1) 和谐是人的范畴，离开了人谈和谐是没有任何意义的，管理活动离不开人，管理的对象是由人组成的群体——组织，所以组织的发展也就不能逃避和谐的问题，而组织的和谐就是组织持续发展的最根本原因。(2) 对和谐的理解有两个层次：一是个体层次的人的自身知识、意志、情感的和谐能够极大地激发个体所蕴藏的能动作用的发挥；二是群体层次的和谐，是群体活动两种活动机制——建构机制和演化机制的统一，两者的相辅相成保证了组织的持续发展，尤其是在复杂和不确定的环境下，单纯依赖于科学和理性的力量，往往并不能有效地应对迅速变化的复杂环境。在这种情况下，注重群体活动内在的演化机制和群体自身对自由、情感的诉求，提高群体的信任水平与和谐程度，发挥组织成员的能动作用，以不变应万变是十分值得考虑的发展思路。为构建和谐的 CPA 行业，政府监管部门应看轻手中利益，慎用手中权利，一切从有利于行业健康发展出发，制定更高质量的法律、法规、规范，采用更有效的监管方法，构建和谐的 CPA 执业环境。我们建议以和谐理论作为构建 CPA 行业监管理论的基础，并非强调照顾行业中的劣势团体，主要是政府监管部门之间、政府与协会之间实现信息资源共享，监管目标一致，最终使监管和谐发展。

第二章　英美CPA行业监管的体制变迁研究

世界上CPA制度最早产生于英国，1853年爱丁堡会计师协会的成立，是CPA行业监管开始的标志，最初的行业监管体制是纯粹的行业自律。经过160年的发展，英国CPA行业监管体制的核心虽然还是行业自律，但与最初的行业自律相比，已发生根本性的变化，现已形成行业自律监管、独立监管与政府监管相结合的体制。美国的CPA行业自律监管对世界各国CPA行业监管的发展影响最大，在120余年的发展历程中，它由最初的纯行业自律，经过期间的政府监管与行业自律监管的不断摩擦，发展到现在的独立监管、行业自律监管与政府监管相结合的体制①。按照制度变迁理论，制度变迁是一种效率更高的制度对另一种制度的替代过程。英美CPA行业监管体制的变迁，在早期主要是诱致性变迁，后期是诱致性制度变迁与强制性制度变迁的交替进行。

我国的CPA行业监管尽管开始于1918年，但其真正发展是1980年恢复CPA制度后，初期的体制变迁是纯粹的诱致性制度变迁，1980年后则是纯粹的强制性制度变迁。由于我国CPA行业监管体制变迁与英美有较大差别，所以本书在第三章专门讨论我国CPA行业监管体制问题。

H. W. 罗宾逊（H. W. Robinson）曾在《爱尔兰会计史》中写道：英国民间审计“是由破产催生、由差错和舞弊孕育、与清算共同成长，最后才确定起来的”②。英国1836年的经济危机，导致1844年和1845年公司法的出台。1847年的经济危机，带来了1855年和1856年公司法的颁布。1857年的经济危机，又迫使议会推出了1862年的公司法。正是在经济危机和公司法的反复循环中，民间审计才大步向前迈进。也就是说，民间审计作为法定制度框架的形成，很大程度上应归因于经济危机的冲击和公司法的推动③。

实际上，综观每个国家CPA行业监管体制的变迁，都是由舞弊引导，因此我们认为舞弊导向是制度变迁的内在动因。

本章先阐述英国、美国等国的CPA行业监管体制变迁历程，对体制变迁进行评价，然后对CPA行业监管体制及变迁进行相关理论分析。

---

① 薛祖云（2005）认为英国的行业监管体制可概括为：以法律规范为基础，政府基本不干预的行业自律模式；美国在安然事件前的体制是：以法律规范为基础，政府监督下的行业自律模式，安然事件后是独立监管模式。

② H. W. Robinson, *A History of Accountings in Ireland*, *Institute of Chartered Accountants in Ireland*, 1964, p. 30.

③ 参见文硕：《世界审计史》，企业管理出版社1996年版，第228页。

第一节　英国 CPA 行业监管体制变迁概述

一、爱丁堡会计师协会成立，审计职业化和独立化：诱致性变迁

职业化和独立化是 CPA 审计发展过程中的两个特有现象。职业化是指审计人员通过一定的组织形式结成职业联盟，并采取一定的方式（如考试或执业年限要求等）提高审计职业的进入标准，总体上排除不合格人员、特别是业余审计人员从事审计职业；独立化是指审计机构和人员不仅要以独立第三者的身份出现在被审计单位和委托人面前，而且还要能不受外界的干扰，完整地履行审计活动，并不受控制或干扰地发表审计意见①。英国 CPA 审计的职业化和独立化，是审计发展过程中的一种自愿安排。

英国 1844 年《公司法》发布后，股份公司作为一种组织形式，得到迅速发展，公司数量的急剧增加，导致对审计需求的增加。特别是伦敦资本市场的迅速发展，对审计师的执业能力提出较高的要求。

但早期对审计师需求最大的还是破产管理，英国 1825 年的破产法指定由会计师担任破产财产管理人。利特尔顿详细列明了从 1817 年至 1890 年间破产的公司数量，其中 1825 年 1475 家，1826 年 3307 家，1862 年 9663 家，1869 年 10396 家②。这些数据表明了当时申请破产对会计师的需求程度。

在 1869 年的破产法下，职业会计师不仅估价和管理倒闭财产，而且代表债权人对破产企业进行清算，于是许多不称职者自称会计师去承办这些工作，致使“在该法律公布后数年内，会计师人数增加了 2 倍”。层出不穷的会计师最初几乎不受法律和职业规范的约束，极易获取报酬而吸引了大量的新手。他们缺乏经验，专业技术水平低，使会计师声名狼藉。当时大多数会计业务是法律业务的副业，会计师均未经统一考试，审计技术并不熟练。他们是估价人、财产管理人、破产管财人和倒闭公司的清算人，并不是近代意义上的审计人员③。在公众的心目中，他们被当做觊觎者的“贪食者”……当时的一些法律杂志经常将这批人员视为无能和贪婪。直到 1875 年，一位法官仍这样评价：破产的全部事务被交给一群叫做会计师的无知之辈，这是法律有史以来最大的滥用④。

那些对会计职业怀有特别兴趣的精英们试图联合起来，努力改变会计师的不佳形象。为了帮助公众从接踵而至的投机者中识别哪些是可以胜任的职业会计师，苏格兰、英格兰和爱尔兰先后创立了经政府特许的地方性和全国性民间审计组织。

1953 年 1 月 17 日，审计师亚历山大·韦尔·罗伯逊（Alexander Weir Robertson）在与他的职业同行商量之后，向 14 位开业会计师发出邀请，接到邀请信后，8 位与会者们决定成立爱丁堡会计师协会（Society of Accountants in Edinburgh），该协会由专门从事民

① 刘峰：《会计准则变迁》，中国财政经济出版社 2000 年版，第 81 页。

② Littleton, *A. C*, *Accounting Evolution to* 1900, New York, 1933, p. 274.

③ 文硕：《世界审计史》，企业管理出版社 1996 年版，第 229 页。

④ Littleton, A. C, *Accounting Evolution to* 1900, New York, 1933, p. 283.

间审计工作并由被认可的成员组成。1853年1月31日再次举行了会议，47人出席。与会者就许多事项进行了充分的讨论，并成立了一个委员会。其中，会议决定：协会将由普通会员和荣誉会员组成，普通会员应是在爱丁堡开业的会计师，荣誉会员可以是以前从事民间审计职业的人员，也可以是人寿保险公司的经理和法院的工作人员。按照计划，1853年2月4日召开了另一次会议，詹姆斯·布朗（James Brown）被选为协会主席。会议不仅通过了以布朗为首的协会委员会，而且通过了爱丁堡会计师协会章程和规则，其中第6条规定："接纳新会员入会须通过全会、年会或者特别会议，他们必须有二个会员推荐，再通过无记名投票，通过的票数为与会者的3/4"。普通会员和荣誉会员应分别每年交纳会费二几尼和一几尼。在1854年2月1日召开的协会第一次年会上，主席和委员会一致认为，申请协会皇家执照的时候已经来临，至5月，委员会批准了由约翰·克拉克·布罗迪（John Clerk Brodie）起草的呈交维多利亚女王请愿书的草案。请愿书这样写道：请愿者从事的会计师职业是一个长久而又崇高的职业，而且近年来显得越来越重要，正如在爱丁堡所看到的一样，会计师的业务范围复杂而又广泛，鉴于这种情形，请愿者希望结成一个名为爱丁堡会计师协会的组织，本着将正在从事民间审计职业的人们团结成一体的宗旨，追求相同职业患难与共的目标。1854年10月23日，由帕尔默斯顿议员根据女王陛下的命令签发的皇家证书在圣·詹姆斯法院签发。12月2日注册登记并盖上了大印，同月18日，送交协会①。

由于英国的会计师团体得到皇家的授权或"特许"，所以，CPA被称为"特许会计师"（Chartered Accountant）或"特许注册会计师"（Chartered Certified Accountant），协会被称为"特许会计师协会"或"特许注册会计师协会"②。本书为了表述的统一性，将英国的特许会计师也称为注册会计师（CPA）。

会计师队伍职业化，提高了进入职业会计师队伍的成本，从而将那些业余和不称职的人员有效地"拒之门外"，这在一定程度上保证了现有职业会计师队伍的"垄断"收入不受竞争。也正是由于这种潜在利益的存在，那些已经进入职业会计师队伍的人，发起了旨在永久性享有"垄断"收入不受损害的制度创新，成立职业会计师组织，通过使用"特许会计师"头衔并限制非成员使用，提高进入职业会计师队伍的门槛要求，约束现有职业会计师的行为。只有当职业会计师队伍得到一定发展，但人数又不至于太多时，由职业会计师队伍自己主动发起制度创新，最为经济③。

二、英格兰·威尔士特许会计师协会成立到六大会计职业团体共存

在19世纪下半叶，英国的资本市场规模迅速壮大，在如此庞大的资本市场上，单个审计人员要树立起具有独立性和职业能力的信誉，是一件必须付出高昂代价的事。一种既

① 文硕：《世界审计史》，企业管理出版社1996年版，第233~237页。

② 英国的CPA职业团体最初有society、association、Institute，现在统一为Institute，中注协等权威部门将英国的会计职业团体翻译为"公会"，本文为了表述的统一，将英国的职业团体也统称为"协会"。

③ 刘峰：《会计准则变迁》，中国财政经济出版社2000年版，第86~87页。

能减少这种代价又能为投资者提供满意服务的办法就是成立职业会计师协会。这种协会负责鉴定审计师的资格，保证每个民间审计师均具有独立性和职业能力。1870年，伦敦九位著名的会计师多次聚会，一起商议成立伦敦协会的可行性。协会的宗旨是提高伦敦地区执业会计师的水平和地位，促使他们提高审计效率和社会有用性，对会计师在专业上遇到的所有问题提出协会的意见。但是申请皇家特许的计划受到了挫折，协会被要求报送会计协会的章程。1872年，伦敦协会改名为会计师协会（the Institute of Accountants），开始向来自各省的申请人敞开大门。但是该协会要求申请者交纳昂贵的入会费，并制定了严格的会员资格；协会禁止会员办理“混合”业务，在这种业务中，会计仅仅是很小一部分；协会还禁止给掮客和介绍业务的其他人支付佣金。这些制度使许多申请者望而却步。于是，对会计师协会各项措施不满的人在1872年另立组织，取名为会计师公会（Society of Accountants），与会计师协会展开了激烈的竞争。这些怀才不遇者通过广告、更吸引人的条件和较少的规则聚集了众多的会员，1877年，他的会员人数超过了会计师协会。1878年，当会计师协会提议通过《国会法案》（Parliamentary Bill）的时候，两大民间审计组织的竞争达到了白热化程度，该法案要求官方承认“正式会计师团体”，其他地方性团体，如利物浦会计团体、曼彻斯特会计师协会和谢菲尔德会计师协会，均要求加入协会。但会计师公会起草了请愿书，指出：“人数上，已大大超过协会；能力上，也毫不逊色。”当经过修正的倡议提交给议会后不久，会计师协会被告知，皇家已特许会计师协会与其他四家民间审计团体组成联合会。于是，1880年5月11日，英格兰·威尔士特许会计师协会（Institute of Chartered Accountants in England and Wales，ICAEW）正式成立。英格兰·威尔士特许会计师协会成立伊始，便起草道德标准，限制通过广告招揽客户，规定了昂贵的入会费条款，取消佣金支出，而且还投资兴建了一座图书馆。在经过仔细的酝酿讨论之后，协会章程最终于1882年3月获得了枢密院的批准。章程旨在保证会员达到交稿水平的专业熟练程度，高质量的遵守职业道德规范，及时清除违背章程的人。最初协会只有会员587名，第二年达到1025名。从1882年7月开始，接受新会员均要通过三次严格的考试，许多考试科目超过了以前的簿记范围，其中审计学是主要科目。一部分人因为丰富的经验而免于考试。而后，由于考试制度趋于严格，协会会员的人数增长幅度开始缓慢下来①。三次考试科目分别是②：

第一次考试：书写，短小的英语作文，算术，代数，欧几里德几何学，地理，英国史，初级拉丁语。选修科目：任选下列中的两种科目——拉丁语，希拉语，法语，德语，物理，化学，动物生理学，电气学，磁学，地质学，高等数学。第二次考试：簿记，会计学，审计学，合伙会计和遗产管理会计的调整，受托管理者的权力和义务，清算和破产管财人。第三次考试：除对第二次考试中的各科目进一步提问外，还应考试：破产法原理，股份公司，商业实务，仲裁和判决。

英格兰·威尔士特许会计师协会的成立，标志着英国已形成了一个比较完善、系统的

---

① 文硕：《世界审计史》，企业管理出版社1996年版，第238~240页。

② ［美］迈克尔·查特菲尔德著：《会计思想史》，文硕等译，中国商业出版社1989年版，第224页。

民间审计职业体系，它不仅充分适应了资本市场正常运作的客观要求，而且有力地奠定了整个世界民间审计事业的历史里程碑。

爱丁堡会计师协会和英格兰·威尔士特许会计师协会的成立大大推动了英国注册会计师行业的发展，各行业和地区的会计师纷纷成立了行业团体，经过一系列的发展和合并，最终形成了六个影响较大的行业协会组织，他们分别是英格兰·威尔士特许会计师协会（ICAEW，1880 年成立），苏格兰特许会计师协会（ICAS，1854 年成立），爱尔兰特许会计师协会（ICAI，1888 年成立），特许公认会计师公会（ACCA，1905 年成立）①，特许公众财务与会计协会（The Chartered Institute of Public Finance and Accountancy，简称 CIPFA）及成本和工程会计师协会（Institute of Cost and Works Accountants，简称 ICWA）。

这六大会计职业团体分别对自己的会员进行管理，他们的管理职责主要体现在以下几个方面：（1）制定协会的章程，并且该章程经过皇家的批准和特许。（2）建立相应的行业准入标准，组织和安排特许会计师的考试和培训。1880 年 ICAEW 成立后，于 1882 年 7 月开始实行通过 3 次严格考试接收新会员的规则。培训考试涉及的学科和内容、考试次数等受不同时期民间审计业务范围的影响，随着执业环境的变化而不断变化。英国特许会计师培训考试是由各会计职业团体分别组织进行的。各会计职业团体对考试资格要求、考试内容、考试次数的规定大同小异。（3）各协会制定自己会员的执业准则和职业道德准则。（4）在行业的监管方面，这六大团体各自为政，通过其下设的质量（监督）检查部和执业操守部负责执行。这一时期，英国注册会计师行业管理在法律规范方面也已有了相关规定。早在 1844 年，英国《公司法》规定公司必须聘请外部监察人员。这是世界上第一次以法律的形式确立的会计师审计制度。1900 年聘请独立审计人员对公司进行审计成为一项法定要求。1948 年，《公司法》对审计人员的任职资格作出了规定。但英国政府对注册会计师行业的管理没有非常明确的规定。正是由于缺乏具体的法律保障，政府职能也未体现，当时国注册会计师行业的管理主要是各协会自主性的，出于维护行业利益，纯洁注册会计师队伍而进行的分散管理，行业自律可以说是注册会计师行业管理的全部。

三、各协会的合作及会计团体咨询委员会的成立

为了保证英国 CPA 行业的稳定发展，各协会在管理自己会员的同时，努力寻求合作。其中最为重要的合作组织就是六大会计职业团体共同成立的会计团体咨询委员会（Consultative Committee of Accountancy Bodies，CCAB）。这一时期英国注册会计师行业的管理在法律规范方面也呈现出新的特点。

英国 1985 年《公司法》明确规定了“公司的账目应当由会计师审计”。英国的 1989 年《公司法》对于法定审计师的资格作出了严格限定：必须持有被认可的职业资格、必须是特定职业组织的成员，该组织也必须得到贸工部的认可，成为经认可的监督团体。该法授权经认可的监督团体自行制定本组织成员的执业资格与执业技术规则。此外，《金融服务法》对于参与投资咨询业务的注册会计师作出管制；《破产法》规定了参与破产工作

① 成立时间参见张龙平：《注册会计师审计控制系统研究》，东北财经大学出版社 1994 年版，第 54 页。

的注册会计师必须受到该法案管制，具体执行的政府部门为财政部与贸工部。

ICAEW、ICAS、ICAI 和 ACCA 都是英国贸工部认可的负责会计师行业管理的职业团体，作为公认的监督组织（Recognised Supervisory Body，RSB）他们由政府部门授权并接受政府部门的监督，对在其辖区内开展审计工作的事务所进行注册。审计师的注册除了要符合法定要求外，还要受到英国政府相关规定的监督。上述四个协会同时也是公认的资格认证组织（Recognised Qualifying Body，RQB），这意味着他们有资格对每个辖区从事公司审计工作的人员进行资格认证。

CCAB 的核心目标是促进和保护 CCAB 下合格的会计师品牌，并在监管和保持与国际团体的联系方面起领导作用。其主要工作是协调六大会计师职业团体之间的关系，各团体常常通过 CCAB 发布技术方面的指南。具体说来，其工作主要体现在以下方面：（1）关注当时存在或出现的与商业或注册会计师实务有关的问题，这些问题对英国及整个爱尔兰地区的注册会计师行业的发展有重要影响；（2）为人们提供一个论坛，讨论当时出现的各种问题，制定联合方案，与政府和其他权威机构（包括国内的和国际的）进行协调和沟通；（3）建立一种机制，以此向国际准则的制定者和监管者反映英国及爱尔兰地区会计职业界的观点；（4）推荐或委派人员到一些国际组织工作，并对其工作表现进行系统的审查；（5）在一些技术性工作上进行协调和沟通。

总之，这一阶段英国注册会计师行业管理体制得到了实质性的发展，摆脱了之前的各自为政，自行管理的局面。一方面，各职业团体之间加强了合作，例如会计师职业投诉和惩戒制度有了一定程度的统一，注册会计师的管理在分散基础上有了一定的合作；另一方面，规范注册会计师管理的有关法律也得到较大的发展。但所有的 CPA 行业监管都是 CPA 行业内部的事，行业外界几乎没有介入 CPA 行业监管。这一时期 CPA 行业内部有关管理的制度变迁也是诱致性变迁。

四、从政府监督苗头初现到宏观监管层面形成——英国贸工部的作用

在注册会计师行业高度自律的英国，社会公众利益的维护主要依赖于 CPA 职业团体对 CPA 行业的监管成效。英国的行业自律主要包括以下四个方面：一是注册会计师职业团体对会员资格和注册的控制；二是注册会计师职业团体对会员的监管，如通过制定道德准则和惩戒程序等实施监管；三是注册会计师职业团体制定和实施审计准则；四是依赖法律对公司审计、投资业务和破产清算的约束。社会公众利益是否得到保护，主要取决于注册会计师行业自律的好坏。由于注册会计师职业团体的利益同社会公众不尽一致，社会公众不得不承受由此带来的风险，这是越来越多的人所不愿接受的事实。20 世纪 80 年代末至 90 年代初，英国曾发生过一系列财务丑闻，由此引发了对财务报告制度和 CPA 行业监管制度的重大变革。

1989 年，英国对《1985 年公司法》部分内容进行了修订，形成的《1989 年公司法》，规定英国贸工部（DTI）负责管理公司财务报告、公司治理和特许会计师行业，保证本国资本市场的有效运行，同时负责与欧盟委员会、欧洲议会、欧盟部长理事会等相关组织和机构的联系，制定并调整相关法律和制度。自此，英国 CPA 行业政府监管苗头初现。该法第 53 条第（1-B）款规定：英国贸工部通过制定标准或其他监管举措，监管会

计职业团体的工作。其具体监管职责主要包括：（1）如果公司的审计师在执行审计的期间内失去应聘资格，贸工大臣允许有关公司再聘用其他有资格的审计师。（2）要求保留有资格应聘为公司 CPA 和会计师事务所的名册。（3）要求认可的会计职业监督团体保留并向社会公开以下有资格应聘为公司审计师的会计师事务所的资料：对于有限公司形式的会计师事务所，列出公司各位董事或股东的名字或地址；对于合伙会计师事务所，列出各位合伙人的地址及其他相关资料。（4）对六家协会进行年度检查，重点是对会计职业团体的检查。1990 年，贸工部赋予 ICAEW、ICAS 和 ICAI 为政府认可的监管组织，允许这些会计职业团体注册和管理 CPA。每年会计职业团体要提供一份监管报告给贸工部。这份报告对公众公开。报告包括特许会计师的数量、实地调查次数及结果等信息。贸工大臣可以要求会计职业监督团体提供资料的内容、时间及方式，并可以对他们进行检查。如发现某会计职业监督团体未能履行规定的责任，贸工大臣可以向法院提交申请，追究其责任。

2001 年底，根据英国贸工部的文件，英国会计职业团体发起成立了会计基金会（The Accounting Foundation，AF），基金会及其下设机构的成员，大部分由非 CPA 职业界人士组成，主要来自以下六个团体：国内消费者委员会、英格兰银行、爱尔兰中央银行、伦敦证交所、英国工业联盟和机构股东委员会。基金会独立于政府和会计职业团体。基金会下设复核委员会、审计实务委员会、调查与惩戒委员会和道德准则委员会。基金会负责任命其下属机构成员，并负责向独立监管体系的主要团体提供充分的、持续不断的基金。基金会的角色是保证复核委员会和其他团体的独立性，以确保该体系在有关准则制定、惩戒和其他监管职能方面，能够代表公众利益。会计基金会的成立标志着英国 CPA 行业监管体制形成了宏观监管层面，在行业自律的同时引入了独立于该行业的监督机构，增加了行业的透明度，由此增强了公众的信心，促进行业自律更加成熟和完善①。

在这次体制变迁中，英国选择了一种由公众参与的监管机制，这种做法表明，政府对 CPA 行业进行监管不代表取代行业自律，政府监管只限于宏观层面的考虑，而不是事事亲历亲为。

五、安然事件后的监管体制

美国安然及一系列财务丑闻事件发生后，英国 CPA 行业并没出现大的问题，但英国政府、会计职业界以及各有关方面对于会计监管和公司治理进行了广泛的反思和深刻的检讨，认识到重新确保市场和公众相信财务报告和公司治理框架足够稳健的重要性。此外，在全球资本市场的大环境下，能否显示监管体制的质量和独立性在国际上显然越来越重要。一方面有助于加强伦敦作为一个国际金融中心的地位，另一方面，良好的监管体制有助于提高英国制定重大事项决策的影响力。为此，英国对其 CPA 行业监管体制又进行了变革，这次体制变迁的核心是进一步强化了独立监管。

2002 年 6 月，贸工部大臣下令全面检查当时的会计审计职业界的监管制度，并成立

① 参考中注协：《英国注册会计师行业管理体制：改革历程与启示》，载《行业发展研究资料》（No. 2005-2），（袁昊执笔）。

专门检查小组，研究安然事件发生的前因后果，对英国现行的 CPA 行业监管和财务报告制度进行深入分析。

2002 年 7 月 24 日，英国贸工部向国会提交了中期报告。该报告主要提出以下改革建议：(1) 改革公司审计委员会，强化其职能。审计委员会完全由独立的非执行董事组成，代表股东监督注册会计师的审计质量和非审计服务。(2) 实行审计小组所有成员轮换制，审计合伙人轮换的时间由 7 年改为 5 年，并研究实行会计师事务所轮换制的可行性。(3) 强制要求上市公司披露注册会计师提供的非审计服务。(4) 进一步完善会计准则和审计准则，着重借鉴国际会计和审计准则。(5) 对现有的以会计基金会为主的注册会计师监管模式进行检查，并加以改进和完善。(6) 强制要求主要会计师事务所提高组织、业务和财务的透明度。(7) 对"四大"会计事务所市场垄断情况进行检查。(8) 建议修改现行公司法，强化公司管理层向注册会计师提供真实财务信息的责任。

经过广泛征求意见，在 2003 年 1 月，检查小组提交了报告——会计职业监管体制评价和相关建议。具体建议如下：(1) 由财务报告理事会（Financial Reporting Council, FRC）取代会计基金会（AF），成为一个独立组织，形成一个更简化、更清晰的监管体系，并且各监管职能之间特别是会计和审计准则之间将进行更紧密地协作。(2) 独立监管体系应该职责清晰，更加透明。(3) 审计实务委员会应该承担起各职业团体的责任，为审计人员的独立、客观和诚信制定一系列的准则（建立其他职业道德准则的职责应当由会计职业团体保留，并且应当受到独立监管体系中相应委员会的监管）。(4) 成立新的审计检查小组，直接对独立监管机构的一个委员会负责。检查小组将行使原有职业团体的部分监管职能，负责对那些金融和经济的稳定性有巨大的潜在影响的实体审计的监管，特别是对上市公司、特许经营实体（重要的慈善机构）和退休金审计的监管，检查小组将直接对职业监管委员会报告。(5) 职业监管委员会，即复核委员会的接替者，它应当保有更广泛的职责范围，但是该委员会的首要职责仍然应该是审计监管，这也是该组织成立的主要宗旨。(6) 贸工部大臣应当将其认可权力授权于独立监管方，并且应当由职业监管委员会来承担这一职能，即认可职业监督组织、并认可其在 1989 年公司法中关于法定审计师监管框架的资质。(7) 筹划已久的调查和惩戒委员会的成立不应再被推迟，应该提供一个超然独立的组织听证重大公共利益惩戒案件，该委员会应该成为独立监管机构的辅助组织，并且应赋予该委员会包括取消执业资格在内的适当的处罚权。(8) 贸工部应当考虑将独立监管体系建立在法定基础上，并且当尽早出台相关法律条款。(9) 独立监管机构的年度运行成本应由政府、商业组织和会计职业组织承担；调查和惩戒委员会成立之前案例研究成本，则应由职业组织继续承担。

贸工部接受了检查小组的建议，于 2003 年 1 月 29 日宣布了一揽子改革计划，建立独立的监管体系，由 FRC 取代 AF 成为独立的监管机构。该计划包括 FRC 要落实检查小组关于改善公司治理的建议，此外，还要承担原会计基金会的工作职责。由此，除了公司治理外，FRC 及其常务机构又有三个明确的职责：制定会计和审计准则、积极监督准则的执行情况、监督职业团体的自律运作。承担了这些新的职责后，FRC 变成了一个统一的、独立的新监管机构。

政府为加强英国 CPA 行业监管也投入了较多的时间和精力。首先，为了尽快实施对财务报告和公司治理框架的改革，英国贸工部设立了一个实施领导小组，该小组由 FRC 的政府代表作为主要领导，其成员包括代表 FRC 和前会计基金会的主席，和代表 CCAB 的咨询委员会主席。这为监督新的 FRC 的运作过程及解决新机构运作中出现的各种问题提供了重要的组织机制。其次，政府还将为内地收入署把信息传递给核查委员会建立一个信息渠道，由此核查委员会就又有了一个新的信息来源。2004 年，英国出台《公司法（或称审计、调查和企业集团法）》，提出了有关行业监管方法的立法建议，包括要求监管 CPA 的职业团体在制定准则、实施监管之前需进行注册；政府利用其权力加大对大公司信息披露的监管力度等①。至此，英国的 CPA 行业监管形成以行业自律监管为主，独立监管和政府监管相结合的体制。

第二节　美国 CPA 行业监管体制变迁概述

一、AICPA 的成立与职责

美国早期的 CPA 职业发展，主要是对英国的引进和模仿。19 世纪末期，随着美国工业化的急速推进及个人企业向股份公司的转变，英国的 CPA 频繁地访问美国，通过逐月审计为火灾保险公司、铁路以及抵押贷款公司中的英国资本投资提供服务。随着美国金融资本的快速发展，进步党对于政府的效率、工商业的管制以及税收改革的所有要求，直接促进了英国会计师美国化的进程和美国本土 CPA 职业的发展。但是，当时美国 CPA 的实务操作较为混乱，工作质量参差不齐，吹嘘性广告随处可见。为了克服这一现象，更好地保证服务质量，以保护公众利益，美国仿照英国的模式，在 1886 年 12 月 23 日创办了第一个追求全国影响的职业会计师团体——美国公众会计师协会（the American Association of Public Accountants，AAPA）（AICPA 的前身）。

以各州会计师协会为会员的美国公众会计师协会，以代理人的身份将会规强加给各州的尝试以失败而告终。1916 年创办的美国会计师协会（AIA），取代了美国公众会计师协会（AAPA）。AAPA 原有成员 1238 人，申请加入 AIA 的有 1169 人②。第一次世界大战改变了公众对工商界的看法，工商界地位的提高，对 CPA 职业产生了重大影响。当时政府对工商业采取自由放任的态度，根本不需要法人的会计责任和外部监管。政府毫不犹豫地要求职业会计师把保护工商业的利益看做是他们的主要任务，以前为监管工商界并为保护公众利益而建立的从事 CPA 审计工作的职业团体，变得很少关心保护公众利益了。工商界人士可以自由管理他们自己的事务，CPA 被大型企业用作内部管理的参谋，小企业也求助于 CPA 来解释财务报表，提供各种改善经营管理的建议以及设计新的控制制度，20 世纪 20 年代，正式的管理咨询与服务成为 CPA 的公认职能。1921 年创办了一个与美国会计师协会对峙的美国会计师联合会（ASCPA）。但当时的协会没有足够强大的地位制定和实施规则，相关惩戒也没有多大效力。

---

① 参见英国 2004 年《公司法》，资料来源于 www.opsi.gov.uk/acts/acts2004。

② 刘峰：《会计准则变迁》，中国财政经济出版社 2000 年版，第 113 页。

1929 年经济大危机后，美国颁布了体现保护投资者思想的《1933 年证券法》和《1934 年证券交易法》，强制规定大的上市公司接受审计，同时明确规定了审计人员的责任。政界对会计工作的兴趣，显示出对职业界不利的一面，那就是鲍拉—奥麦霍尼法案的一条细则规定所有州际公司的审计应由“CPA 代理人”进行；有人甚至提议成立类似美国最高法院的全国会计工作协会，取代会计师事务所；同时，根据法律的规定，对 CPA 服务质量要求的日渐提高，且外界对 CPA 服务质量的攻击日愈猛烈。面对这些压力，迫切要求职业界有一个强有力的职业组织。于是，1936 年美国会计师联合会和美国会计师协会合二为一，并保留了美国会计师协会（AIA）的名称。

1957 年，对 CPA 的称谓由“accountants”改为“certified public accountants”，协会由美国会计师协会（AIA）改为美国注册会计师协会（The American Institute of Certified Public Accountants ，AICPA）。AICPA 的主要工作包括：参与制定会计准则和指南，制定审计准则和职业道德规范，组织全国注册会计师考试，组织同业互查，开展后续教育，对违反行规者实施惩戒等。AICPA 重要的技术工作还包括：就审计准则、质量控制准则和鉴证准则等发表权威性的公告；向 FASB、SEC 和其他管理机构进行有关会计准则的解释；制定并落实职业道德准则及其解释。此外，AICPA 还要花费大量的时间和精力组织的 CPA 统一考试及阅卷工作；保持和发展与会计教育界、联邦和州有关机构和立法部门的密切联系；处理 CPA 在鉴证业务范围以外如管理咨询、税务筹划以及最近设立的注册个人理财师和注册企业评估师等方面的执业问题。

AICPA 最初的监管对象是所有个人会员所从事的各种业务，70 年代之后将会计师事务所作为团体会员纳入了监管范围。在证券市场审计业务领域，AICPA 自 70 年代以后，通过设立公众监督委员会、会计师事务所部证券市场部及开展同业互查工作，对证券市场审计业务的监管发挥着重要作用。AICPA 目前拥有会员 34 万余人，执业机构 4 万多个，在美国注册会计师行业乃至国际注册会计师界发挥着重要的作用①。

除 AICPA 这个全国性 CPA 职业组织外，美国各州也都拥有自己的 CPA 职业组织——州注册会计师协会（State Societies of Public Accountants）。与 AICPA 功能类似，各州注册会计师协会是州注册会计师的自律组织，对会员进行自律监管和服务。州协会的基本职能包括：推动制定有关本州的注册会计师行业的相关法规；与 AICPA 合作，负责本州会计师事务所的同业互查；开展后续教育和培训；实施行业惩戒与处罚等。州注册会计师协会有一个独到之处在于，它们十分重视为占会员近半数的非执业会员的服务，这类会员有很大比例在公司、政府部门担任职务，许多州协会都设有 CFO 培训中心，为非执业会员提供最新的知识培训。

与美国联邦体制相对应，州注册会计师协会依照本州协会的章程，独立行使职能，州协会并不是 AICPA 的分会，与 AICPA 之间不存在上下级隶属关系。AICPA 对各州协会的工作给予一定的指导，并相互合作、协助。在美国，CPA 往往自愿加入两个以上的注册会计师协会，其中之一是 AICPA，另一个是执业所在州的注册会计师协会。

---

① 参考了中注协:《美国注册会计师行业监管体制考察报告》，载《行业发展研究资料》（No. 2004）。

AICPA职业道德管理部负责行为准则的落实，对违反职业行为准则的CPA进行调查和处罚。职业道德管理部建立了调查案卷，从各种渠道包括新闻报道和对会员的投诉中收集资料。对行为不严重、无意违反职业行为准则的会员，职业道德部要求会员进行补救或改正；对严重违反职业行为准则的会员，通常由审判委员会作出处罚，包括警告、暂停和取消AICPA协会的会员资格等。AICPA与大部分州达成了《职业道德规范联合实施方案》，按照该方案的规定，调查可以由AICPA或州注册会计师协会完成，但对重大案件仍要由AICPA调查。

作为自律管理的重要内容，AICPA十分重视行业的职业道德建设，制定的职业行为规范（Code of Professional Conduct），对独立、客观、公正，对客户的责任及对同行的责任、业务承揽等有关行业职业道德的内容，作出了非常具体的规定和解释。AICPA设置职业道德执行委员会，负责监督会员的职业道德行为。AICPA和州注册会计师协会对其会员的业务活动进行自律监管，组织开展同业互查，并对违反职业道德等行业规范者予以惩戒。由于许多注册会计师既是州协会又是AICPA的会员，AICPA与各州协会成立了联合惩戒委员会，其惩戒决定对AICPA和州注册会计师协会都生效。

二、政府对CPA行业的监管

20世纪30年代初，美国爆发了历史上规模最大的经济危机，股票市场大崩溃。当时会计职业因会计准则不完备、财务会计报告不规范、CPA行业监管不到位等而受到严重指责。《1933年证券法》和《1934年证券交易法》赋予SEC对CPA行业实施政府行政监管的职责。另外，州会计委员会，对州一级的CPA行业实施监管。

（一）SEC的监管

在美国联邦政府一级，并没有专门的政府部门主管注册会计师行业。与注册会计师行业有着密切关系的机构主要是美国证券交易委员会（the Securities and Exchange Commission，简称SEC）。SEC成立于1934年，负责《1933年证券法》和《1934年证券交易法》的实施，监管美国证券市场，因而对从事证券市场审计业务的注册会计师和事务所有着很大影响，但并不对CPA行业进行日常监管。其对证券市场案件的调查处理包括有权暂时或永久地禁止CPA从事证券市场相关业务。SEC是直接对国会负责的政府机构，其委员由总统任命、参议院批准。SEC负责监管美国证券市场，包括从事证券市场审计业务的注册会计师和事务所，发布上市公司财务报告。监督联邦证券法的执行以及规范证券市场、美国股票期权交易等。SEC在法律规定的范围内，独立行使其职权，包括授权民间机构监管公众公司财务会计；监督制定会计及审计准则等法规；发布规则、文告、公告规范约束财务会计行为。SEC拥有对从事证券业务的注册会计师和事务所的调查、处罚权，有权暂停或永久禁止违法注册会计师从事证券业务，其判例也对审计准则的制定和发展间接地产生了一定影响。SEC拥有对会计准则的最终决定权，如果会计职业界未能对相关会计实务作出及时规范，或者其规范意见与SEC存在分歧，则SEC可以通过发布会计信息披露规则而介入会计确认与计量领域。SEC被称为“投资者的守护神”，为了加强对风险的控制，2009年9月新成立了“风险战略和金融改革部”。SEC由5名直接由总统咨询并通过议会同意的委员组成，有5个部门，16个办公室，3500多个职员，全国有11个分支机构①。在经费上，证券交易委员会编制的财政预算交联邦预算局审核，然后由总统交国会审议。

早期的注册会计师职业界曾尝试反对政府过度干预。如美国 1937 年通过的“联邦公司法”，就曾要求设立“注册公司代表”（certified corporate representatives），这些代表在通过公司会计和商法方面的文职人员考试后，由联邦政府发给执照，并定期在国会接受检查②。很显然，如果上述政府干预方案得以实施，CPA 行业的自主性甚至 CPA 这一职业的生存都将受到极大的冲击。为了保护 CPA 职业界的利益，当时职业界的领袖人物进行各种方式的游说，并取得了预期效果。AICPA 取得会计准则与审计准则的制定权，很大程度上也是靠会计职业界坚持不断游说的结果。

（二）州会计委员会的监管

从 20 世纪初开始，各州根据本州独立的立法权，相继颁布了本州的法律③，设立会计委员会，负责本州注册会计师行业的注册。州会计委员会在性质上属于法律授权组织，即法定组织；其运转经费来源于从 CPA 和事务所依法收取的注册费等费用，而不需要纳税人负担。州会计委员会的组成由州会计师法予以规定，其成员多由州长任命，一般 1/2 或 2/3 以上为执业注册会计师。州会计委员会的主要职责是注册会计师的注册，该注册在州当地才有效。

鉴于注册由各个州实施，而 CPA 职业服务市场又是全国性的市场这样一个矛盾，在 AICPA 的推动下，各州会计委员会成立了州会计委员会全国联合会（NASBA），它是一个协调组织。

州会计委员会是监管 CPA 职业最直接的机构。美国 50 个州，加上 4 个特区，都有自己的会计成文法，并由各州会计委员会监督实施。根据法律赋予的权利，各州会计委员会还负责制定有关执业规则，以明确 CPA 的执业资格要求，保证执业行为的客观、公正，惩戒不当执业，包括取消执业资格等。州会计委员会是隶属于各州政府的行政管理机构，其成员一般由各州政府委任，在不同的州，州会计委员会的人员构成并不相同，但一般来说，其大部分成员为 CPA。由于州会计委员会颁发 CPA 执业证书，因此，执业 CPA 如果严重违反州会计委员会制定的行为准则，将被吊销执业证书。尽管这种情况并不经常发生，但吊销执业证书将会迫使执业人员离开会计职业界。大多数州都采用 AICPA 制定的行为准则，但也有些州制定的行为准则更为严格。近年来，越来越多的州采用了比 AICPA 更为严格的行为准则。尽管如此，社会公众对州会计委员会仍颇有微词，主要有：（1）州会计委员会的主要工作是限制随便进入 CPA 职业的人士，而不是保护处于信息弱势的社会公众免遭执业不当的伤害；（2）州会计委员会作为执法机构，工作效率低下。前一种指责导致越来越多的社会公众代表进入州会计委员会；后一种指责导致许多州出台了所

---

① 参见财政部监督检查局网站（赴美会计监管培训团）《中美会计监管比较分析》（2009）。

② G. Previts and B. Merino, 1998, *A History of Accountancy in the United States*, 2nd edition. (Columbus) Ohio State: University Press, pp. 292-293.

③ 至 1915 年，已有 39 个州制定了注册会计师法律。见 Previts and B. Merino, 1998, *A History of Accountancy in the United States*, 2nd edition. (Columbus) Ohio State: University Press, p. 48.

谓的“夕阳法律”，即规定州会计委员会的“存续”期限，临近期满要接受特别检查。如果审查意见能够充分证明该机构存在的必要性，且运行效率较高，那么就可以继续存在；否则就要按照预先规定的时间终止解散。不过迄今为止，还没有任何州会计委员会根据“夕阳法律”被终止工作。

在美国 CPA 行业的政府监管中，还值得强调的是国会的作用。美国国会参众两院于 1977 和 1978 年间，就如何加强注册会计师行业监管、切实保护公众利益等问题举行的一系列听证会，促成了 POB 的成立，从而使美国 CPA 行业的自律监管水平得到极大提高。而 2002 年美国国会颁布萨班斯法案，设立公众公司会计监管委员会（Public Company Accounting Oversight Board，简称 PCAOB），促成美国 CPA 行业监管体制由行业自律为主演变为独立监管为主的体制，此项变革对美国乃至世界 CPA 行业监管体制产生了巨大影响。

三、AICPA 成立公众监管委员会及 1984 年《统一会计师法案》

20 世纪 70 年代美国发生经济危机，大量公司破产和陷入财务困境，连续爆发的权益基金欺诈、储蓄银行和上市公司破产等重大审计失败案，导致了针对注册会计师行业的诉讼浪潮，也引发了美国国会参众两院于 1977 和 1978 年间，就如何加强注册会计师行业监管、切实保护公众利益等问题举行了一系列的听证会。最后，参众两院都通过了各自的法案，要求重新建立会计职业监管制度。美国参议院举行的听证会为 CPA 行业的监管体制提出了两种改革方案：一种是专门成立一个政府部门，负责监管注册会计师行业；另一种是建立适当的注册会计师行业自律监管制度。

AICPA 为了避免政府部门对行业监管的全面介入，向国会提出了允许注册会计师行业实行自律监管的请求。AICPA 为此建立了一整套的自律监管机制，特别是 1978 年成立了公众监管委员会（Public Oversight Board，POB），代表公众利益监管 AICPA 证券市场业务部（The SEC Practice Section，SECPS）①，对注册会计师的独立性和审计质量进行监督和检查。POB 由代表公众利益的 5 名委员组成，分别来自商界、职业界、立法界和监管部门等，大多都是很有名望的人士。美国原国防部长莱尔德、财政部长奥尼尔、FASB 原任主席柯克都曾担任 POB 的主席或副主席，POB 最后一任主席鲍舍尔也曾任美国审计总长。

POB 的主要职责是：（1）监督和评价由 SECPS 组织的同业互查以及 SECPS 执行委员会的活动；（2）监督同业互查委员会（Peer Review Committee，PRC）的工作，该委员会负责认定会计师事务所对同业互查建议的执行情况；（3）监督 SECPS 的其他活动。SEC 对会计职业的自律监管拥有监督权，并负责每年向国会提交有关会计职业监管的年度报告。

20 世纪 70 年代之前，AICPA 的会员都是个人会员。此次改革时，AICPA 认识到对事务所监管的重要性，因为审计业务尤其是证券市场审计业务，是以事务所的名义而不是个人名义进行的，事务所内部质量控制对个人从事的审计项目的质量具有重要作用。因此，AICPA 设立了会计师事务所部（the Division for CPA Firms），事务所部按是否从事证券市

① 或称上市公司业务部，专门监管具有证券市场审计业务资格（类似于我国具有证券期货从业资格的会计师事务所）的事务所。

场业务又分为两个部：证券市场业务部（SECPS）和非证券市场业务部。AICPA 要求从事证券市场审计业务的会计师事务所加入 SECPS，成为其会员并接受监管。这是 AICPA 历史上第一次引入了事务所团体会员的概念。会计师事务所尤其是 SECPS 的设立、事务所团体会员的引入以及把事务所纳入监管对象，是 AICPA 自律监管改革的关键举措，其他改革措施都以此作为基础。

SECPS 同时接受 POB 和 SEC 的监督，专门负责监管从事上市公司审计业务的会计师事务所。一开始，执行上市公司审计业务的事务所可以自愿加入 SECPS。1998 年，AICPA 修改章程后，要求其会员中执行上市公司业务的会计师事务所必须加入 SECPS，接受其监管。目前，SECPS 大约有 1250 家事务所会员，99% 的美国本土上市公司都由这些事务所进行审计①。不过，由于部分事务所并不是 AICPA 的会员，因此仍有约 80 家从事证券业审计的中小事务所不是 SECPS 的会员。

会计师事务所成为 SECPS 的会员后，必须参加两项质量控制活动：（1）同业互查（peer review）；（2）涉嫌上市公司审计失败的会计师事务所将接受 AICPA 质量控制调查委员会的调查。

SECPS 由多个委员会和任务小组组成：（1）SECPS 执行委员会（SECPS Executive Committee）负责制定会员要求、预算与会费规定、对会员作出制裁决定、任命其他委员会与任务小组的人选。（2）同业互查委员会（PRC），负责监督同业互查并采取相应纠正措施。（3）质量控制调查委员会（QCIC），负责对涉及刑事、民事和行政调查及处罚的会员进行调查。发现违反专业准则的，提交 AICPA 职业道德部进行惩戒。（4）SEC 法规委员会（SEC Regulations Committee），负责联络 SEC 制定法规的有关技术事项。（5）专业问题工作小组（Professional Issues Task Force），负责收集和处理注册会计师执业中的有关问题，必要时提交有关准则制定机构处理。

除了 POB 和 SECPS 外，美国 CPA 行业自律监管机制中的主要机构还包括 AICPA 审计准则委员会（ASB）、独立性准则委员会（ISB）、AICPA 职业道德部（Ethics Division）及其下属的职业道德执行委员会（PEEC）等机构。

这种以 POB 和 SECPS 为代表的行业自律监管模式最终得到了美国国会的认同，从而平息了注册会计师行业面临的信任危机，避免了行业监管的政府介入。POB 和 SECPS 的成立是美国注册会计师行业自律监管体制的标志性组织。在这个监管架构下，国会和 SEC 轻易不干涉 CPA 行业监管的运作，甚至不介入直接的监管。当 CPA 审计不力甚至造假损害了投资者的利益时，投资者可以通过舆论、选票等政治压力迫使国会和 SEC 加强对该行业的监管甚至直接监管。这一潜在的约束机制对注册会计师行业的自律起到了一定作用。

20 世纪 70 年代美国出现的一系列重大审计失败案，一方面促使 AICPA 成立了 POB，另一方面面对国会和公众压力，NASBA 与 AICPA 于 1984 年联合出台了《统一会计师法案》，该法案不是美国国会通过的联邦法，只是 NASBA 和 AICPA 在全国各州推广的会计

① 参见中注协：《美国注册会计师同业互查制度研究报告》，《行业发展研究资料》（N0. 2003）（张莹执笔）。

师法的范本。该法案已被绝大多数州会计委员会认同并以不同方式落实。

目前的法案是在1984年法案基础上多次修改而成的。1984年《统一会计师法案》颁布后，进一步明确州会计委员会承担了监督管理会计职业的行政性职能①，法案的主要内容包括：（1）《统一会计师法案》规定，会计委员会设在州政府，成员法定任期为2年，具体由州长决定，州长可以在听证后罢免任何成员，委员会拥有经司法通告程序的印章等。该委员会显然可视为法律授权的准政府机构。但《统一会计师法案》规定，其法定成员"必须有半数以上是持证CPA拥有提供会计服务方面的专业经验，非持证成员也应拥有财务会计方面的专业经验，目的是有能力对个人或会计师事务所进行资格评审"。这又显示出它具有鲜明的政府和行业结合管理的特征。（2）委员会负责举办CPA考试，颁发执照（包括申请和变更执照的审核，执照管理，强制措施，吊销执照），制定上述事项的有关规则。制定规则的范围包括：委员会会议和活动行为规则，调查和听证程序规则，授权证书要求的教育，经验以及更新证书的继续教育规则，CPA头衔使用规则，同业互查规则，公共服务和其他服务的执业行为规则，技术标准，承担公众和客户责任的规则等。（3）委员会与CPA协会的关系。《统一会计师法案》明确规定，CPA协会的同业互查，要遵守委员会制定的规则，并应定期接受依据委员会规则设立或认可的监督机构的监督，由监督机构向委员会报告检查情况，定期报告和提供参与同业互查的事务所名单。上述会计委员会与CPA协会结合的管理方式，体现了国家法律、政府对社会相关利益主体的平衡，体现了互利的优势：以法律授权一个准政府性质的独立管理机构，并对政府监督，制约被授权组织的规则作出了明确规定，政府也很容易对行业政策施加影响和调控；利用会计师行业专家进行管理，在法律上确立同业互查的地位，体现了法律对专业组织特性的高度重视和尊重，容易产生行业的认同，也提供了行政管理与自律管理密切配合的机制；法律授权独立机构管理，也容易得到社会公众的认可。但委员会的监管，按照《统一会计师法案》的规定，主要借助于行业自律，即同业互查来实现。让监督者作为利益相关者来监督自己，是该法案弱化的一面，所以它也有明显的弊端。

四、萨班斯法案和PCAOB的成立

2001年12月2日，安然公司申请破产保护，600多亿美元的股票市值瞬间蒸发，其审计师安达信会计公司随之陷入困境。之后不久，美国资本市场又出现了一系列财务丑闻，环球电讯、世界通信、施乐等一批企业巨擘纷纷承认存在财务舞弊，在美国资本市场上引起轩然大波，一批大的上市公司遭投资者抛弃，宣布破产。这些企业的造假行为不仅欺骗了投资者，也使自己付出了沉重的代价，同时，损害了资本市场的秩序，给美国经济造成了重大的影响。为此，在社会各界的压力下，美国国会于2002年7月25日通过了《2002年萨班斯-奥克斯利法案》（Sarbanes-Oxley Act，简称萨班斯法案）。

该法案对《1933年证券法》、《1934年证券交易法》的许多内容作了修改和补充，包括证券市场审计的监管、审计独立性、财务信息披露、公司责任、证券分析师的利益冲

① 参见白晓红：《美国注册会计师行业管理体制的演变》，载《中国注册会计师》2002年第12期，第51页。

突、美国证交会的资源和权力、相关问题的研究和报告、公司及刑事欺诈责任、强化白领刑事责任、公司税收返还和公司欺诈责任等 11 个方面。按照该法案的要求，设立了公众公司会计监管委员会（PCAOB），由证券交易委员会（SEC）负责对 PCAOB 的监督，包括任命其委员，审批其财政预算，监督其实施的处罚程序，对其作出的处罚决定可加重、减轻、修改或取消等，并在必要时对会计师事务所进行特别检查。

（一）萨班斯法案中与 CPA 行业监管相关的内容

1. 成立独立的公众公司会计监管委员会

公众公司会计监管委员会（PCAOB）负责监管从事证券市场审计业务的会计师事务所及注册会计师。法案规定①：（1）PCAOB 拥有注册、检查、调查和处罚权限，保持独立运作，自主制定预算和进行人员管理，不作为美国政府的部门或机构，遵从哥伦比亚非营利公司法，其成员、雇员及所属机构不应视为联邦政府的官员、职员或机构。（2）授权 SEC 对 PCAOB 实施监管。PCAOB 由 5 名专职委员组成，由 SEC 与美国财政部长和联邦储备委员会主席商议任命，任期 5 年。5 名委员应熟悉财务知识，其中可以有 2 名是或曾经是执业注册会计师，其余 3 名必须是代表公众利益的非会计专业人士。（3）要求执行或参与公众公司审计的会计师事务所须向 PCAOB 注册登记。PCAOB 将向登记会计师事务所收取"注册费"和"年费"，以满足其运转的经费需要。（4）PCAOB 有权制定或采纳有关会计师职业团体建议的审计与相关鉴证准则、质量控制准则以及职业道德准则等。PCAOB 如认为适当，将与指定的、由会计专家组成的、负责制定准则或提供咨询意见的专业团体保持密切合作，有权对这些团体建议的准则进行补充、修改、废除或否决。PCAOB 须就准则制定情况每年向 SEC 提交年度报告。（5）根据《1934 年证券交易法》和修订《1933 年证券法》的有关要求，授权 SEC 对会计准则制定机构的会计原则是否达到"一般公认"的目标进行认定。该准则制定机构必须符合如下要求：第一，应是民间机构；第二，由某个理事会（或类似机构）管理，该理事会多数成员在过去两年内未在任何会计师事务所任职；第三，经费获取方式与 PCAOB 相似；第四，通过多数票的方式确保会计原则及时反映新的会计问题和商业实务；第五，制定准则时考虑准则适应商业环境的变动性以及高质量会计准则国际趋同的必要性或适当性。此外，法案还要求 SEC 就美国财务报告系统如何采用以原则为基础的会计准则问题进行研究，并在一年内向国会提交研究报告。（6）PCAOB 对公众公司审计客户超过 100 户以上的会计师事务所，要进行年度质量检查，其他事务所每 3 年检查一次。PCAOB 和 SEC 可随时对会计师事务所进行特别检查。（7）PCAOB 有权调查、处罚和制裁违反该法案、相关证券法规以及专业准则的会计师事务所和 CPA；（8）审计美国公司（包括审计美国公司的国外子公司）的外国会计师事务所也必须向 PCAOB 登记。

2. 要求加强注册会计师的独立性

法案在加强 CPA 的独立性方面提出以下要求：（1）修改《1934 年证券交易法》，禁止执行公众公司审计的会计师事务所为审计客户提供列入禁止清单的非审计服务，未明确

① 参见 Sarbanes-Oxley Act 和中注协:《萨班斯法案》，载《行业发展研究资料》(No. 2003-4)（吴文军执笔）。

列入禁止清单的非审计服务也要经过公司审计委员会的事先批准。被禁止的非审计服务包括：簿记服务以及为审计客户提供的与会计记录或财务报表相关的其他服务、财务信息系统设计与实施、评估或估价服务、精算服务、内部审计外包服务、管理职能或人力资源服务、经纪人、投资顾问或投资银行服务、法律服务以及与审计无关的专家服务、公众公司监察委员会根据有关规则认为不可提供的其他服务。(2) 审计合伙人和复核合伙人每5年必须轮换，还规定了注册会计师需向公司审计委员会报告的事项。(3) 如果公司首席执行官、财务总监、首席会计官等高级管理者在前一年内曾在会计师事务所任职，该事务所则被禁止为这家公司提供法定审计服务。

另外，责成各州监管机构自行决定 PCAOB 的独立性标准是否适用于未在该委员会登记的中小事务所。

3. 要求加大公司的财务报告责任

法案规定：(1) 公司的审计委员会负责选择和监督会计师事务所，并决定会计师事务所的付费标准。(2) 要求公司首席执行官和财务总监对呈报给 SEC 的财务报告“完全符合证券交易法，以及在所有重大方面公允地反映了财务状况和经营成果”予以保证。对违反证券法规而重编财务报表后发放的薪酬和红利应予退回。(3) 公司财务报告必须反映会计师事务所作出的所有重大调整，年报和季报要披露重大表外交易，以及与未合并实体之间发生的对现在或将来财务状况具有重大影响的其他关系。(4) SEC 有权对违反证券法规者担任公司的董事或管理人员采取禁入措施。(5) 强制要求公司高级财务人员遵循职业道德规则。(6) 禁止公司给高层管理者或董事贷款，并要求公司管理层在买卖公司股票后立即告知 SEC。

4. 要求强化财务披露义务

法案指出：(1) 公众公司应进行实时披露，即要求及时披露导致公司经营和财务状况发生重大变化的信息。(2) 由 SEC 制定规则，要求公众公司披露对公司财务状况具有重大影响的所有重要的表外交易和关系，且不以误导方式编制模拟财务信息。由 SEC 负责对特殊目的实体等表外交易的披露进行研究，提出建议并向国会报告。(3) 主要股东或高级管理者披露股权变更或证券转换协议的强制期间由原来的 10 个工作日减少为 2 个工作日。(4) 由 SEC 制定规则，强制要求公众公司年度报告中应包含内部控制报告及其评价，并要求会计师事务所对公司管理层作出的内部控制评价出具鉴证报告。(5) 由 SEC 制定规则，强制要求公司审计委员会至少应有一名财务专家，并且要予以披露。

5. 加重了违法行为的处罚措施

法案规定：(1) 故意进行证券欺诈的犯罪最高可判处 25 年入狱。对犯有欺诈罪的个人和公司的罚金最高分别可达 500 万美元和 2500 万美元。(2) 故意破坏或捏造文件以阻止、妨碍或影响联邦调查的行为将视为严重犯罪，将处以罚款或判处 20 年入狱，或予以并罚。(3) 执行证券业务的会计师事务所的审计和复核工作底稿至少应保存 5 年。任何故意违反此项规定的行为，将予以罚款或判处 20 年入狱，或予以并罚。(4) 公司首席执行官和财务总监必须对报送给 SEC 的财务报告的合法性和公允表达进行保证。违反此项规定，将处以 50 万美元以下的罚款，或判处入狱 5 年。(5) 起诉证券欺诈犯罪的诉讼时效由原来从违法行为发生起 3 年和被发现起 1 年分别延长为 5 年和 2 年。(6) 对检举公司财务欺诈的公司员工实施保护措施，并补偿其特别损失和律师费。

6. 增加经费拨款，强化 SEC 的监管职能

从 2003 年度起将 SEC 的拨款增加到 7.76 亿美元，加强欺诈防范、风险管理、市场监管与投资管理。其中 9800 万美元用于招聘 200 名工作人员，加强对注册会计师和审计业务的监管。

7. 要求美国审计总署加强调查研究

法案提出：(1) 授权美国审计总署对会计师事务所强制轮换制度进行研究。(2) 要求美国审计总署对 1989 年以来的会计师事务所的合并进行研究，评估其现在和未来的影响，并对发现的问题提出解决方案。(3) 要求美国审计总署研究导致会计师事务所竞争受限的因素，如高成本、低服务质量、独立性、缺乏选择等。并调查联邦或州的监管政策是否存在妨碍会计师事务所正当竞争的因素。(4) 责成美国审计总署就调查研究的情况，在一年内分别向参议院银行委员会和众议院金融服务委员会报告。

(二) PCAOB 的组织与运作情况

在制度设计上，PCAOB 既是一个独立的法人，又受 SEC 的指导和监督。依据萨班斯法案，SEC 不干涉 PCAOB 的具体监管活动，但却享有最终决策权，包括对其成员的任免、预算的审批和执业标准的决定权。2002 年 10 月 25 日，SEC 公布了其对 PCAOB 的任命，主席为威廉·麦克多诺 (William J. McDonough)。2003 年 1 月 6 日，PCAOB 正式办公，并于三天后召开了首次公开会议，宣布组织章程和招聘计划。PCAOB 的总部设在华盛顿，截至 2004 年 8 月，它先后在纽约、亚特兰大、达拉斯、旧金山和南加州设立了 5 个分支机构。计划中的分支机构还有芝加哥和丹佛。目前，PCAOB 内设“三部”和“三办”，即注册与年检部 (Registration and Inspections)、首席审计师与职业标准部 (Chief Auditor and Professional Standards)、实施与调查部 (Enforcement and Investigations)、法律办公室 (General Counsel)、行政办公室 (Administration) 和外联与政府关系办公室 (Public Affairs and Government Relations)。PCAOB 的主要职责是：(1) 对审计上市公司的会计公司予以登记；(2) 对登记的会计公司实施年检；(3) 为登记的会计公司制定审计、质量控制、职业道德和独立性准则；(4) 对执业中的违规行为进行查处。从 2003 年 10 月 22 日起，所有从事美国上市公司审计业务的会计公司必须向 PCAOB 登记①。

陈波 (2010) 认为，美国 PCAOB 的法定权威高于 AICPA，其原因主要在于：(1) PCAOB 依据萨班斯法案而设立，其职权行使有明确的法律依据，而 AICPA 则是由从业者自发组织起来的，其权力主要来自于会员的集体授权和自愿服从；(2) PCAOB 获得了政府部门的更大支持，它是由政府创立的，5 名理事也是由政府任命的；(3) PCAOB 拥有更大的监管权限，包括负责对上市公司审计的事务所注册、准则制定、质量检查和惩戒的权力，通过吊销会计师事务所的注册资格，或是剥夺注册会计师作为事务所“关联人”的执业资格，PCAOB 实质上拥有了资本市场审计业务的禁入权。

不少学者认为萨班斯法案的出台标志着美国注册会计师行业自律监管体制的终结，其

① 参见任明川：《美国上市公司会计监督委员会的组织运作评述》，载《中国注册会计师》2005 年第 3 期，第 67～70 页。

实这种认识并不全面。首先，美国注册会计师行业自律监管体制的内容不是只限于行业执业质量监管，还应该涵盖准则制定、资格认定、考试准入、后续教育等。PCAOB 的成立确实改变了原监管体制，曾经是注册会计师行业执业质量自律监管的两个标志性组织——公众监督委员会（POB）和美国注册会计师协会证券市场业务部（SECPS），其历史使命应该说基本上已经结束，POB 已解散，SECPS 的工作也要移交给 PCAOB。但是，AICPA 的资格认定、考试准入、后续教育等不会受到实质性影响。其次，改革后的美国注册会计师监管体制，除了强调独立监管外，政府监管同时得到了加强，如增加了 SEC 的经费拨款，要求其切实履行联邦证券法赋予的监管职责，要求美国财政部、联邦储备委员会参与对公众公司会计监管委员会的监督，要求美国审计总署发挥应有的作用等。在这种新的监管体制下，行业自律监管也得到了加强，因为它将更多地关注公众利益，而不再是将维护行业利益放在第一位。因此，笔者认为，新的监管体制是独立监管为主，行业自律监管与政府监管相结合的一种新体制。这次美国 CPA 行业监管体制变迁是强制性变迁。

第三节　对英美 CPA 行业监管体制变迁的评价

英美 CPA 行业监管体制都是由最初的行业自律，经过法律规范、政府适度监管，成立独立监管机构，发展到现在的自律监管、政府监管和独立监管相结合的混合体制。我们可将两国的 CPA 行业监管体制变迁过程归纳如表 2-1 所示。

表 2-1　**英美 CPA 行业监管体制变迁过程**

体制变迁的主要内容	变迁的主要事件①	
	英国	美国
行业自律监管体制的确立	1853 年爱丁堡会计师协会成立	1886 年美国公众会计师协会成立
行业自律监管体制规范化	六大会计职业团体并存	1957 年 AICPA 成立及州注册会计师协会的成立
行业自律走向成熟	会计团体咨询委员会（CCAB）成立	1978 年 POB 成立及 AICPA 设立证券市场业务部（SECPS）
政府开始介入对 CPA 行业的监管	英国 1989 年《公司法》规定：英国贸工部（DTI）负责对 CPA 行业实施政府监管	美国《1933 年证券法》和《1934 年证券交易法》及州《会计法》规定：美国 SEC 和州会计委员会负责对 CPA 行业实施政府监管

① 因行业自律监管与政府监管的发展是交替并进的，所以本表没有按时间顺序列示 CPA 行业监管体制变迁过程。

续表

体制变迁的主要内容	变迁的主要事件	
	英国	美国
政府宏观监管层面形成	20 世纪 80 年代末 90 年代初，英国发生一系列公司财务丑闻，1997 年英国工党执政后，贸工部着手对 CPA 行业监管体制进行改革，促成 2001 年成立会计基金会；安然事件后，英国贸工部大臣下令全面检查英国的 CPA 行业监管制度，从而推出全新的独立监管框架	20 世纪 70 年代美国发生系列审计失败案，美国国会参众两院对 CPA 行业监管体制进行一系列听证会，在 SEC 的支持下，AICPA 对自律监管体制进行一系列重大改革；安然事件后，美国国会再次介入 CPA 行业监管，颁布《萨班斯法案》，决定成立 PCAOB，并赋予 SEC 对 CPA 行业更大的监管权力
法律对 CPA 行业的规范	英国 1948 年《公司法》对审计人员的任职资格作出了规定；1985 年《公司法》规定公司的账目应当由 CPA 审计；1989 年《公司法》贸工部对 CPA 行业实施监管；2004 年《公司法》提出有关行业监管的立法建议	美国《1933 年证券法》和《1934 年证券交易法》规定 SEC 对 CPA 行业实行政府监管；美国各州《会计法》规范各州 CPA 执业行为；2002 年《萨班斯法案》决定成立 PCAOB，对 CPA 行业实施独立监管
设立独立监管机构，对 CPA 行业实施监管	英国 2001 年成立会计基金会，初步对 CPA 行业实施独立监管；2003 年成为全新的独立监管机构。由此形成以行业自律为主、独立监管和政府监管为辅的监管体制	美国 2002 年颁布《萨班斯法案》，成立 PCAOB，对 CPA 行业实行独立监管。由此美国形成以独立监管为主、自律监管和政府监管为辅的混合监管体制

一、对英国 CPA 行业自律监管体制及其变迁的评价

英国行业自律监管体制的主要贡献体现为：（1）作为行业自律监管的发源地，为各国 CPA 行业监管体制的建立指明了方向；（2）为行业自律监管体制树立了典范。美国的自律监管体制坍塌，英国不仅没出大问题，行业自律监管反而更加稳固，这本身就值得世界各国借鉴学习；（3）“分而治之”有其自身的优越性，它可以通过自律监管组织之间的竞争促进 CPA 行业的发展；（4）能够审时度势，及时调整应是英国监管体制的另一大优势。从职业团体的分散管理，到团结合作，再到加强政府监管、实施统一透明的外部监管，说明这个行业监管最古老的国家不仅没有固步自封，而且在不断寻求改进和完善策略。而一系列的改革措施在取得实质性进步的同时，CPA 行业的公信度大大提高，从而自律监管也取得重大进展。

与其他国家的 CPA 行业监管体制相比，英国最大的特色是多个 CPA 职业组织共同实施对 CPA 行业的自律监管，即“分而治之”。前已述及“分而治之”的优越性，但也有

其不足之处。笔者认为“分而治之”的主要缺点是：（1）ICAEW、ICAS、ICAI 和 ACCA 这四个被英国贸工部认可的 CPA 管理职业团体都设有注册委员会、惩戒委员会、申诉委员会等，负责各自的考试、注册管理、规则制定和行业监管等工作，其准入条件、执业标准和监管力度必然会有区别，从而会使监管质量和会员的执业质量有差异。长期以来，六大职业团体在投诉和惩戒制度上各自为政。职业团体在投诉和惩戒程序上存在这样或那样的差别。比如 ACCA、ICAEW 和 ICAI 既接受对会计师个人的投诉，也受理对会计师事务所的投诉；由于苏格兰法律的限制，ICAS 只接受对会计师个人的投诉。诸如此类的差异不胜枚举。作为一个整体，会计职业投诉与惩戒制度的可信度由此大打折扣①。（2）不同的职业团体间虽有合作，但更多的是竞争，在自由竞争的情况下同样存在市场失灵问题。

英国 CPA 行业自律监管体制带给我们如下启示：（1）CPA 职业团体与社会公众利益密切相关。由于 CPA 的利益与社会公众不尽一致，社会公众理应要求加强对 CPA 的监管，CPA 职业团体出于自身生存和发展的需要，同时迫于政府部门和社会各界的压力，必然会规范 CPA 执业行为，监管 CPA 提高审计质量，维护行业信誉，从这点来看，CPA 职业团体与社会公众的利益又是一致的。（2）政府对 CPA 行业适度监管是非常必要的，但政府的监管应是宏观管理与指导，而不应介入 CPA 行业的日常细节管理。（3）条件允许时，可成立独立监管部门，以弥补行业自律监管的独立性不足和政府监管的官僚性缺陷等问题。

ACCA 认为，职业团体必须能够独立调查和实施相应的惩戒程序，其行动必须代表公众利益。只有这样，才能对未能履行基本义务的会员采取坚决且具有透明度的惩罚措施。英国的审计质量控制制度并未采用事务所之间的同业互查的做法，而是通过专业团体聘用永久性监督人员审查事务所的业务。这些监督人员与事务所不存在任何关系。与备受批评的采用同业互查的美国体制相比，英国的质量控制体制更有效果、更加独立，该体制也可适用跨国的事务所②。

二、对美国 CPA 行业自律监管体制的评价

AICPA 作为世界上最有影响的会计职业组织，其行业自律监管为 CPA 行业监管的发展作出了重大贡献，主要表现为：（1）为 CPA 执业制定了最系统完整的审计准则体系；（2）成立公众监督委员会（POB），设立证券市场业务部（SECPS），对上市公司和非上市公司 CPA 审计业务分别管理，创新了行业监管体制；（3）在安然事件前，POB 的监管被多数人认为是有效和值得推广的。

有关各方认为美国行业自律监管体制的缺陷主要是：

POB 自认为是“跛足的鸭子（Lame Duck）”。2002 年 3 月 19 日，POB 公布了一份

① 参见任明川：《英国会计职业投诉与惩戒制度》，载《中国注册会计师》2003 年第 12 期，第 42 页。

② 参见《中国注册会计师》通讯员：《ACCA 阐述对安然事件的立场》，载《中国注册会计师》2002 年第 4 期，第 57～58 页。

题为《改革之路》的报告，对25年来美国注册会计师自律监管制度进行了深刻地自我解剖和系统总结，尖锐地指出了自律监管制度存在的问题：（1）POB并不能独立发挥监督作用。POB的经费来源是通过AICPA下属的SECPS从所监管的会计师事务所筹集。因为缺乏财务上的独立性，POB不可能完全独立于注册会计师行业，所发挥的监督作用极其有限。2000年，POB根据SEC的建议准备对会计师事务所的独立性问题展开特别检查，而SECPS和“五大”却因此威胁要削减对POB的经费支持，从而导致POB检查计划落空。AICPA以及“五大”甚至将POB视为行业的“盾牌”，而不是独立的监管机构。（2）POB的经费非常有限，难以有效发挥作用。POB每年的经费大约是350万美元，其中薪酬和差旅费就占了相当大的比例。相比较而言，会计准则制定机构FASB一年的费用开支就高达2300多万美元。（3）SECPS的监管不能做到及时有效。SECPS下属的质量控制调查委员会在调查会计师事务所时，通常不能对个人进行调查，也不能查阅工作底稿。因为AICPA没有签发传票和强制作证的权力，调查者只能依赖于被调查者的自愿合作。另外，SECPS一年的经费也只有100万美元。（4）同业互查制度并不能有效发挥作用。既然POB代表公众利益，而同业互查的目的是为了加强公众信心，因此POB提出应该由其作为同业互查的委托人，真正发挥代表公众利益进行监督的作用。但AICPA认为，同业互查是注册会计师行业内的事情，POB可以监督，但不可以插手。（5）美国注册会计师行业近几年与SEC的关系过于紧张，AICPA利用其影响削弱了SEC对注册会计师行业的监督作用。2000年，AICPA通过游说国会对SEC施加影响，最终导致SEC的注册会计师独立性规则的修订工作受到很大限制。（6）AICPA和原“五大”对POB的支持不够。2000年POB根据审计有效性小组的建议，着手制定章程，以结束自1977年成立以来没有独立章程的历史。此举却未得到AICPA和“五大”的支持。经过长达一年多时间的艰难谈判后，POB的章程才最终获得通过。根据新章程，POB虽然增加了对审计准则委员会（ASB）和独立性准则委员会（ISB）的监督权力，但所要求的对审计准则委员会等机构的人事任免批准权却被AICPA否决。AICPA认为，这些机构的人事任免属于AICPA的内部管理问题，POB无权干预。同时，POB以其25年的监管经验指出，要真正加强对注册会计师审计质量的监管，不能靠对现有自律监管模式的修修补补，而是要进行一场彻底的改革，建立一个独立的上市公司审计监管机构将是“一条成功的改革之路”。

SEC指出，同业互查组织是“相互挠痒的组织”。SEC在2002年6月的一份报告中指出：“现有的自律监管机制并不能产生可信的结果。这种失败使我们认识到，不能指望通过修改现有的自律制度或者对监管机制作出少量变革就能实现我们的目标。”该报告对现行的注册会计师监管机制存在的主要缺陷进行了以下分析：（1）同业互查组织是“相互挠痒的组织”，未能发挥应有作用。（2）对会计师事务所和注册会计师的处罚措施不力。AICPA职业道德部只拥有非常有限的调查权，不能传唤证人和强制要求作证，只能依赖于被调查人的自愿合作；职业道德委员会的调查程序不够及时，一般都是在行政处罚和民事裁决结束后才展开调查；处罚程序缺乏透明度，外界很难了解到处罚过程和结果，不能达到应有的惩戒效果；处罚力度非常有限，AICPA是会员自愿加入的民间团体，其处罚形式只限于会员权力范围内，一般只是强制后续教育和暂停会员资格，最严厉的措施也就是取消会员资格，但这并不对被处罚人的执业产生实质影响。（3）POB 财务上不能独立，受制于 AICPA。（4）AICPA 与州会计委员会全国联合会（NASBA）以及各州会计委员会没有良好的沟通和协调机制，相互之间的信息未能共享。其结果是，AICPA 对会员作出了处罚，而各州会计委员会却并不能得到有关信息，不能对违规者作出本应追加的处罚①。

中注协（2004）对美国行业自律监管体制的评价：（1）安然事件前的美国 CPA 行业监管体制，不是西方多数国家一般意义上的政府（或独立监管机构）监督下的行业自律管理体制，而是如美国审计总署所言的“支离破碎”（Fragmented）的体制。CPA 和事务所的资格准入和监督，在州一级和联邦一级是分离的，普通资格在州一级，证券业务监管在联邦一级，从而大大抵消和分散了监管力量。而在证券市场审计业务方面，从形式上看，AICPA 通过同业互查等措施承担了自律监管，但这只是 SEC 与 CPA 行业达成的一种谅解，法律上并没有赋予 AICPA 相应的监管地位。因此，AICPA 的这种自律监管，是没有法律支持和法律地位的自律监管。（2）CPA 之所以成为一门职业，其核心价值不在于 CPA 的牌子本身，而在于 CPA 内在的专业品质，在于其专业技能和职业道德，不具备相应的专业水准和职业道德，CPA 证书无疑于一张废纸，因此 CPA 的资格管理和资质管理应当统一。而美国 CPA 行业自律监管体制的弊端之一，恰恰在于其制度设计上将管理的形式与内容肢解开来，从而出现管资格的（SEC）没有足够的资源管资质，而管资质的行业组织（AICPA）却无权监管资格的局面。（3）如何处理公共利益与行业利益的关系，对 CPA 协会来说是一个大是大非的原则问题。AICPA 尽管也在其章程中明确表示维护社会公众利益，但由于它没有法定的监管地位，特别是由于没有明确的法律授权，也就缺乏相应的法律责任约束，因而在其发展进程和具体事务的运作中自然走入了一个误区，即片面强调 CPA 行业的自身利益，演变成了 CPA 行业的代言人和推广者的角色。这也是 AICPA 的一个教训。

黄世忠（2002）评价美国的行业自律监管体制，认为：（1）不应过分崇拜市场力量，民间自律模式不见得是最佳选择。“看不见的手”总有失灵的时候，完全依赖市场力量和民间自律进行审计规范是不切合实际的。（2）CPA 行业协会同时扮演“守护神”和“监管者”的角色，本身就存在着利益冲突，唯一可行的是角色分立，要么是 CPA 正常权益的“代言人”，要么是 CPA 职业行为的“监管者”。

我们可以从美国的行业自律监管中得到如下启示：（1）AICPA 的很多监管理念和方法是值得学习和借鉴的，不能因为安然事件否定美国的行业自律监管；（2）注册会计师协会应正确处理好公众利益与行业利益的关系，AICPA 因法律没有授权其监管地位，使其过分地强调了维护行业利益，最后将自己陷入 CPA 行业的代言人角色，这是值得中注协吸取的教训；（3）从 SEC 与 AICPA 长期存在的矛盾中可以得出，政府监管与行业自律监管的密切配合是 CPA 行业监管发展的方向。

---

① 中注协：《美国公司系列财务欺诈案——暴露出来的问题、各方反应及评论》，载《行业发展研究资料》（No. 2002）。

三、各方对美国萨班斯法案及独立监管体制的评价

萨班斯法案实施后，众多学者对萨班斯法案本身及运行效果进行研究，有学者认为因PCAOB独立性强、权威性高，从而萨班斯法案实施后行业监管效果更好；但也有不少学者认为萨班斯法案存在负面经济后果。

陆建桥（2002）认为PCAOB属于非营利法人组织，但不属于政府机构。委员会的资金主要来自于公开发行证券的公司，委员会为处理会计师事务所的注册申请和年度报告所发生费用的资金来源，通过各会计师事务所缴纳的注册费和年费解决。建立PCAOB的主要目的是监督公开发行证券的公司的审计工作和其他相关事项，以保护投资者乃至公众的利益。

Kinney（2005）则认为，PCAOB可以相对不计监管成本，其成员在来自于审计后财务报表的净收益中缺少长期的利益攸关性。与财务会计准则委员会（FASB）一样，PCAOB官员的薪酬是单独提供的，它有过度监管的动机，并且不直接承担所实施监管的财务成本。PCAOB的运作经费主要来自于美国上市公司提供的“会计支持费”，且其征收不需征得美国上市公司的同意。2003年，PCAOB收取的会计支持费为5285.15万美元，2008年增加为1.34亿美元左右，2009年预算约为1.52亿美元，呈逐年递增趋势。如果一直延续这一趋势，PCAOB在若干年之后或许就会越过适度监管的临界点而走向过度监管。Kinney（2005）还提出：与AICPA的审计准则委员会（ASB）相比，5位PCAOB理事拥有较少的审计行业专长，也缺乏考虑审计准则和独立性准则成本的个人动机。由于PCAOB准则被SEC接受后，实际上具有联邦法律的效力，PCAOB的权力可能会阻碍民间部门的研究以及环境变化时对审计新方法的开发。

Simunic（2005）也认为，萨班斯法案中的某些方面可能会带来麻烦，尤其是将审计准则制定权集中在少数PCAOB理事手中。

普华永道国际会计公司董事长兼高级合伙人丹尼斯·纳里（Dennis Nally）早在萨班斯法案通过后即指出，“法案尽管声明委员会（即PCAOB）为非政府机构，但是它所做的许多事情则是政府机构所做的事情”。

中注协（2003）对萨班斯法案的评价是：（1）关于审计准则的制定问题。PCAOB选择自主制定审计准则，这一决定让美国会计职业界感到震惊，欧盟等国家对此也提出不同意见。首先，审计准则的制定是一个专业性、技术性很强的工作，PCAOB负责审计准则的制定，将影响审计准则的专业性。其次，PCAOB只负责证券市场审计业务的审计准则，非上市公司的审计准则怎么办？如果由AICPA制定关于非上市公司的审计准则，势必造成审计准则制定资源的浪费，也使得美国会计职业界出现两个原本可以统一的审计准则。再次，AICPA在国际审计准则制定中起着主导作用，并在国际审计准则和美国公认审计准则的协调中发挥着重要作用，AICPA与国际审计与鉴证准则委员会就有国际影响的审计准则项目（如审计风险准则、公允价值计量审计等）开展了大量合作，如果这些努力因审计准则制定职能的转移不再继续，对国际审计准则协调将是极大损失。（2）关于州注册会计师行业的管理体制。萨班斯法案不适用于未在PCAOB注册的事务所，即对非证券市场审计业务的监管在州一级。各州是否考虑颁布本州的“萨班斯法案”、建立本州的

“公众公司会计监管委员会”？AICPA 为帮助各州应对萨班斯法案对其产生的影响，专门成立了州监管特别委员会，对萨班斯法案实施中有关州 CPA 行业监管问题进行了研究，其结论是萨班斯法案不能简单地套用于从事非证券市场审计业务的事务所，否则将损害小企业的利益，又对公众无益。(3) 关于 PCAOB 的局限。PCAOB 承担着庞大的检查任务，每年要对为 100 家以上上市公司提供审计与相关服务的事务所检查一次，其余的也要每三年检查一次，还有约 1.5 万个案件需要调查处理。PCAOB 所能掌握的资源与公众预期以及法律本身的承诺产生巨大反差。(4) 萨班斯法案的出台，很大程度上体现为立法部门的政治诉求，缺乏必要的论证和理论支持。

刘峰（2005）认为萨班斯法案及随后的相关事件带给我国很多启示：第一，法律重在执行。如果没有强有效地执行，法律就不可能起到预期的约束作用。第二，建立一种合理、稳定的预期。人们的行为在相当程度上建立在其对未来合理预期的基础之上，而完善的法律制度将为人们建立这种预期提供依据。第三，政府适度管制。历史事件表明，绝对无管制的市场容易走向极端。

任明川（2005）指出，首先，PCAOB 权力过大，且制约失衡。其次，PCAOC 的效率不高。政府机构总有“自我扩张”之冲动。如果说对 PCAOB 的这种担忧尚属理论演绎的话，那么 PCAOB 的“效率问题”则已充满了实证的色彩，因为行业自律组织的对比随手可得。最后，有人怀疑 PCAOB 是否“违宪”。PCAOB 是通过国会立法而建立的。萨班斯法案授权 SEC 任命 PCAOB，但同时也明确：PCAOB 不是政府机构。而根据美国宪法，总统的任命权只限于政府官员。萨班斯法案授权 PCAOB 向公司征收会计费和登记费。“两费”实质上是一种变相的税赋。PCAOB 只是一个注册于哥伦比亚特区的非营利性组织，一个民间组织能否代行政府的课税职能？至少过去没有这样的先例。按照传统，监管机构或是政府部门或为自律组织。应该说 PCAOB 是在尝试会计监管模式的“第三路径”，即在不扩大政府监管职能的同时，缩小自律监管的权利。从这个意义上讲，它是一种制度创新，同现行制度发生这样或那样的矛盾乃情理之中。

英国前首相布莱尔（2005）曾在一次有关政策制定者如何应对风险的公众辩论会上，抨击了在安然和世通财务丑闻后对美国公司施加的法律负担，并警告说过分热心地消除商业风险的企图，会破坏公司的竞争性。他指出，萨班斯法案为美国公司增加了“实质性的新成本”，而这些新成本与其试图解决的问题之间不成比例。

刘刚（2005）认为，萨班斯法案严苛的规定致使许多上市公司产生了退市的打算，主要表现在以下两个方面：一方面，美国国内的很多上市公司，尤其是中小上市公司，权衡了遵守萨班斯法案中有关公司治理规定的成本与进入资本市场的好处后，选择了退出资本市场。另一方面，相当一部分在美国上市的外国公司因不堪萨班斯法案带来的高额遵循成本，也选择了退出美国的资本市场，而新近打算在美国上市的外国公司也大大减少。产生上市公司纷纷退市的原因主要来自于萨班斯法案在公司治理方面的严苛要求，特别是 404 条款（即“管理层对内部控制的评价”），这一条款给上市公司带来了巨大的成本，此外还有相关的法律费用和董事费用的增加也令企业苦不堪言。具体而言：(1) 审计费用的增加，对内部控制情况的评估是由 CPA 在报表审计之外，提供额外的检定意见，需要支付额外的费用。(2) 外部成本的增加。主要是为遵循法案要求而由咨询、软件和其他供应商等带来的外部成本的增加。（3）内部成本的增加。为了符合 404 条款的要求，公司需要花费大量时间在控制文档和测试程序上。（4）上市成本增加。（5）咨询类费用的增加。萨班斯法案实施前，很多上市公司都是聘请同一家会计师事务所担任审计师和咨询公司，咨询费用相对较低，但根据萨班斯法案，这一做法不再允许。咨询成本相应会升高。（6）法律费用和董事高管费用的增加。

崔宏（2005）对萨班斯法案的实施效果进行分析后，提出以下结论：（1）公司面临的压力不断增大。萨班斯法案的核心在于内部控制的制约与平衡，以确保上市公司在其财务报表上精确记录其资产与负债以及其他项目。根据萨班斯法案，上市公司编制的年度报告中应包括内部控制报告，公司管理层和外部审计师都必须就此作出评价，后者还必须对公司管理层的评估过程和内部控制体系出具正式意见，以便投资者能够及时发现企业的欺诈行为，确保财务报告的可靠性。（2）遵从法案成本十分高昂。按照法案的要求，每家上市公司必须将公司任何一个岗位的职务、职责等描述得一目了然，这无疑增加了上市公司的内部审计成本。（3）注册会计师执业更为谨慎。由于萨班斯法案以及相应的监管要求对注册会计师执业行为进行了诸多的严厉规范，注册会计师的执业行为更加谨慎了。（4）注册会计师服务收费大幅增加公司遵从萨班斯法案的一项成本是审计与服务费用，而这一企业法案遵从成本对注册会计师而言，则是收入。（5）几点启示：萨班斯法案的实施尽管为在美国上市的公司带来了“额外”的遵从成本，但总体看法案确实正在发挥其预期的作用。首先，企业对法案的遵从有利于企业内部控制制度的建设和完善，而内部控制的日益完善在相当程度上将遏制企业财务造假，保证了公司信息披露的可靠性，从源头上可以相当程度地降低注册会计师财务报表的审计风险。其次，企业对法案的理解与遵从使得企业与注册会计师更加容易地清晰界定双方的职责和义务，双方沟通会更加顺畅，有利于双方“和平共处”。再次，法案的实施确实督促注册会计师执业更加谨慎了，这也说明，单纯的职业道德与审计技术并不能涵盖注册会计师执业零风险的全部条件，严厉的法规自有其发挥作用的空间。最后，要辩证地看待对公司以及注册会计师的所谓“管制”，一方面，管制不可避免地带来遵从成本，但另一方面，也往往会开辟新的业务领域，管制并不必然导致注册会计师收入的降低，如萨班斯法案的实施，为 CPA 带来更多的审计服务收入。

Engel、Hayes 和 Wang（2007）发现因萨班斯法案执行成本过高，导致很多上市公司决定私有化。

Leuz、Triantis 和 Wang（2008）发现萨班斯法案颁布后很多上市公司转向不在 SEC 监管下市场上市交易。

Lennox 和 Pittman（2010）研究发现 PCAOB 的检查报告缺乏信息价值。

Hilary 和 Lennox（2005）也发现 CAOB 检查报告缺乏同业互查报告中有关事务所的评价性总结、内控弱点等有价值的信息。相对而言，同业互查报告虽有各种不足，但是有信息价值的。

陈波（2010）认为，PCAOB 作出的许多重大决策经过 SEC 批准才能生效，SEC 可以改变 PCAOB 的处罚结果，还可以在必要情况下亲自进行调查。在这种情况下，如果 PCAOB 的监管效果不理想，负责对其进行监督的 SEC 也难辞其咎，这有可能导致 SEC 在对

PCAOB 进行监督的过程中有意袒护，从而弱化对于 PCAOB 的监督力度。不仅如此，与 AICPA 相比，PCAOB 更有可能演变成为一个“官僚机构”，以最大化本机构的预算收入为目标，而不是以最大化社会公益为目标。

庄志华（2010）发现，萨班斯法案的负面经济后果并不意味着萨班斯法案的失败，民间审计不是一项公共产品，其本质仍是一种私立秩序，政府和法律主要作用在于对其缺陷的弥补，而不应是过多替代。萨班斯法案负面经济后果产生的表面原因是具体监管方法的问题，而其产生的深层原因是民间审计的私序本质，其诱因则是过度的“压力和诱惑”。因此，解决不良经济后果的措施除了进一步改进具体监管方法，还需要在监管中让私序和公共制度更加和谐共生，并进一步减轻不必要的“压力和诱惑”。

第四节　CPA 行业监管体制变迁的理论分析

CPA 行业监管体制是一个国家或地区对 CPA 行业实施监管的基本制度架构，国内不少学者称其为监管模式，本文认为监管体制与监管模式并无实质区别，在本文中笔者采用监管体制一词。

CPA 行业监管体制一般分为三类：行业自律监管体制、政府行政监管体制和独立监管体制。以下分别阐述各类监管体制的要点，并进行简要分析。

一、行业自律监管体制及分析

（一）行业自律监管体制的特点

CPA 行业自律监管体制的特点主要是：CPA 执业资格的认定、执业技术规则与职业道德准则的制定、对 CPA 和事务所的日常监管、对违规 CPA 和事务所的行业惩戒等微观层面事务由行业协会等职业组织负责；职业服务定价则由市场进行。政府负责宏观层面事务，并监管职业组织的相关活动，一般不直接对 CPA 和会计师事务所实施监管。

布赖恩·沃尔认为自律应包括以下三个层次：（1）投诉、惩戒委员会对收到的对会员专业行为的投诉进行管理。（2）根据政府在审计、投诉咨询和北爱尔兰的破产业务方面的授权进行的管理，这也被称为代管。（3）在公布了有可能加重公众对本行业公正性的担心的事件后所进行的管理①。

（二）自律监管体制的优缺点

行业自律监管体制的优点在于：能较好发挥 CPA 职业组织的专业知识优势，管理上有较大的灵活性和适应性，能迅速发现和解决行业发展中存在的问题，即能及时和有效率地针对经济环境变化对 CPA 行业的要求作出反应。另外，CPA 职业组织对行业最了解，管理最内行，监管成本最低。

布赖恩·沃尔认为行业自律对会员和公众有以下好处：（1）管理工作由内行负责。他们了解所涉及的工作，知道应该使用什么样的标准以及谁能更快地检查出不合格的工

---

① 爱尔兰特许会计师协会秘书长布赖恩·沃尔：《会计行业自律的未来》，载《爱尔兰会计行业》1999 年 10 月，转引自《中国 CPA》2001 第 1 期，章海贤、梁晶编译，第 52 页。

作。(2) 自律无需财政拨款。(3) 自律可巩固协会作为专业组织的地位。(4) 自律可使专业人员制定监管办法。这些人员熟悉专业服务公司的结构，并会考虑特许会计师与其客户之间关系特点及提高服务的方式。(5) 对会员来说，自律比政府管理更节约成本，因为政府一般不会考虑尽量降低成本。(6) 可以使管理在非法庭论坛时做到保密。(7) 便于在过轻或过重的管理之间达成平衡。可以更有效地把判得过重与过轻的案子区别开来。(8) 让人们加倍重视预防和教育。(9) 最重要的是，通过协会的民主管理，可使管理人员承担起责任。

但 CPA 行业自律监管的主要缺点是独立性不够，CPA 们自己管自己，自己给自己制定规则，自己监督自己遵守规则，无充分的外部监督，这使得行业自律监管体制下"保护公众利益"的宣讲显得苍白无力。行业监管的权威性不如政府监管。

二、政府监管体制及其分析

(一) 政府监管体制的特点

与行业自律监管体制相比，政府监管体制的特点在于：政府对 CPA 行业管理微观层面的事务实施控制。政府一般会颁布详尽的 CPA 行业管理法律法规，对 CPA 及事务所的执业资格、执业范围、执业技术规则、职业道德准则以及执业质量的监督与处罚等进行规范，甚至 CPA 的一些收费项目也由政府监管。在政府监管体制下，CPA 职业自律组织实质上是政府监管职能的延伸，可以视为是政府的组成部分，是政府监管 CPA 行业的一个特殊部门（如以社团法人的面貌出现）。其管理职权是政府赋予的，而不是 CPA 行业自己民主决策给予的，政府随时可以依据现行法律收回这些管理职权。CPA 必须要加入作为政府监管职能延伸的 CPA 职业组织，才可进入职业服务市场提供职业服务。尽管同是政府监管体制，但在不同国家有一定差别，如德国政府将职业技术规则的制定权赋予 CPA 职业组织；日本政府是自己制定职业技术规则，由职业组织制定实施细则；荷兰是由 CPA 职业组织拟定职业技术等方面的规则，由内阁经济事务大臣批准后在政府公报上发布实施。

(二) 政府监管体制的优缺点

与行业自律监管和独立监管相比较，政府监管的优点是权威性强，具有足够的强制力。特别是当会计市场失灵时政府监管将发挥不可替代的作用，同时政府监管的独立性要优于行业自律监管。在我国现阶段，政府适度管制对于 CPA 行业的健康发展意义重大。对于后进市场经济国家，政府管制还可以通过政府创造职业服务需求促使 CPA 职业服务市场发展起来，加速进程，花较短的时间走完发达市场经济国家花了很长时间走的路。

但政府监管的缺点在于：(1) 政府管制的官僚程度最高，相对而言效率较低。当政府有权对 CPA 市场进行分割且国家对政府部门自身的监管不到位时，会导致政府监管腐败。(2) 如果政府监管过度或不当，将会导致政府失灵①。

---

① 薛祖云认为政府监管体制处于社会最上层，存在信息的不完整和不对称，不能及时对 CPA 行业中存在的问题进行处理，也无法对行业提供的所有服务立法，及时性和灵活性较差。

三、独立监管体制及其分析

（一）独立监管体制的特点

CPA行业管理的微观层面由既独立于行业自身，又独立于政府的独立监管机构实施控制。在独立监管体制下，CPA职业自律组织依然存在，其性质基本等同于自律监管体制下的CPA职业组织，主要是为本组织成员提供服务，包括提供高质量的培训计划、组织成员较量经验，在独立监管机构的管辖之外实施执业质量监督，向独立监管机构反映CPA的意见，保护CPA的合法权益等，但由于监管权限较小，所以CPA职业组织的官僚化程度要低于自律监管下的CPA职业组织。而政府监管体制下的CPA职业组织，是政府监管职能的延伸，其官僚化程度最高。独立监管框架的核心在于如何建立独立监管机构，以确保其独立、有效和透明地运作，从而把公众利益放在第一位。而实现这一点的关键是如何为独立监管机构的运作提供长期充足的资源，同时又使其运作不受资源提供者的影响，即将之与资源提供者有效地“隔离”开来，从而无论从形式上还是实质上均能真正保持独立性。一般是资源提供者提供资源成立一个基金会，由它来任命独立监管机构，并为其提供开展监管活动所需的资源，但在具体监管行为上不得任意干涉独立监管机构。谢德仁（2002）认为，这些资源包括三类，其一是非人力资源，其二是人力资源，其三是不可或缺的“权威（支持）”资源。这些资源可以由政府或CPA职业组织提供。尽管独立监管机构的资源来自于政府与CPA及其职业组织等，但由于独立监管机构在与资源提供者提供资源的和约中事先已清楚约定，资源提供者不得干预独立管制机构的管制运作，而且在机构设置上，具体的独立监管机构与资源提供者之间隔着基金会，由基金会向独立的监管机构稳定、充足地提供管制所需资金，基金会还可以顶住来自包括资金提供者在内的各方压力，为具体规程机构提供一个不受利害关系干扰的独立监管环境，因此这种监管方式能够真正把保护公众利益作为一切管制决策的前提。陈波（2010）指出，从美国PCAOB的运作来看，独立型监管模式具有以下特征：（1）由于独立监管机构在经济上摆脱了对政府拨款和行业资助的依赖，并且在人员构成上实现了职业界外部人士为主导，从而提高了独立性。（2）独立监管机构的设立及其职权基本都有政府法律法规作为依据，享有较大的法定权威，其监管权力也往往更加集中。（3）独立监管机构克服了行业自律组织由于兼具监管与服务职能所带来的角色冲突，可以更为有效地履行其监管职能。（4）从对市场的干预力度来看，独立型监管高于行业自律，但低于政府监管。政府行政部门通过独立监管机构，可以对注册会计师行业施加更大的影响。（5）独立监管和行业自律之间具有互补性，独立型监管模式的确立削弱了注册会计师的行业自律权力，但并未全盘否定行业自律，且其职能的发挥也需要行业自律组织的支持。

（二）独立监管体制的优缺点

独立监管在形式上保持超然独立，因此保护公众利益方面要优于自律监管和政府监管体制。但如果与政府及CPA职业组织等资源提供者合约不明确，关系处理不妥，配套的制约机制不到位，则独立监管也许就会包括自律监管与政府监管的缺点，而无后两者的优点，从而无法保证实质上的独立性，公众利益也根本得不到保护。

陈波（2010）认为，独立监管的目的也是利用集体力量来纠正“市场失灵”，解决由于信息不对称和注册会计师道德风险而导致的、仅凭市场力量和法律体系无法完全解决的审计质量问题。在独立型监管模式下，政府放弃了直接监管的权力，设立一个中间机构并授权其行使监管职能。从理论上分析，这一中间机构在政府与市场之间形成了一个“保护带”和“缓冲区”，它既克服了政府直接监管所带来权力膨胀的弊端，也使政府部门留有余地，不致因为监管失败而承受过大的政治风险。

上述三种监管体制各有优缺点，一个国家在不同时期可选择不同的监管体制，纵观世界各国CPA行业监管体制变迁过程，几乎都是从纯行业自律监管体制开始，发展到现在的混合性监管体制。但每个国家的混合性监管体制，是选择自律监管为主、政府监管为主还是独立监管为主，要视各国的实际情况而定。英国沿用以自律监管为主的体制，美国选择以独立监管为主的体制。笔者认为我国现阶段应采用行业自律监管为主，政府监管为辅的监管体制。

四、CPA行业监管体制变迁——监管目标引致

英国2003年后实行的是行业自律监管为主、独立监管与政府监管为辅的混合监管体制；美国萨班斯法案后实行的是独立监管为主、行业自律监管与政府监管为辅的混合监管体制。

英美CPA行业监管体制是随着CPA行业监管目标的变化而变迁的。(1) 在监管目标只有一个，即保护CPA行业整体利益时，CPA行业实行的是纯行业自律监管体制，尽管提高执业质量、维护行业声誉会给公众带来好处，但从当时的监管目标本身来看，只是为了行业的生存和发展。(2) 在监管目标演变为保护行业利益和维护公众利益并重时，CPA行业实行的是自律监管为主、政府适度行政监管为辅的体制。(3) 在监管目标发展到维护社会公众利益为主，保护行业利益为辅时，CPA行业监管开始引入独立监管体制。以美国为例，20世纪30年代前，CPA行业监管的目标只是为了维护CPA及事务所的垄断地位，确保执业CPA的利益，行业监管是自发性的自律行为；30年代后，虽然《1933年证券法》和《1934年证券交易法》赋予SEC监管CPA行业的权力，且SEC也是出于维护公众利益而实施监管的，但直到20世纪70年代，SEC只是对自律监管组织进行适度监管，并不介入CPA行业日常监管，监管主体是AICPA及州注册会计师协会，监管目标仍然主要是为了维护CPA行业利益，这一阶段的监管体制是政府少量介入的行业自律监管体制；70年代后，AICPA为了避免政府过度介入CPA行业监管，而自行改革行业自律监管体制，设立POB并推行同业互查，在社会公众的呼声和政府的压力下，行业自律监管的目标发展为行业利益与社会公众利益并重，这一阶段的监管体制是政府适度监管下的行业自律监管体制；安然事件后，维护公众利益成为CPA行业监管的主要目标，行业监管体制演变为现在的独立监管为主，自律监管和政府监管为辅的体制。

五、CPA行业监管体制变迁——监管主体引致

CPA制度确立之初，人们普遍认为CPA行业监管是职业团体内部的事，所以监管主体只有行业自律组织，监管体制也只能是行业自律监管。当CPA对证券市场乃至整个国民经济的影响逐渐增大时，单纯靠市场机制监管CPA行业会造成市场失灵，政府开始介

入CPA行业，并进行适度监管，此时的监管主体包括行业自律组织和政府，从而CPA行业监管体制就演变为自律监管与政府监管相结合的体制。而当CPA审计舞弊案时有发生且对证券市场影响较大，很多公众对CPA行业信誉提出质疑时，政府就会加大监管力度，或建立独立的监管机构，以避免行业或政府的不独立，此时的监管主体有行业自律组织、政府部门和独立监管机构，其监管体制也就是英美现行的独立监管、政府监管与行业自律监管相结合的体制。

但我国监管体制变迁与监管主体变化几乎没有必然联系。我国1980年恢复CPA制度之初，行业监管主体只有政府部门，实行政府监管体制；之后政府决定成立CPA行业自律组织，并由自律组织代为履行政府职能，监管主体是行业自律组织，实行的却是政府监管为主的体制；现在的监管主体包括行业自律组织和多个政府部门，实行的是政府监管与行业自律监管相结合的体制。其监管体制变迁是政府行政命令引致，与监管主体变化无关。

第三章　我国 CPA 行业监管体制改革研究

本章从我国 CPA 行业监管体制的确立入手，探讨我国 CPA 行业监管体制的发展沿革，分析我国 CPA 行业监管体制现状，指出现有监管体制存在的缺陷，然后提出改进监管体制的思路，并对行业自律监管体制和政府行政监管体制的构建提出具体措施。

第一节　我国 CPA 行业监管体制的确立与发展

我国注册会计师行业经历新、旧中国两个历史时期，1918 年至 1949 年新中国成立前，是我国近代 CPA 行业萌芽创立时期；1949 年 10 月新中国成立至今，是我国现代 CPA 行业的发展时期。在这个时期我国 CPA 行业经历了萎缩中断、恢复重建、稳定发展、规范调整四个阶段①。我国的 CPA 行业监管基本与 CPA 事业发展同步，从 1918 年至今，经历了确立、恢复和规范发展等历史时期。

一、我国 CPA 行业监管体制的确立

（一）北洋政府时期

我国的注册会计师制度创建于 1918 年，其创始人是我国近代会计学术的“开山祖师”之一，江苏常州人谢霖（1885—1969 年）。谢霖于 1907 年在日本取得商学学士学位，1918 年在中国银行任总司账。1918 年正值第一次世界大战结束，中国的官僚和民族资本企业发展较快。公司商行的组建、资本的筹集、会计制度和内部管理制度的设计，经济纠纷的解决，都迫切需要公共会计师的服务，而中国却没有这种学有专长、以业主身份自行开业、独立、公正、为社会公众担任审计查账、会计咨询的公共会计师。一切对外经济纠纷、涉诉案件要听公共会计师意见的，都要受在中国开业的外国公共会计师的操纵，中方

---

① 中注协（1999）将其分为：萌芽创立阶段（1918 年至 1949 年 10 月），萎缩中断阶段（1949 年 10 月至 1980 年），恢复创建阶段（1980 年 12 月至 1986 年），稳定发展阶段（1986 年至 1993 年底），规范调整阶段（1994 年 1 月以后）；杨时展（1997）等将其分为：北洋政府时期（1918 年至 1926 年），国民政府时期（1927 年至 1949 年），人民政府时期（1949 年以后），1980 年恢复后的发展，又分为以下几个时期：《暂行规定》时期（1980 年至 1986 年 9 月），《CPA 条例》时期（1986 年 10 月至 1993 年 12 月）《CPA 法时期》（1994 年 1 月以后）；陈毓圭（2004）将 1980 年至今经历分为三个阶段：恢复创建阶段（1980 年至 1991 年），规范发展阶段（1991 年至 1998 年），体制创新阶段（1998 年至 2004 年），国际发展阶段（2005 年以来）（陈毓圭 2008 年 11 月在中国注册会计师协会成立 20 周年纪念会上的讲话）；张龙平（1994）将其分为：起步阶段（1980 年恢复 CPA 制度至 1986 年《CPA 条例》的发布）；初步阶段（1986 年至 1988 年中注协成立；稳步发展阶段（1988 年至 1992 年上半年）。

往往吃亏，甚至双方都是中国人的案件，也要找外国公共会计师解决。谢霖深感于此，于1918年6月向北洋政府的农商、财政两部申请，开设会计师事务所。农商部是当时北洋政府主管全国工、农商业经济的部门，认为谢霖的申请“有利商民”，很快同意，并委托谢霖起草了《会计师暂行章程》10条。《章程》规定：凡中国人民年满30岁以上，大学经济学科毕业主修会计的，或曾在资本50万元的银行或公司任主要会计师人员5年以上的，经农商部批准，即给予会计师证书，准其开业，办理会计的组织、查核、整理、证明、鉴定、和解等事务。《章程》于当年9月公布施行。同时发给谢霖我国第一号的会计师证书，随后，谢霖就在北京、天津分别成立正则会计师事务所，面向社会公众，执行公共会计师业务。这样谢霖就成为我国有史以来第一位公共会计师，正则会计师事务所成为我国办理公共会计师业务的第一个会计师事务所。1918年9月公布的《会计师暂行章程》十条，成为我国第一部公共会计师法，北洋政府的农商部是我国第一个对CPA实施监管的政府部门①。1925年，上海会计师公会成立，成为我国历史上第一个会计师行业组织②。

（二）国民政府时期

1927年4月，南京国民政府成立，公共会计师改由当时的财政部主管，对1918至1927年间北洋政府批准的会计师284人，进行了复验工作，换发了证书，1927年8月，财政部颁发了《会计师注册章程》。1927年夏，我国另一名著名会计师潘序伦在上海设立“潘序伦会计师事务所”，进一步推动了我国公共会计师事业的发展，不久，会计师工作又转归当时管理全国工商经济的工商部管理。针对当时会计事业发展的情况，不断完善和充实了会计立法。1929年，工商部颁布了《会计师章程》，共计36条。1930年1月，民国政府颁发《会计师注册章程》，规定会计师由财政部管辖。随后又由立法院将《会计师章程》改为《会计师条例》（计25条）③。1935年工商部改为实业部，会计师事务所也改归实业部主管，又修改了会计师条例。这些法规除了规定会计师应具备的资格，会计师资格和证书的审批、核发以外，还规定了会计师的业务范围和会计师的业务守则，对我国公共会计师制度的发展有积极影响。

当时规定的会计师的业务守则主要是：（1）公职人员不得兼任会计师，会计师也不得兼任公职人员和工商企业的经理人员、董事、理事。（2）不得利用会计师地位，在工商业中为不正当竞争，对与其有利害关系的事件，不得执行业务。（3）不得于额定的报酬之外，额外需索。（4）不得对受托事件有不正当行为；不得违背或废弛业务上应有之义务；不得收买职务上所管的动产和不动产。（5）不得泄露职务上所得的秘密。为了贯彻这些规定，成立了会计师惩戒委员会，对违反上项行为的会计师，进行惩戒④。旧中国

① 杨时展：《杨时展论文集》，企业管理出版社1997年版，第351～358页。

② 中国注册会计师协会：《中国注册会计师行业发展大事记》（2010）。

③ 《会计师条例》是国民政府主席和五院院长连署公布的。赵友良著：《中国近代会计审计史》，上海财经大学出版社1996年版，第263～265页25条全文内容。主要规定会计师业务的范围、会计师应具备的资格及其限制、会计师不得兼职和允许兼职的原则、会计师不得行使的职务和禁止的行为、会计师违反《条例》规定的惩戒。

④ 杨时展：《杨时展论文集》，企业管理出版社1997年版，第354页。

的 CPA 行业，无论从组织规模、CPA 人数，还是管理制度等方面都十分薄弱，总体发展比较缓慢，即使是最为兴盛的国民政府时期，也只颁发 CPA 证书 3071 册。据 1948 年 12 月的统计①，当时加入全国会计师公会的执业 CPA 不到 1000 人次。旧中国 CPA 行业代表人物是立信会计师事务所的创始人潘序伦先生；最发达的城市是上海，1948 年 CPA 约有 500 人，拥有事务所 82 家。

（三）新中国成立时期

新中国成立后，国民经济中还存在着多种经济成分，与之相适应的 CPA 行业也被保留下来，1951 年 10 月 24 日，中央人民政府政务院财政经济委员会以《中央人民政府政务院财政经济委员会函》[（51）财经私字第 29 号]，专门就会计师的资格、执业范围、执业要求、收费以及职业责任问题作出了原则性的规定。CPA 在新中国成立初期对资本主义工商业的社会主义改造及建立社会主义经济发挥了积极作用。比如，当时面对不法资本家囤积居奇、投机倒把、偷税漏税造成极为险恶的财政状况，负责财经工作的陈云大胆聘用数千名 CPA，对工商企业依法查账，对平抑物价、保证国家税收、争取国家财政经济状况好转作出了贡献②。

1957 年，随着对资本主义工商业的改造基本完成，我国开始实行高度民主集中的计划经济，CPA 失去了服务对象，而且会计师事务所本身也是私有经济被列入改造对象，从此 CPA 行业悄然退出了历史舞台，行业监管自动终止。

二、我国 CPA 行业监管体制的恢复发展

1980 年财政部印发《关于成立会计顾问处的暂行规定》，标志着我国 CPA 制度的恢复。恢复 CPA 制度之初，我国对 CPA 行业监管实行的是政府监管体制。

（一）恢复 CPA 制度，由财政部门实施对 CPA 行业的监管

党的十一届三中全会以后，1980 年财政部印发《关于成立会计顾问处的暂行规定》，标志着我国 CPA 制度的恢复，随之，上海会计师事务所宣告成立③，中国 CPA 重新登上历史舞台。恢复 CPA 制度之初，CPA 和会计师事务所的主要职责是对“三资企业”进行验资和年报审计。

恢复 CPA 制度后，财政部一直负责管理和指导 CPA 方面的工作。1982 年 5 月，财政部机构改革，会计制度司更名为会计事务管理司，该司的职责范围之一是“制定有关会计师事务所的规定和管理办法，指导、监督各地会计师事务所的工作，制发 CPA 执照”。1986 年国务院发布《CPA 条例》，使 CPA 行业开始法制化。紧接着，财政部又于 1987 年

---

① 参见赵友良：《中国近代会计审计史》，上海财经大学出版社 1996 年版，第 271～273 页。另据中国注册会计师协会：《中国注册会计师行业发展大事记》（2010）记载：至 1949 年，全国拥有注册会计师近 3000 人。

② 中注协：《我国注册会计师事业的发展历程》，载《中国注册会计师》1999 年第 3 期，第 10～11 页。

③ 甘肃会计师事务所成立于 1980 年 9 月，比上海会计师事务所在时间上早 4 个月，上海会计师事务所是财政部发布《关于成立会计顾问处的暂行规定》后成立的第一家事务所。参见刘峰：《会计准则变迁》，中国财政经济出版社 2000 年版，第 91 页。

先后颁发了《会计师事务所管理暂行办法》和《注册会计师考试考核暂行办法》。

《注册会计师条例》中规定的有关监管内容有：(1) 会计师事务所是国家批准的依法独立承办 CPA 业务的事业单位，实行自收自支，独立核算，依法纳税。(2) 成立会计师事务所，应按照规定报财政部或省财政厅（局）批准，并按规定向当地工商行政管理机关办理登记，领取执照后，才能开业。(3) CPA 必须加入会计师事务所，才能接受委托，办理法律、行政法规规定的由 CPA 执行的业务。(4) 会计师事务所的收费标准，由省财政厅（局）会同同级有关部门制定，报财政部备案。(5) 会计师事务所可以跨越行政区域承办业务，由财政部门负责对其进行业务监督，并应定期向主管的财政机关报告业务开展、经营收支和人员变动情况。下列事项，会计师事务所应向主管财政机关报告：章程的修改、主要负责人、注册会计师变动，重要的内部工作制度、管理制度、财务制度和人员培训制度，年度工作计划、总结和年度财务收支报告，注册会计师违反工作规则的重大事项。

（二）财政部、审计署分头监管

我国 CPA 制度确立不久，1983 年国务院成立国家审计署，各级地方政府相继建立地方审计机关，不久全国各地审计机关纷纷成立名为审计事务所的社会审计机关，也对“三资企业”进行验资和年报审计，审计署发布《执业审计师制度》，成立中国注册审计师协会，管理审计事务所及执业审计师。从而，我国的“社会审计”市场由两部分组成：一是财政部门主管的 CPA 和会计师事务所，二是审计署主管的执业审计师和审计事务所。这期间行业监管较为混乱。

三、中注协成立，CPA 行业监管体制逐步规范化

（一）中注协成立，行业自律监管雏现

1988 年 11 月，中国注册会计师协会成立，标志着 CPA 行业恢复重建工作的完成。

当时的 CPA 管理体制是在财政部领导下的中国注册会计师协会协助管理制。1989 年 2 月 20 日财政部发出关于中国注册会计师协会成立的通知，指出“中国注册会计师协会作为财政部领导下的一个事业单位”。《中国注册会计师协会章程》（1988）第 2 条指出：“中国注册会计师协会（CICPA，简称中注协）是由中华人民共和国注册会计师组成的全国性的社会团体，受中华人民共和国财政部的领导”①。

中注协成立后，就着手对我国 CPA 行业实行规范化管理，取得的成就有目共睹，如举办注册会计师全国统一考试选拔人才，强制实行事务所脱钩改制，开展行业清理整顿，实施人才战略、准则国际趋同战略、做大做强战略，推进行业监管体制创新等，为注册会计师行业的健康可持续发展作出了巨大贡献。

（二）颁布《注册会计师法》，明确财政部门的行政监管地位

1992 年，邓小平同志视察南方讲话发表后，国务院专门召开第 192 次总理办公会议，

① 1996 年修订的《中注协章程》中，第 2 条没有“受中华人民共和国财政部领导”这句话，第 4 条改为“本会依法接受中华人民共和国财政部、审计署的监督、指导”，2004 年修订的章程第 4 条又改为“本会依法接受财政部、民政部的监督、指导”。

研究加速发展 CPA 事业问题，从而孕育了 CPA 行业更大的发展机遇。

1994 年，随着我国社会主义市场经济体制的确立和不断深入，CPA 事业得到了快速发展。1994 年 1 月 1 日实施的《中华人民共和国注册会计师法》，使我国 CPA 行业逐步走上了法制化、规范化的轨道①。

《注册会计师法》第五条规定："国务院财政部门和省、自治区、直辖市人民政府财政部门，依法对注册会计师、会计师事务所和注册会计师协会进行监督、指导。"

《注册会计师法》明确了财政部对 CPA 行业监管的行政管理职责，同时也明确了中注协对 CPA 行业实行自律监管的职责，1995 年中注协和中国注册审计师协会合并，组成新的中注协，审计署不再主管"社会审计"市场，我国的 CPA 市场秩序基本理顺。

（三）财政部委托中注协代为履行行政监管职责

虽然在《注册会计师法》和《中注协章程》上明确了财政部和中注协各自对 CPA 行业监管的职责权限，但在实际监管过程中，两者职责权限的具体落实，一直也没有厘清。中注协虽然作为财政部领导下的一个事业单位，按章程规定只是协助财政部监管 CPA 行业，但自成立以来，一直代为履行财政部门的行政职权，如中注协章程（1988）第 3 条规定：中注协监督 CPA 和事务所执业质量、职业道德，依法管理 CPA 行业等。财政部 2000 年 8 月 17 日发布的《财政部各司职责范围暂行规定》进一步将 CPA 行业监管中的相关行政权力全权委托给了中注协，如：中注协审批会计师事务所和 CPA，并监督、管理其业务工作；拟定 CPA 执业准则、规则和职业道德守则，并对其执行情况进行监督和检查；受财政部委托，依法对 CPA 行业违法、违规行为进行处罚等。由此可以认为，中注协一直代替财政部门实施政府监管，所谓的双重监管体制实质上只有政府监管，注协的行业自律监管一直不到位。

（四）事务所脱钩改制，政府强制性变迁

我国的 CPA 行业发展过程中有一个特殊的制度安排，即会计师事务所的挂靠体制②，根据 1988 年 6 月国务院发布的《企业法人登记管理条例》，企业向工商行政管理部门提出公司设立登记申请前，必须征得主管部门或审批机关的批准，因此每个事务所在成立时都要挂靠一家政府、行政或事业单位。这些挂靠单位为事务所的设立提供资金、政策支持，这在我国 CPA 制度恢复之初起到了一定的积极作用③。但在挂靠体制下，每个监管部门都有所属事务所，事务所审计的客户由主管部门圈定，由此 CPA 审计是"老子审儿子"，CPA 行业监管是"爷爷管父亲"。这种挂靠体制下的 CPA 行业监管几乎无效率。

1980 年成立甘肃会计师事务所，1981 年成立上海、广州、南京、新疆、昆明、中信、北京 7 家会计师事务所，除中信挂靠中信公司外，其余全部挂靠当地财政部门，至 1986

---

① 实际上，催生《注册会计师法》颁发的因素还有 1992 年的"原野公司案件"和 1993 年的"长城公司案件"。因为 CPA 无法可依，且没有执业规范，所以在我国证券市场建立之初，审计舞弊案时有发生。

② 事务所脱钩改制本不是 CPA 行业监管体制变迁，但脱钩改制增强了 CPA 的独立性和行业监管的独立性，对监管体制走上规范化意义重大。所以本部分对此问题作简要论述。

③ 薛祖云：《会计信息市场政府监管研究》，中国财政经济出版社 2005 年版，第 185 页。

年全国86家事务所绝大多数都是挂靠财政部门①。我国计划经济体制下，本身就是由财政部门对财务报表进行审核、检查，而成立会计师事务所，则是由财政部门分离出一小部分力量，成立仍然由其控制的事务所，履行原本属于财政部门职责范围内的活动。财政部门由此增加收入，安排退休干部等。可以说，早期财政部门通过会计顾问处规定、允许恢复设立会计师事务所，是一项几乎无成本、但潜在收益较大的制度安排②。

依据有关资料，我国中央政府有关职能部门（包括财政部、审计署、人事部、司法部、国家税务总局、国家工商局、中国人民银行总行及其他部局）几乎都有投资创办的会计师事务所，各级地方政府及其职能部门自然也不例外。谢德仁等（1999）指出：政府可能出于保护CPA职业服务需求者的目的对市场进行行政细分，指定某一职业服务由某一事务所承接，由于这些职业服务需求本身就是由政府创造出来的，它可能就是最重要的需求者，所以它对这些业务服务子市场的行政细分比对那些由市场自身创造出来的职业服务子市场的行政细分更权威和有效。而在政府与事务所有着天然“母子”关系的情形下政府对市场的行政细分是否还是出于保护需求者的利益呢？如国家外汇管理局1999年2月26日印发的汇管函（1999）16号文“关于1998年度经常项目外汇账户年检的通知”，指定了承接在京中央单位1998年度经常项目外汇年检的10家会计师事务所，其中包括国家外汇管理局自己办的中汇会计师事务所以及人民银行总行、外经贸部等创办的会计师事务所。仅就这一行政细分行为本身而言，是符合经济理性的。母体本身有权，自然应创造出需求来，并将该子市场行政细分给自己的“儿子”，“儿子”的钱自然就是“母体”的，肥水不流外人田。我国除政府部门创办会计师事务所外，还有许多所谓部级的大公司也创办了会计师事务所，自己审自己，验自己，则更是肥水不流外人田了。政府部门即使没有创办会计师事务所，但也进行自己管辖领域内的行政细分，这可能是得到执业特许权的事务所“努力”的结果。

会计师事务所（审计事务所）的挂靠严重影响CPA的独立性与公正执业，为此，国务院和财政部下大决心，实行脱钩改制③。财政部等有关部门于1998和1999年发布一系列有关脱钩改制的文件（通知、规定等），强行要求事务所脱钩改制。

相关文件中有关脱钩改制的具体内容规定如下：

（1）脱钩改制的目标和原则。建立与社会主义市场经济相适应的事务所管理体制，形成以注册会计师为投资主体、独立承担法律责任的运行机制，使事务所成为自主经营、自担风险、自我约束、自我发展的社会中介机构；增强注册会计师风险意识，恪守职业道德，遏制作弊造假，确保执业质量。（2）脱钩的内容。挂靠单位必须与事务所在人员、财务、业务、名称四个方面进行脱钩。人员脱钩：事务所与挂靠单位不再具有隶属关系，

---

① 杨纪琬：《中国现代会计手册》，中国财政经济出版社1988年版，第414～421页。

② 刘峰：《会计准则变迁》，中国财政经济出版社2000年版，第92～93页。

③ 实际上，“琼民源”、“红光实业”、“东方锅炉”等上市公司财务舞弊案件的发生加快了脱钩改制的步伐，这些上市公司的财务会计报告都经CPA审计且都是取得无保留意见审计结果，所以CPA被认为是会计造假的帮凶。由此CPA的执业质量再度引起社会关注。政府意识到事务所的不独立已严重影响CPA的独立性，所以痛下决心，实行脱钩改制。

事务所从业人员不再列入行政或事业编制，其人事档案由人才交流中心或由政府人事管理部门认可的有关机构管理；财务脱钩：挂靠单位不再是事务所的投资者，不再享有所有者权益；业务脱钩：事务所不得利用原挂靠单位的权力或影响招揽业务，原挂靠单位不得违反国家规定将其职责范围内的工作委托给事务所转化为有偿服务，也不得为事务所指定业务或干预事务所执业；名称脱钩：事务所名称不得冠有原挂靠单位的名称字样或痕迹，不得仅以行政区域或地区作为事务所名称。（3）改制后事务所的组织形式。①合伙制事务所：由两名以上符合规定条件的注册会计师出资设立。合伙人按出资比例或协议约定，以各自的财产承担法律责任，对事务所的债务承担连带责任。②有限责任制事务所：由五名以上符合规定条件的注册会计师出资发起设立。出资人以其出资额为限承担责任，事务所以其全部资产对其债务承担责任。（4）脱钩改制期限。执行证券、期货业务的事务所，必须在 1998 年 12 月 31 日前，完成脱钩的全部工作；其他所有事务所必须于 1999 年 6 月 30 日前提出脱钩改制方案，1999 年 12 月 31 日前完成脱钩改制工作。逾期未完成脱钩或改制不符合规定的一律予以注销。（5）脱钩改制的实施步骤。总的要求是：挂靠单位与事务所的脱钩和事务所的改制工作同步进行。第一，挂靠单位与事务所就“四脱钩”内容进行协商，提出脱钩方案，明确脱钩进度，达成脱钩协议。第二，挂靠单位对事务所进行资产清查和财务审核，由挂靠单位的国有资产管理机构进行产权界定，待人事安置方案确定后，挂靠单位与事务所签订资产处置协议。第三，事务所职龄内从业人员的人事档案转入人才交流中心或经人事部门认可的有关机构。第四，事务所依据有关法律和规定，民主协商确定事务所的改制组织形式，产生发起人或合伙人、出资人，制定章程和出资人协议、合伙人协议并进行公证。第五，事务所按照财政部《有限责任会计师事务所审批办法》和合伙事务所审批办法规定的程序，向省级或省级以上注册会计师协会提交改制报告和有关资料，经省级以上财政部门批准后办理变更或设立登记手续①。

脱钩改制本身虽然不是 CPA 行业监管体制改革，但其对增强监管独立性，提高监管效率具有重大意义。

四、财政部发布 19 号文，CPA 行业监管体制进一步理顺

在美国安然事件及我国发生的如红光实业、猴王集团、银广夏等一系列会计造假案和与之相关的蜀都、湖北立华、中天勤等审计失败案后，财政部为了强化政府监管，于 2002 年 11 月发布［2002（19）］号文（简称 19 号文）：将原委托中国注册会计师协会行使的对注册会计师行业监管的行政职能收归财政部门行使。其中，（1）批准设立外国会计师事务所常驻机构、审批注册会计师执业准则、规则以及对省级财政部门批准设立的会计师事务所和省级注册会计师协会准予注册的注册会计师人员名单实行备案等行政职能由会计司行使。（2）对注册会计师和会计师事务所的行政监督检查和行政处罚职能由监督检查局行使。监督检查局在作出行政处罚前，应会签会计司和条法司。（3）对注册会计师和会计师事务所进行行政处罚的听证等职能由条法司行使。（4）中国注册会计师协会

① 参见中注协编：《中国注册会计师行业规范》，中国科学技术出版社 2001 年版，第 157～159 页。

负责行业自律管理，主要包括：拟订执业规则；会员注册及管理；组织考试和继续教育；对会员进行监督检查和内部惩戒等。（5）中国注册会计师协会即日起停止使用财政部文号发文；（6）2000年8月17日财政部《关于印发〈财政部各司职责范围暂行规定〉的通知》（财办［2000］7号）中有关委托中国注册会计师协会行使行政管理职能的规定同时废止。

19号文的核心是财政部收回委托给中注协的行政监管职能。至此，财政部门负责对CPA行业的行政监管，中注协负责对CPA行业的自律监管。有不少人认为19号文后财政部门收回行政监管权是行业自律监管为主体制的终结①，但笔者认为，中注协自成立开始就代为履行财政部门行政监管职能，其自律监管一直不到位，19号文使中注协回归到应有的位置上，对加强我国CPA行业监管具有重大意义。无行政监管权并不是无监管权，行业自律监管责任重大，其监管地位和作用不可替代。

财政部此举的目的在于“理顺CPA行业管理体制，依法界定行政职能和行业自律职能”，一方面切实履行《注册会计师法》赋予财政部门对CPA行业的监督、指导职能，另一方面则是要加强CPA行业的自律监管。这一重大举措的背景之一是国内CPA行业信任危机，中注协既作为行业的守护神又作为监管者的双重身份遭到了质疑，背景之二是国际上“行业自律型”监管模式向“独立监管型”模式的转变②。

值得强调的是，我国《会计法》第一章第7条规定，“国务院财政部主管全国的会计工作”，第33条规定：“财政、审计、税务、人民银行、证券监管、保险监管等部门应当依照有关法律、行政法规规定的职责，对有关单位的会计资料实施监督检查。”这虽然初

---

① 如薛祖云（2005）认为它标志着中国注册会计师行业自律监管模式改革彻底“流产”。

② 这一决定一经宣布，马上引起地方注协强烈的集体反对，2002年12月8日，分别来自15个省市的地方注协秘书长就此自发召开了一次会议，并出炉了一个由全国21个地方注协秘书长签字的《关于对财会字［2002］19号文的意见和建议》，认为这次职能调整会造成监管层次过多、职能交叉、权责不清、多头管理等问题，并提出原来的深圳注协模式是未来行业监管模式的改革方向。所谓的深圳注协模式，是指深圳通过特区立法，将行业管理的大部分职权授予深圳市注册会计师协会。深圳注协秘书长郑学定（2003）认为应将CPA和会计师事务所分解成资格和执照，注册会计师协会管理资格，财政部门管执照，日常的监管工作交由行业协会处理。不同意见不仅来自于有切身利益的注协，还来自于实务界和学术界，主要的不同意见和忧虑可以总结为：（1）收权并非治本之道。认为改革仅是财政部门内部的职能调整，违背和放弃了“政府监管、行业自律、市场引导”三位一体的管理方式，远非加强CPA行业监管力度的彻底方案。（2）注册会计师协会定位。认为注协的组织性质、与财政部的关系和经费来源方面，在法律规定和现实执行之间、以及在不同的法规之间，存在着矛盾。（3）对政府改革的逆潮而动？认为我国行政改革要求减少行政审批、少管微观、多管宏观；少抓事前的行政审批、多抓事后的监督检查。政府监督和管理CPA行业，应该是高层次的和宏观的，而不是插手具体的日常业务。（4）政府管制能力、效果和效率。财政部门每天要如何面对全国6万多个CPA，5000多家事务所的繁琐的日常监督？如何有精力、能力和专业经验处理可能发生的惩戒和行政诉讼？由于政府机构和公务员数量有限，专业知识和经验存在欠缺、灵活性和适应性相对而言比较低下，政府管制效果可能适得其反，政府管制效率可能会下降。（5）国际协调的障碍。外资所所在的其他国家大多不是由政府进行行业管理，是否会出现外资所的双重标准问题？是否会出现国家化和国际化协调问题？参见叶友等：《各国CPA的监管模式及对我国的借鉴意义——从行业自律到独立监管》，载中国会计学会审计专业委员会编《2004年年会论文集》，第521页。

步确立了以财政部门为主导地位的 CPA 行业行政监管体制，但也赋予其他政府部门监管 CPA 行业的法定权利。除了财政部门依法对 CPA 行业实施监管、民政部门对 CPA 行业协会实行监督指导外，我国的证监会对从事证券业务的 CPA 及会计师事务所实施监管，会计师事务所从事金融相关审计业务要接受中国人民银行的监督；从事外商投资企业审计业务要接受外管局的监管；工商行政管理部门负责会计师事务所的工商登记，监督会计师事务所的经营活动，检查其业务范围是否合法，考核其经营管理状况如何；税务部门对会计师事务所实施税收监管。从而我国 CPA 行业的政府监管部门有财政部、证监会、银监会、保监会、民政部、审计署、中国人民银行、工商行政管理机构等多个部门。

第二节　我国 CPA 行业监管体制的现状

我国 CPA 行业监管体制经过 30 余年的发展，取得的成就是有目共睹的，监管体制本身正朝着规范、高效的轨道上发展。本部分对财政部、证监会的行政监管体制和中注协、地方注协的自律体制监管现状进行论述。

一、中注协行业自律监管体制现状

19 号文后，中注协致力于加强自律监管，出台了一系列旨在加强行业自律监管体制的措施与办法，并取得较好成效。

（一）中注协发布“指导意见”，专司行业自律监管职能

19 号文后不久，中注协于 2003 年发布“关于加强行业自律管理体制建设的指导意见”，旨在建立与完善行业自律监管体制。其主要内容如下：

1. 提出建立和完善行业自律管理体制是行业健康发展的重要基础。按照中介行业“法律规范、政府监督、行业自律”的发展要求，建立和完善行业自律管理体制，强化行业的自律水平，是行业有效履行职责的重要保障，是行业健康运行和规范发展的迫切需要。

2. 提出完善以会员为中心的完整的行业自律管理和服务职能。（1）着力提高会员的专业素质和职业道德水平（提高人才选拔的科学性、完善后续教育培训制度、诚信建设）；（2）进一步完善执业准则、规范和指导会员的执业行为；（3）建立自律检查和惩戒机制，强化会员的自律意识和自律水平；（4）启动非执业会员的管理和服务工作；（5）协调内外关系，努力改善行业的职业环境；（6）扩大国际交流，大力推进行业的国际化发展。

3. 提出建立和完善行业自律管理的组织体系。（1）充分发挥会员代表大会、理事会与常务理事会的作用；（2）建立各类专门（专业）委员会；（3）建立和完善理事会及专门委员会的工作制度。

4. 提出加强协会秘书处的建设。（1）加强组织和队伍建设；（2）改进工作作风，强化服务意识；（3）积极争取政府和行业主管部门的指导和关心。

截至 2011 年 12 月 31 日，全国共有会计师事务所 7976 家，注册会计师 97510 人，非

执业会员155587人（其中未换证人员66872人），全国共拥有会员253097人①，其自律监管任务重大。

（二）修订中注协章程，进一步确立自律监管地位

2004年，中注协在第四次全国会员代表大会上，修订了协会章程。与1996年章程相比，2004年章程主要有以下变化②：

1. 对中注协的宗旨进行了重新界定。宗旨是服务、监督、管理、协调，即以诚信建设为主线，服务本会会员，监督会员执业质量、职业道德，依法实施注册会计师行业管理，协调行业内、外部关系，维护社会公众利益和会员合法权益，促进行业健康发展。

2. 按照19号文的精神修订了中注协的职责。主要内容有：（1）审批和管理本会会员，指导地方注册会计师协会办理CPA注册；（2）拟订注册会计师执业准则、规则，监督、检查实施情况；（3）组织对CPA的任职资格、CPA和事务所的执业情况进行年度检查；（4）制定行业自律管理规范，对违反行业自律管理规范的行为予以惩戒；（5）组织实施注册会计师全国统一考试；（6）组织和推动会员培训工作；组织业务交流，开展理论研究，提供技术支持；（7）开展注册会计师行业宣传；协调行业内、外部关系，支持会员依法执业，维护会员合法权益；（8）代表中国注册会计师行业开展国际交往活动；（9）指导地方注册会计师协会工作；（10）办理法律、行政法规规定和国家机关委托或授权的其他有关工作。（2010年修改的中注协章程，将第6条改为组织、推动会员培训和行业人才建设工作；增加第7条，组织业务交流，开展理论研究，提供技术支持和第9条，协调行业内、外部关系，支持会员依法执业，维护会员合法权益）。

3. 进一步明确了秘书长由财政部推荐任命，"秘书长和副秘书长由财政部推荐，理事会表决通过"。

（三）成立专门（专业）委员会，强化自律监管体制

中注协现已成立7个专门委员会和1个专业委员会，分别是：（1）审计准则委员会，（2）惩戒委员会，（3）申诉委员会，（4）维权委员会，（5）教育培训委员会，（6）财务委员会，（7）《中国注册会计师》编辑委员会，（8）专业技术咨询委员会。中注协还明确了委员会的职责，制定了各自的工作规范。

（四）实现行业监管机制创新，完善自律监管体制

近年来，中注协坚持以诚信建设为主线，加强行业诚信的教育、监督和制度建设，逐步构建起包括注册会计师年检制度、上市公司年报监管和业务报备制度、谈话提醒制度、事务所执业质量检查制度、惩戒制度等在内的行业监管体系。把证券、期货、金融行业审计作为执业质量检查重点，密切跟踪上市公司年报审计期间"炒鱿鱼，接下家"行为，建立上市公司年报审计业务报备及分析制度，形成对上市公司审计事前、事中、事后相结合的监管体系，惩治害群之马，弘扬诚信文化，取得积极成效，注册会计师对上市公司年报审计的质量得到监管部门和社会公众的充分肯定。

---

① 数据来源于中国注册会计师协会网站（中注协2011年工作总结）。

② 中国注册会计师协会章程在2010年11月26日中注协第五次全国会员代表大会上又作少量修订，本部分内容与2004年章程相比，变化不大。

（五）不断改进监管工作，逐步提升自律监管水平

2010 年，中注协为贯彻落实《国务院办公厅转发财政部关于加快发展我国注册会计师行业若干意见》（国办发［2009］56 号，简称国办 56 号文），提出深化行业监管，提高监管效能的举措，包括切实做好执业质量检查工作；突出检查重点；建立专项检查制度；加强动态监管；探索建立事务所分级分类监管制度，有效配置监管资源；修订检查手册，完善相关检查程序；加强监管队伍建设，进一步提高行业监管水平；进一步完善惩戒程序；进一步加强与其他监管部门的沟通等。2010 年，中注协还发布"关于改进和加强行业监管工作的意见"，提出应进一步认识加强行业监管工作的重要性，加强上市公司年报审计监管，维护公众利益；完善执业质量检查制度，突出检查重点；加强监管队伍建设，进一步提高监管水平；完善检查及惩戒处理程序，体现公开、公正和公平原则；探索建立事务所分级分类监管制度，提高监管工作的效率和效果。

二、地方注协自律监管体制现状

中注协是注册会计师行业的全国组织，省、自治区、直辖市注册会计师协会是注册会计师行业的地方组织。1987 年 4 月上海注册会计师协会成立，是我国恢复重建后首家 CPA 地方性职业组织，1988 年 11 月中注协成立后，各省、直辖市（含深圳市）、自治区等纷纷成立注册会计师协会（简称地方注协或省级注协），目前在广东省等省份也设立了地市一级的注册会计师协会。

19 号文以前，地方注协主要是全国 CPA 考试的地方代办机构，另外代替地方财政部门承担部分 CPA 行业的行政监管职能，行业自律监管方面做得很不到位。

19 号文后，地方注协按照中注协的要求，大力加强协会自律建设，目前的监管体制现状是：

（一）组织机构状况

地方注协的组织结构设置基本同中注协，即"会员代表大会"—"理事会"—"常务理事会"—"秘书处"。秘书处内设机构各不相同，如广东省注协设置了综合部、监管部、考试培训部、会员部和信息部 5 个职能部门；湖北省注协设置了办公室、注册部、监管部、培训部、财务部、考试部和信息部 7 个职能部门；北京市注协设置了办公室、培训部、宣传部、信息中心、监管部、注册部、财务部、北京 CPA 人才服务中心、人才档案管理部、人力资源和考试部 10 个职能部门。基本上每个省级注协都设置了监管部。

地方注协的职责规定得更为详细，如广东省注协的主要职责是：负责办理注册会计师、注册资产评估师注册，会计师事务所、资产评估机构设立有关事宜，监督、管理其执业情况；审批和管理本会会员；指导、监督注册会计师、注册资产评估师执业准则、规则的贯彻实施；组织实施注册会计师全国统一考试，协助组织全国注册资产评估师执业资格考试；组织和推动注册会计师、注册资产评估师培训工作；依法办理审批及监督、管理境外会计师事务所、资产评估机构及人员在我省开展业务的有关事项；组织业务交流；开展理论研究；协调行业内、外关系，维护会员合法权益；开展国际交往活动；指导地方协会工作；办理国家法律、行政法规规定和国家机关委托或授权的其他有关工作。

对于监管部的主要职责一般只做了原则性规定，如北京市注协监管部的职责为：负责

北京地区注册会计师和会计师事务所、注册资产评估师和资产评估机构的自律性监管工作；维护会员合法权益；提高其执业质量和职业道德水平；负责行业专业准则执行及专业技术指导；负责行业与综合部门的专业标准协调。

各省级注协的人员配备从10多人到30多人不等，但监管部人员明显不足。

(二) 专门委员会设置情况

中注协成立专门委员会后，各省级注协也相继成立了专门（专业）委员会，如湖北省注协成立了专业技术咨询委员会、申诉委员会和惩戒委员会；广东省注协成立了惩戒委员会、教育委员会、维权委员会、事务所内部治理委员会、专业指导委员会和宣传委员会等。各专门委员会都制定了工作职责与规范。

地方注协各专门委员会一般下设主任委员1人（一般由当地著名事务所的董事长担任），副主任委员2人，委员6人左右（副主任委员和委员一般由事务所首席合伙人、业界名人或专家担任）。

(三) 省级注协监管体制运行状况

从2004年下半年开始，省级注协的行业自律监管逐步走向正轨，在执业质量检查方面做了大量的工作，成效较为显著（详见第四章）。另外，仍有一部分地方注协在代替省级财政厅监督检查机构履行行政监管职能。

三、财政部门行政监管体制现状

19号文后，财政部监督检查局负责对CPA行业的行政监管。监督检查局为了强化对CPA行业的行政监管，采取了一系列的措施。

(一) 出台监管制度与办法，明确行政监管职责

1. 发布关于落实注册会计师行业行政监管职责若干问题的通知

2003年12月发布“关于落实注册会计师行业行政监管职责若干问题的通知”（财监[2003] 121号，自2004年1月1日起执行)，明确了行政监管的以下内容：

第一，行政监管的指导思想与职责范围。指导思想是以保障CPA行业的健康发展为出发点，以恢复社会公众对CPA行业的信心为目标，通过加大对少数违法违规行为的处罚力度，保护大多数诚信守法的CPA和会计师事务所，整顿和规范会计秩序，促进和保障CPA行业健康发展。职责范围：财政部门监督检查机构负责CPA行业行政监督工作，对CPA行业执业质量进行监控，依法对违法违规行为进行质询、调查、检查和处理处罚，并做好相关协调指导工作。

第二，监督检查的主要方式。提出逐步建立日常监控与重点检查相结合的监督检查机制。(本部分详细内容在第四章论述)。

第三，处理处罚的原则。各省级财政部门依法对本行政区域内的会计师事务所和CPA的违法违规行为作出处理处罚。对CPA行业的违法违规行为，构成行政处罚标准的，要依法给予行政处罚；经检查认定事务所和CPA违规行为轻微、不够行政处罚标准的，可以采取约见谈话批评、下达关注函等方式作出处理；对情节严重、涉嫌犯罪的，要移送司法机构进一步查处。

第四，协调指导机制。财政部门要重视协调内外部关系，切实避免多头监管和重复检

查，提高行政监管的效率和效果。加强与审计、证券部门的沟通协调，避免重复检查，形成监管合力。可以采取召开联席会议等方式，协调检查计划，通报检查结果。建立与注册会计师协会的协作机制，重视并发挥注册会计师协会行业自律性监管的作用，在对事务所和CPA的行政处罚过程中，要将行政处罚告知书和行政处罚决定书抄送注册会计师协会，加强与注册会计师协会的资源与信息共享。

第五，监督检查队伍建设。各级财政部门要重视和加强行政监督队伍建设，选派、吸收熟悉CPA业务的专业人才充实财政监督队伍，并切实加强财政监督干部的专业培训，鼓励业务学习、考取CPA、律师资格，不断提高专业素质和业务水平，以适应CPA行业行政监督工作的需要。

2. 颁发会计师事务所审批和监督暂行办法，明确行政监管要求

2005年财政部颁发了《会计师事务所审批和监督暂行办法》（财政部令第24号），其中第五章监督检查中规范了以下内容：

第一，实施监督检查的范围包括：事务所保持设立条件的情况；事务所应当向财政部和省级财政部门备案事项的报备情况；事务所和CPA的执业情况；事务所的质量控制制度等。

第二，监督检查要求：在实施监督检查过程中应当严格遵守财政检查工作的有关规定，不得妨碍事务所的正常经营活动，不得索取或者收受财物，不得谋取其他利益；应当在认定事实清楚、证据确凿、定性准确、法律依据充分的情况下依法处理。

第三，重点监督检查的对象：事务所和CPA存在下列情形之一的，应当进行重点监督检查：被投诉或者举报的；未保持设立条件的；在执业中有不良记录的；采取不正当竞争手段承接业务的。

第四，对会计师事务所的要求：事务所和注册会计师必须接受财政部和省级财政部门依法实施的监督检查，如实提供中文工作底稿以及有关资料，不得拒绝、阻挠、逃避检查，不得谎报、隐匿、销毁相关证据材料。

暂行办法规定CPA不得有下列行为：在执行审计业务期间，在法律、行政法规规定不得买卖被审计单位的股票、债券或者不得购买被审计单位或者个人的其他财产的期限内，买卖被审计单位的股票、债券或者购买被审计单位或者个人所拥有的其他财产；索取、收受委托合同约定以外的酬金或者其他财物或者利用执行业务之便，谋取其他不正当利益；接受委托催收债款；允许他人以本人名义执行业务；同时在两个或者两个以上的会计师事务所执行业务；对其能力进行广告宣传以招揽业务；违反法律、行政法规的其他行为。

规定事务所不得有下列行为：未经批准设立分所；向省级以上财政部门提供虚假材料或者不及时报送相关材料；雇用正在其他会计师事务所执业的注册会计师，或者明知本所的注册会计师在其他会计师事务所执业而不予制止；允许本所注册会计师只在本所挂名而不在本所执行业务，或者明知本所注册会计师在其他单位从事获取工资性收入的工作而不予制止；允许其他单位或者个人以本所名义承办业务；采取强迫、欺诈等不正当方式招揽业务；承办与自身规模、执业能力、承担风险能力不匹配的业务；违反法律、行政法规的其他行为。

3. 出台加快行业发展意见，要求严格行政监管

2009年，财政部出台《关于加快发展我国注册会计师行业的若干意见》（由国务院办公厅转发，即国办56号文），对CPA行业行政监管提出以下意见：（1）加强行政许可，严格市场准入。财政部和各省级财政部门要根据注册会计师法、行政许可法的要求和设立会计师事务所的规定，按照公开、公平、公正、便民、高效的原则，依照法定程序严格审批会计师事务所。未持有中国注册会计师证书的人员、不在会计师事务所专职执业人员、在申请设立会计师事务所前3年内因执业行为受到行政处罚的人员，不得担任会计师事务所的合伙人（股东）。在执业活动中受到行政处罚、刑事处罚，自处罚决定生效之日起不满3年的会计师事务所，不得申请设立证券期货资格会计师事务所。要及时跟踪了解会计师事务所有关信息和动态，监督会计师事务所业务活动，防止出现重审批、轻监管等现象。会计师事务所之外的其他中介机构和个人不得承办注册会计师审计业务。不具备证券期货资格的会计师事务所，不得承接证券期货相关业务。禁止会计师事务所一所多章分头签发业务报告等行为。（2）加强行政监管，提高监管效能。财政部和各省级财政部门要加强对注册会计师行业的行政监管，健全行业监管跨部门沟通协调机制，建立财政部门和审计、银行、证券、保险等监管部门的信息共享制度，不断提高监管效能。要建立并实施会计师事务所及其注册会计师退出机制，严厉惩治共同舞弊、挂名签字、兼职执业等违法违规行为。财政部要重点加强对大中型会计师事务所及其注册会计师的监管。各省级财政部门要重点加强对小型会计师事务所的监管。采取多种形式交流监管经验，建立完善定期检查制度。要研究建立注册会计师监管责任追究制度，寓监管于服务之中，将强化监管与改进服务结合起来，将打击不良风气、违规行为与表彰先进、弘扬正气结合起来。要加强国际交流，把握全球行业发展动向，推动注册会计师行业始终保持良性快速发展态势。

（二）财政部门行政监管的组织结构状况

监督检查局作为财政部的专职监督机构，主管全国的财政监督检查工作，职责是拟定财政监督检查政策，组织开展全国重大财税会计政策和预算执行情况的监督检查，实施中央财政监督检查，指导地方财政系统的监督检查工作，履行对注册会计师行业的监督检查和行政处罚职责。监督检查局内设七个处，分别履行对重大财税政策执行情况、财政收支日常监管、会计信息质量检查、注册会计师行业的监督检查和行政处罚等职责。

全国县级以上财政部门设立了3022个专职监督机构，其中，省级36个，比例达100%；地市级336个，比例达99.4%；县级2650个，比例达93%①。

财政监察专员办事处（简称专员办）作为财政部的派出机构，就地履行中央财政监督检查职能。目前，财政部在全国35个省、自治区、直辖市和计划单列市分别设立机构，业务、人事、财务由财政部垂直领导，中央财政全额拨付事业经费。

表面上看，财政部门负责监督检查的人员力量还比较强大，但其主要职责是进行财政监管。监督检查局主要职责是拟定财政监督检查政策，组织开展全国重大财税会计政策和预算执行情况的监督检查，实施中央财政监督检查等。专员办的主要是监督检查国家财政方针政策、法规贯彻落实情况，中央预算的执行情况；监缴政府其他收入和检查中央财政

① 资料来源：财政部网站 www.mof.gov.cn。

专项资金的使用情况；检查核实中央财政与地方财政的结算及其他涉及中央财政的重大事项。地方财政监督机构的主要职责是围绕本级政府部门预算编制、执行情况开展监督检查。

据调查了解，财政部门目前专门负责 CPA 行业监管的力量较弱。具体如下：（1）财政部监督检查局四处，负责会计信息质量检查和 CPA 行业的行政监管两项工作，其人员配备较少；（2）各省、自治区、直辖市和计划单列市专员办会计处（一般 7～10 人），负责日常的会计信息质量检查和 CPA 行业行政监管。财政部监督检查局和专员办的分工是：对于证券从业资格的 CPA 及事务所的行政监管由监督检查局四处具体负责，对其他 CPA 及事务所的行政监管由专员办负责。（3）各省级财政部门监督检查处无专门负责 CPA 行业监管的部门，通常由 1 个人兼顾 CPA 行业监管工作①。

四、证监会监管体制现状

（一）证监会对 CPA 行业实施监管概况

随着我国资本市场的快速发展，为证券市场提供鉴证服务成为 CPA 行业的重要任务之一，国务院于 1992 年 12 月发出《关于进一步加强证券市场宏观管理的通知》，正式决定成立证监会，同时规定"财政部归口管理 CPA 和会计师事务所，对其从事与证券业务有关的会计事务的资格由证监会审定"，财政部和证监会于 1993 年 7 月审查了 55 家会计师事务所及其所属的 448 名 CPA，认定其具备从事证券业务的资格，批准其从事与证券市场相关的审计业务。我国《证券法》（1999 年 7 月 1 日实施）第 167 条规定：国务院证券监督管理机构在对证券市场实施监督管理中履行下列职责：依法对证券发行人、上市公司、证券交易所、证券公司、证券登记结算机构、证券投资基金管理机构、证券投资咨询机构、资信评估机构以及从事证券业务的律师事务所、会计师事务所、资产评估机构的证券业务活动，进行监督管理。即"对从事证券业务的会计师事务所的证券业务活动，进行监督管理"。由此，具有证券资格的会计师事务所及 CPA 必须接受证券监管机构的行政监管②。

为了加强对证券从业资格 CPA 与事务所的监管，证监会会同财政部发布《CPA 执行证券、期货相关业务许可证管理规定》（财协字［2000］56 号）；证监会发布《关于不得限制中介机构跨地区执行证券相关业务的通知》（证监会计字［1999］60 号）等，对从事证券业务的 CPA 及事务所实施监管。

证监会还于 2001 年末发布了《公开发行证券的公司信息披露编报规则第 16 号—A 股公司实行补充审计的暂行规定》（证监发［2001］161 号，以下简称《暂行规定》）。要求对 A 股公司"全面实行补充审计"，而执行补充审计的事务所是国际著名会计师事务所。这一规定在 CPA 业界引起激烈争论。两个月后的 2002 年初，证监会又发布"试点通知"，将试点范围限定在：（1）一次发行量超过 3 亿（含 3 亿）股的公司；（2）国家有关部门或中国证监会另有要求的公司。将执行补充审计试点的会计师事务所扩大到"获中国证

① 据了解目前有不少省级财政部门监督检查局仍是委托地方注协代为行使监管职能。

② 新《证券法》（2005 年 10 月 27 日通过，自 2006 年 1 月 1 日施行）该内容在第 179 条。

监会和财政部特别许可的具备从事证券期货相关业务资格的会计师事务所”①。安然事件后，安达信破产，人们认识到“五大”（现“四大”）也不是完全值得信赖的，由此“补充规定”不了了之②。

近几年的做法是：证监会在上市公司会计信息披露监管方面发现的 CPA 与事务所的问题，一般一揽子交财政部门或中注协处理（重大事件的处罚除外）。

但证监会还在努力争取对证券从业资格的 CPA 与事务所的全面监管。如 2005 年 11 月 24 日，证监会会计部发布“会计师事务所与资产评估机构证券期货相关业务监管责任制”的规定：证监会会计部全面负责对会计与评估机构（指会计师事务所与资产评估机构，简称为事务所）证券期货相关业务执行情况的监管工作。包括监管工作的总体规划、监管政策法规的制定与解释、对事务所证券等业务资格的审批与管理、监管工作的协调、建立统一的监管工作数据库，并负责安排、指导、培训、协调、督促、检查、考核各派出机构的相关监管工作等。派出机构负责落实会计部的有关事务所执业资格方面的监管要求，对辖区内事务所的质量控制制度和内部管理制度进行巡回检查和专项检查，对事务所的证券期货相关业务活动进行监管，建立事务所的持续监管档案。

《证券法》（2006）进一步加大了证券监督管理机构对 CPA 行业的监管权力，如第 169 条规定：投资咨询机构、财务顾问机构、资信评级机构、资产评估机构、会计师事务所从事证券服务业务，必须经国务院证券监督管理机构和有关主管部门批准。其从事证券业务的审批管理办法，由国务院证券监督管理机构和有关主管部门制定。对 CPA 违规的法律责任也做了具体规定，见本书第六章相关内容。

（二）组织结构现状

证监会会计部设有会计师处，专门负责证券从业资格的 CPA 及事务所的监管。各省级证监局没有设置专门的 CPA 行业监管部门，通常设有少数人牵头兼管 CPA 行业监管工作。如湖北省证监局设立了上市公司一处、二处，分别对上交所和深交所的上市公司实施监管，每处各有 1 人兼顾 CPA 行业监管工作。

第三节　我国 CPA 行业监管体制存在的主要问题与改革思路

一、我国 CPA 行业监管体制存在的主要问题

（一）监管相关法规之间存在冲突，行政监管主体权责界定不清

尽管财政部、中注协、证监会关于 CPA 行业监管方面出台一系列制度、办法、通知等，但到目前为止，我国没有一部 CPA 行业监管法规，究竟该哪个政府部门负责 CPA 行

① 执行补充审计试点的会计师事务所要具备以下基本条件：专业水准高，职业道德好，业务能力强，对中国会计准则、审计准则和国际会计准则、审计准则比较熟悉。

② 值得一提的是，财政部 2005 年发布第 11 号会计信息质量公告，责令普华永道（中天）等会计师事务所针对查出问题进行整改，由此被称为我国的“会计风暴”。普华永道因科龙电器公司审计问题而受到通报批评，再次表明对“四大”的监管不能松懈。

业的政府监管，监管权限多大，负怎样的监管责任？没有明确。现有的相关法规关于 CPA 行业的政府监管权限存在冲突，如《会计法》第 31 条规定：财政部门有权对会计师事务所出具的审计报告的程序和内容进行监督。《注册会计师法》第 5 条规定：国务院财政部门和省、自治区、直辖市人民政府财政部门，依法对注册会计师、会计师事务所和注册会计师协会进行监督、指导。《证券法》（1999）第 179 条规定：国务院证券监督管理机构对从事证券业务的会计师事务所的证券业务活动，进行监督管理。《审计法》（1995）第 7 条规定：国务院设立审计署，在国务院总理的领导下，主管全国的审计工作。《审计法》第 30 条规定：对依法独立进行社会审计的机构的指导、监督、管理，依据有关法律和国务院的规定执行，另外，审计署又于 1996 年 12 月 17 日依据《审计法》第 30 条及其他有关规定发布《审计机构指导监督社会审计机构的规定》，其中第 3 条为：审计机关依照法律和有关规定，会同财政部门，履行对社会审计机构的指导、监督职责①。

《注册会计师法》、《证券法》、《审计法》关于 CPA 行业政府行政监管方面的冲突主要体现在两个方面：

（1）对于有证券资格的 CPA 和会计师事务所的政府监管，财政部门和证券监管部门各自的职责范围是什么，该负什么责任没有明确。

（2）国家审计机关近年来的主要精力虽不在对 CPA 和会计师事务所的监管上，但相关审计法规仍在生效，国家审计能否随时独立或会同财政部门监管 CPA 行业，监管范围及应承担的监管等问题都不够明确。

（二）*政府多头监管，互不认账，重利益轻责任*

除财政部门、证券监管部门、审计部门外，中国人民银行、工商行政管理部门、税务部门和民政部门也可以对 CPA 行业实施行政监管。

政府部门对 CPA 行业实行多头监管，各自为政，互不认账，对会计师事务所反复检查，已成为 CPA 行业发展的一大障碍。财政部 2003 年 7 ~ 8 月对全国百家会计师事务所进行调查，在问到“当前不同政府部门对 CPA 行业监管中最为主要的问题”时，事务所反映最强烈的是多头监管、重复检查问题，78.26% 的事务所认为存在多头监管，59.78% 认为存在重复检查，58.70% 认为检查部门标准不一，33.70% 认为处罚标准不一。平均一家事务所一年要接受 3 至 4 个政府部门的检查②。

行业的多头监管对 CPA 行业的健康发展无疑是有害的，由于各监管主体都有自己的“部门利益”，为此各个政府部门通过把持执业资格的核定权来分割 CPA 承担的业务。目前除了执行证券期货业务从业资格认定外，审计国有企业，审计金融业务、审计外商投资

---

① 根据 2006 年 2 月 28 日第十届全国人民代表大会常务委员会第二十次会议《关于修改〈中华人民共和国审计法〉的决定》修正，其中第七条仍为“国务院设立审计署，在国务院总理领导下，主管全国的审计工作”。第三十条由“对依法独立进行社会审计的机构的指导、监督、管理，依据有关法律和国务院的规定执行”，改为“社会审计机构审计的单位依法属于审计机关审计监督对象的，审计机关按照国务院的规定，有权对该社会审计机构出具的相关审计报告进行核查”，监管的权限明显缩小。但 1996 年 12 月 17 日《审计机构指导监督社会审计机构的规定》仍在生效。

② 参见《中国注册会计师》通讯员：《政府监管，寄予厚望——财政部公布全国百家会计师事务所问卷调查结果》，载《中国注册会计师》2003 年第 9 期，第 8 ~ 9 页。

企业等也要资格认定。还有些主管部门甚至直接与少数事务所达成协议，垄断业务，形成CPA审计市场的条块分割。李若山（2003）指出，这样一方面因权力寻租、权钱交易等导致政府官员滋生腐败，另一方面，行业垄断、地域分割会助长地方与行业保护主义，导致市场竞争失效。

刘峰（2001）认为，证监会履行对会计信息质量和CPA行业的监管职责，实际上一直处于矛盾的地位。一方面，作为我国资本市场的“监护人”，它希望我国资本市场不出任何危机和事故，特别是源于自身工作失误所导致的事故，而上市前的虚假会计信息所引发的资本市场危机，当然是其自身工作的失误，从这一角度看，证监会不希望企业借助虚假会计信息上市。但另一方面，证监会在履行政府职能、扶持国有大中型企业上市的角色中，其主要精力是更好地执行中央政府的宏观政策，而不关注会计信息是否造假。而上市前的过度包装，直接影响上市后的公司效益，由此为日后公司会计造假埋下种子，为CPA审计留下隐患。因此证监会实施CPA行业监管地位相当尴尬。

同时监管部门在对CPA行业实施监管时还普遍存在重部门经济利益，轻监管效率的观念。无论是财政部、审计署、证监会，还是中国人民银行、工商行政管理局等政府行政部门，在管理CPA行业时，普遍认为CPA行业是块“肥肉”，拥有对其管理权就拥有部门经济利益。以至于政府行政部门在对分内监管不力的情况下①，却都不愿放弃对CPA行业的监管。每个监管部门都在CPA行业监管上投入了人、财、物力，但对监管效率重视不够，浪费了的监管成本最终由国家（实际上是纳税人）埋单。

（三）行业自律监管体制不顺，地方注协没有发挥应有的作用

前已述及，2002年19号文以前，中注协及地方注协主要是受财政部门委托，对CPA行业实施行政监管。19号文后，尽管中注协及地方注协出台一系列自律监管制度与办法，并在自律监管方面取得一定成效，但注协工作人员还是吃政府饭，注协还是财政部门下设的事业单位，接受财政部的监督、指导，注协秘书长由财政部推荐。注协的体制与编制问题不解决，行业自律监管不可能到位。

《注册会计师协会章程》（2004）第27条规定：“地方注册会计师协会为中注协的地方组织。”同时，《注册会计师协会章程的说明》（1988）又指出：“地方注册会计师协会受当地财政厅（局）领导，其章程、职权、组织形式和工作方式等，由当地会员代表大会或会员大会讨论后，经财政厅（局）批准确定。”由此可见，我国对地方注册会计师协会实行双重领导，地方注协既接受中注协的领导，又接受本地财政机关的领导。

这种接受双重领导的地方注协组织（实际运行过程中主要接受地方财政机关的领导），自成立以来就没有很好地发挥应有的监管作用。在会计师事务所脱钩改制前，每个财政厅（局）都有自己办的会计师事务所，地方注协实际上成了财政部门主办的会计师事务所的代表，为自办事务所垄断CPA审计业务，成为CPA行业无序竞争、不公平竞争的推波助澜者。脱钩改制后，地方注协逐步摆正了自己的位置，但除了少部分地区注协在CPA行业监管中发挥了主要作用外，多数地方注协只起到CPA全国统一考试的一个代办

① 如财政部门的财政监督整体效果不理想、审计署对国家审计监管不到位、证监会对证券市场监管效果不佳、人民银行对银行业监管不尽如人意等。

机构的作用。地方注协的行业自律监管基本无效，没有哪一家会计造假公司和审计舞弊会计师事务所是地方注协发现并揭露出来的。19 号文后，虽然明确了省级注协的自律监管地位，但因体制问题没有解决，以致地方注协仍然存在官僚作风较浓的现象。

（四）各级监管部门均存在重行政权力，轻监管责任问题

《会计法》明确了会计人员、单位负责人的会计责任，《注册会计师法》明确了 CPA 的审计责任，但相关法规中没有明确监管部门监管 CPA 行业的监管责任。银广夏事件后，全国各界都把矛头指向中天勤会计师事务所，有关媒体惊呼“中天勤——造假公司的亲爹亲妈”？如果中天勤会计师事务所存在丧失独立客观公正基本审计原则，与客户串通作弊等问题，那么负责注册会计师行业监管的财政部门该负什么样的监管责任？既负责上市公司信息披露监管又负责证券业务资格 CPA 及事务所监管的证监会又该负什么样的监管责任？没有任何部门和人员去追究①。

二、改革我国 CPA 行业监管体制的思路

（一）按效能优先理论与和谐理论构建 CPA 行业的政府监管体制

对 CPA 行业实行监管的最高目标是：提高经 CPA 审计后的财务会计报告的质量，尽量降低已审会计信息的风险，使报告使用者不至于因为信息的可信度而作出错误的决策，从而维护社会公众利益。政府各行政监管部门应围绕这一目标实施监管，尽量整合、集中监管力量，节约监管成本，提高监管效率。各部门应相互配合，共享资源和信息，尽可能避免各自为政，重复检查。目前较可行的做法是：人民银行不再监督承办金融业务的会计师事务所及 CPA；外管局不再监管从事外商投资企业审计的事务所及 CPA，工商行政管理局机关和税务部门尽量简化对会计师事务所的审查程序；考虑到证监会对整个证券市场的相关监管职责过于重大，目前情况下无力专门监管 CPA 行业，证监会只是会同财政部门等对从事证券相关业务的会计师事务所的准入资格进行审查。证监会依照《证券法》和其颁发的信息披露准则对上市公司的信息披露进行监管，若上市公司信息披露存在问题，有权追查相关会计师事务所；证监会也可定期组织专人评价从事证券业务的会计师事务所的审计质量，凡查出属于会计师事务所和 CPA 应承担的审计责任，交财政部门和注册会计师协会处理。

因此建议由财政部门一家政府机构实施对 CPA 行业的行政监管，并承担相应的监管责任。

（二）按政府适度管制理论建立 CPA 行业的行政监管体制和自律监管体制

财政部门是 CPA 行业的行政监管部门，中国注册会计师协会应是 CPA 行业的业务主管组织。CPA 作为一项专业性很强的职业，其核心价值在于其专业素质，包括其专业品

---

① 在这方面美国也是一样，安然事件后，所有批评的矛头都指向 CPA 行业。实际上，“审计究竟使多少公司避免了安然一样的命运，证券市场因为审计提高了多少效率，又有多少次 CPA 审计发现了重大问题？可惜现行制度无法告诉你”（AICPA 总裁兼 CEO 麦兰肯 2002）。安然倒闭后，安达信破产，CPA 行业受尽责难，而一向负责 CPA 行业政府监管的美国 SEC 不仅没有承担责任，还在 2003 年得到 7.76 亿美元的补偿。

格及执业能力，维护职业的核心价值，必须发挥行业自律的作用①。况且在19号文以前，我国财政部门对CPA行业的行政监管职能由注册会计师协会代为行使，财政部门在行业监管人力和专业性方面不如中注协，因此应把行业自律监管放在首位。财政部监督检查部门的财政监管任务过于繁重，难以投入过多人力、物力对CPA行业的实施行政监管，因此我们建议将财政部门的行政监管放在辅助的位置。正如财政部监督检查局在财政监督的职责中所述：财政部门对CPA行业的行政监管，应在注册会计师行业自律的基础上，对其执业质量履行政府再监督职责，通过重点查处、重点公告、行政处罚、扩大宣传、强化教育等方式净化注册会计师行业执业环境，维护正常的执业秩序②。财政部门对CPA行业的行政监管与中注协对CPA行业的自律监管是相辅相成、相互配合、优势互补的关系，其目的都为了促进CPA行业的健康发展，最终目标也都是为了维护社会公众利益。

（三）按照“行政许可法”的要求，摆正行业自律监管协会的位置

中注协作为我国CPA的全国组织，现阶段不应再是财政部下属的事业单位，而应是一个不具有政府行政职能的民间职业组织。按照独立、客观、公正的基本原则，中注协首先应独立于政府部门，其人员配备应主要由会员选举产生，在此基础上充实力量，健全制度，强化监管，做好服务。中注协与财政部门的关系是指导与被指导、监督与被监督的关系，而不是领导与被领导的关系。

（四）理顺行业自律监管协会上下级关系，充分发挥地方注协的积极作用

首先地方注册会计师协会作为独立的社团法人，应脱离财政厅（局）的领导，真正成为CPA的地方职业组织，只接受中注协的业务领导，通过本地会员大会选举理事会和秘书处成员，配备必要数量的监管人员。在此前提下，明确地方注协的职责，强化其对本地CPA和会计师事务所的监管。

地方注协至少应具备以下职责：（1）制定适于本地区的CPA执业标准、管理制度和职业道德规范实施细则；（2）依法管理本地的CPA和会计师事务所；（3）落实对本地CPA和会计师事务所的执业质量检查和同业互查；（4）认真开展本地CPA的后续教育和相关业务学习；（5）努力为本地CPA营造良好的执业环境，维护会员的合法权益；（6）组织本地CPA全国统一考试；（7）协会章程和中注协规定的其他相关事宜。

值得注意的是，必须明确地方注协的监管责任，一旦因监管不力而造成CPA审计舞弊，给社会带来严重不利影响的，地方注协应承担相应的监管责任和连带责任。同时，地方注协应接受会员的监督，成为真正为地方CPA服务的行业自律组织。

第四节　我国CPA行业监管体制的构建

一、我国CPA行业监管体制构建的总体设想

（一）主要观点综述

安然事件特别是财政部19号文后，关于我国CPA行业监管体制的探讨有以下主要

① 《英国CPA行业监管体制：改革历程与启示》，载《中注协行业发展研究资料》（No. 2005-2）。

② 《财政监督简介》，来源于财政部网站 www. mof. gov. cn。

观点：

中注协标准部（2001）提出，目前我国CPA行业应当实行相对自律，实行政府监管与行业自律相结合的管理模式。（1）政府监管是保证CPA行业持续存在的基础；（2）CPA职业团体的利益与社会公众的利益不一致，如果政府不进行有效监管，CPA的行为有可能损害社会公众利益，甚至给社会带来灾难性后果；（3）我国正处于转型经济时期，CPA协会与政府有关部门协调、沟通的事情很多，如果CPA行业完全自律，必然在这方面遇到很多困难；（4）CPA协会不仅要代表CPA的利益，还要维护社会公众的利益，否则就不能取信于社会，政府也不会让其进行自我管理。因此，中注协认为，CPA行业应实行政府监管与自律相结合的模式。

财政部监督检查局（2008）提出，政府监管要与行业自律实行优势互补。行业自律要积极配合政府监管，与政府监管的要求形成有机的统一，弥补政府监管在信息反馈和知识存量等方面存在的不足；政府监管部门也要对行业自律工作予以支持和引导，积极推进行业自律管理体制建设，强化自律组织的技术援助功能，引导会计职业走上健康发展的道路。还指出应构建纵横联合的会计监管运行机制。就财政部门会计监管主导地位而言，一方面，应建立纵向联合的运行机制，调动中央与地方财政部门的积极性，组织开展中央、省、市、县各级财政部门的整体联动检查，形成合力，发挥协同效应，在全国范围内形成会计监督工作的整体推进。如专项检查，可由财政部统一部署，中央、地方财政部门开展联动检查。另一方面，应建立横向联合的运行机制，发挥政府其他相关职能部门——审计、证监会、保监会、税务、工商等部门的积极作用，加强相互的沟通协作。

黄世忠等（2002）提出，应借鉴美国PCAOB思路，建立以政府为主导的独立监管模式。在构建这种模式时，应确保监管机构的权威性、代表性和独立性。就权威性而言，可考虑将监管机构直接纳入全国人大或国务院的直接领导下，如设立“全国人大（或国务院）会计监察领导小组”，小组成员由人大法工委、财政部、经贸部、人总行、证监会、审计署、税务总局等权威政府部门的有关领导组成；代表性可通过吸收政府部门、信息使用者（股权和债权资本提供者）、信息提供者（各种所有制企业）、信息鉴定者（CPA）的代表组成会计监管基金会，负责监管委员会的人事任免和经费审批；独立性要求监管委员会的全体成员由专职、高薪的专业人士组成，经费单列，独立进行决策，但会计监管基金会保留否决权。

刘明辉等（2002）提出，可考虑增设公共监督管理委员会，最好是由国务院授权，主要由独立的投资者代表、政府司法部门、高校会计学、经济学知名学者组成，有能力而且有权力对监管部门之间的扯皮问题作出裁决，分清责任，并责令其限期整改。公共监督管理委员会的主要任务一是监督会计、审计规范制定权和监督权使用的效率与效果；二是监督CPA审计的质量和会计人员的职业道德情况。

阎达五等（2002）提出，从发展健康有序、高效进步的会计市场的要求出发，尤其是考虑加入WTO后外国实力雄厚的事务所将大量涌入，与我们争夺国内市场的紧迫形势，我们完全可以借鉴证监会的组织建设历程，由国务院牵头，将财政部、审计署、证监会、国家税务总局、国家工商总局、中国人民银行及外汇管理局等有关部门联合组建“CPA职业管理委员会”，直属国务院领导，统一提出与协调对CPA职业及业务发展及管理的要求，然后由“CPA 职业管理委员会”直接授权中注协对 CPA 及事务所实施全权自律管理。

国务院发展研究中心市场经济研究所研究员任兴洲（2004）建议，应建立严肃的惩戒制度和严格的行业退出机制，确保监管与制裁机制的良性运作；联合证券监管、审计等部门，对 CPA 服务市场进行监管，对弄虚作假者予以严惩；利用信息网络和工具，对事务所执业情况实施监管；建立有效的监管制度和监管队伍，并动员社会的力量对行业质量实施监督，形成政府监管、行业自律和社会监督的有效网络。

ICAEW 专业标准总监萨利·亨克利（2004）认为，政府监管和行业自律监管必须在公众利益中形成互补，这对于任何计划经济和任何自由的市场经济都是正确的。自律需要政府与行业之间的“信任合同”。最佳的管理既不是政府全部承担管理的体制，也不是自律管理全部承担的体制。我们需要的是政府和行业之间真正的伙伴关系。

谢德仁（2002）认为，从实践上看，只有将政府与市场的力量有机地配合起来，将自我管制与政府管制力量等有机地配合起来才能更好推进 CPA 行业的管理。也就是说，世界各国 CPA 行业管制模式都将朝着政府与市场力量结合的方向变革。独立管制方式就是这种结合的一种代表，它无疑能更好保持管制机构的独立性，更有助于保护公众利益，从而更好地促进 CPA 行业的发展。

陈波（2010）认为，美国 PCAOB 的某些成功经验值得借鉴。我国可以考虑设立一个类似于美国 PCAOB 的注册会计师行业监管机构，统一负责我国证券资格会计师事务所的各项关键监管职能，包括注册、准则制定、质量检查、惩戒等。它可以设置于财政部或证监会之下，接受其领导和监督但保持相对独立，享有充分的法律授权和充足的经费保障，发挥专业化监管的优势。在引入这一监管制度变革的过程中，我们应在深入分析我国国情的基础上，设计出能够同时在权威、激励、知识各个维度上提高监管有效性的改革方案。

叶友等（2004）认为，行业自律型和政府主导型除了（1）是由行业协会还是由政府机构来制定审计标准；（2）政府是否以及在多大程度上承担日常监管工作两方面外，在诸如资格管理、惩戒实施等各个其他方面，并不存在实质性差别。行业自律型模式忽视了行业协会作为行业利益代言人的本质，政府主导型忽视了政府机构的天然缺陷和可能弊端，独立监管型模式符合政府经济职能和行业协会本质，应积极探索适合于我国具体情况的有中国特色的 CPA 行业独立监管模式。几乎所有的观察都指出了本质上作为“混合模式”的监管模式更加“混合”的趋势，过去以政府监管为主导的模式趋向于引入行业自律等市场因素，过去以行业自律为主导的模式则趋向于加强政府监管或独立监管的力度。

薛祖云（2005）建议，应构建以政府行政监管为主，行业自律为补充的监管体制。

秦红伟、李学峰（2009）建议，应将以政府监管为主导转变为以政府监管为引导，建立以独立监管为主体的监管机构，以行业自律监管作辅助的监管体制。

乔引华、贾茜（2009）建议应该从以下三方面入手，形成政府监管为主导、同时协调行业监管、建立独立机构管制的模式。首先，要保持政府监管的主导地位。认为我国的政府主导型监管模式在很长一个时期内还是保证了行业向前发展的势头，使其借鉴国外的成功经验，少走了很多弯路。其次，要协调行业的监管。在政府与行业组织间、政府各部门中以及行业组织机构中合理分配与协调行业的监管权成为具体管理模式中最现实的问题。最后，要建立新型的独立机构进行监管。

于志飞（2007）建议，由国务院牵头，财政部、审计署、证监会、国家税务总局、国家工商总局、中国人民银行以及外汇管理局等有关部门联合组建注册会计师职业管理委员会，直属国务院领导，统一和协调注册会计师职业及业务发展和管理的要求，这样可以有效地理顺各个利益群体的关系，提高监管效率，避免监管重叠的现象出现。

陈晓卿（2007）建议，可考虑在中央一级设立行业监管委员会，并下设各类行业协会。

《CPA 行业行政管理问题研究》课题组（2005）建议，将政府监管部门划分为直接监管部门和派生监管部门。除财政部（业务主管部门）和民政部（负责协会管理）作为直接监管部门外，其余部门都是派生部门，其对行业的管理方式可考虑：（1）在实施特定领域资质管理的情况下，如果派生监管部门所管辖领域设定了资质要求，那么派生监管部门可配合和协同财政部门实施特定领域资质取得和取消管理。这方面的工作，派生监管部门处于辅助地位。（2）派生监管部门自身不直接对事务所进行日常监督检查，但可对事务所、注册会计师进行延伸检查。如果派生管理部门认为必要，可以派员参与财政部门的检查组织对所管辖公司的审计师的检查，但不应独立对事务所进行检查，防止与财政部门的检查权重复。（3）依据有关法律对违规事务所、注册会计师进行处罚，报财政部备案，但这种处罚不等同于财政机关的行政处罚，派生监管部门可以建议财政部门作出取消违规事务所、注册会计师对该领域的审计服务权，但不能作出吊销事务所营业执照、注册会计师资格证书的决定，该决定应由财政机关作出。

（二）本书观点

笔者认为：应建立行业自律监管为主、政府行政监管为辅的监管体制。

理由是：（1）我国目前不适合建立独立监管体制。几乎所有提倡建立独立监管体制的观点都认为，为使独立监管机构具备权威性，应由国务院牵头、由权威政府部门共同参与，这样的独立监管机构本质上还是政府监管，并且各行政监管部门多头监管问题更加严重。如果设立既独立于政府又独立于 CPA 行业的民间职业组织来实施独立监管，其权威性还不如中注协，难以发挥独立监管作用，解决不了我国现存的监管问题。（2）我们不应该再建立政府行政监管为主的监管体制。我国 1980 年恢复 CPA 制度以来，一直实行的是政府行政监管为主的体制（尽管由中注协代为行使行政监管职责）。在这一体制下，政府全面参与 CPA 监管事务，事实证明不利于 CPA 行业的健康发展。《行政许可法》第 13 条规定，凡是通过市场机制能够解决的问题，可以由市场机制去解决；通过市场机制难以解决，但通过规范、公正的中介机构自律能够解决的问题，应通过中介机构自律去解决；即使是市场机制、中介机构自律解决不了需要政府加以管理的问题，也要首先考虑通过事后监督去解决。实施政府行政监管为主的体制的原则是：政府监管能比行业自律监管做得更好，成本更低。但在我国目前转轨型经济时期，政府监管成本比行业自律要大得多。所以我们建议应建立行业自律监管为主、政府行政监管为辅的监管体制。

实行行业自律监管为主、政府行政监管为辅的监管体制，首先应树立行业自律监管为主的观念，凡是与 CPA 行业监管相关的事务，都应以行业协会为主，政府监管是在行业自律监管基础上的再监管。这就要求：（1）政府监管部门在行使监管职权时，应维护行业协会的威信，所有重大监管政策的出台都应本着有利于行业健康发展，避免行政监管的随意性和独断性；（2）行业协会应担负重大监管责任，强化监管措施，改进行业自律监管手段与方法，提高监管效率，让政府行政监管部门和社会公众放心；（3）凡是政府监管部门通过会计信息质量监管追查出CPA行业监管存在的问题，一方面政府监管部门应与行业协会沟通，给予行业协会及CPA和事务所解释的机会，另一方面行业协会应负起行业自律监管责任。其次应分清行业自律监管与政府行政监管的职责。笔者认为财政部门的行政监管职责应包括：（1）发布CPA执业准则；（2）制定我国CPA行业发展规划和建设目标；（3）确定事务所的准入条件；（4）对CPA、事务所与行业协会实施行政监管；（5）对违规CPA和事务所进行行政处罚；（6）维护行业外部秩序，负责沟通和处理CPA行业与其他行政监管部门之间的关系；（7）其他行政监管职能。行业协会的自律监管职责应包括：（1）拟定执业准则，并负责监督检查执行情况；（2）制定我国CPA行业的具体发展计划和实施措施；（3）确定CPA的准入条件并负责CPA与事务所的年检；（4）对CPA和事务所及其执业情况实施日常自律监管；（5）对违规CPA和事务所进行行业惩戒；（6）为CPA提供技术支持和行业援助；（7）其他行业自律监管职能。

二、行业自律监管体制的构建

（一）行业协会的定位

《中注协章程》（2004）第2条规定：注册会计师协会是注册会计师的行业组织，依法取得社会团体法人资格。中注协是CPA行业的全国组织，省、自治区、直辖市注册会计师协会是CPA行业的地方组织。中注协依法接受财政部、民政部的监督、指导。

中注协的经费来源为：（1）会费；（2）捐赠；（3）政府资助；（4）本会依法开展活动或提供服务的收入；（5）其他收入。

从章程本身看，中注协与财政部没有领导与被领导的关系，但实际上，中注协仍是财政部的一个下属行政事业单位。中注协及地方注协的干部任免由各级财政部门决定，人事关系由财政部门管理，经费使用由财政部门做主。在我国，人事关系可能是决定个人或团体言行与独立性的最重要因素，由此我们认为这与中注协“社团组织”的身份是不符的①。

如何给中注协定位？有以下主要观点：

阎达五等（2002）建议，必须明确CPA协会的地位，赋予其全权自我管理的权力。目前“行业管理组织的职能还在维护会员利益与执行政府监管职能之间摇摆”，“各级协会的职能中，哪些是自律职能，哪些是行政职能，确实很难分清”。在当前形势下，如果脱离政府，行业的管理职能很难到位，即使是行业维权，也是一个弱势组织，没有对话的力量。因此，发展我国CPA协会的一个总体要求就是，政府既要赋予其完全自治的权力，

① 因人事问题制约行业发展不是CPA行业特有的，我们期待随着我国人事体制改革的不断深化，届时这一问题会迎刃而解。

又要对其权力的实现给予强有力的保障①。

陈建明（2004）建议，行业协会自律监管应建设成：（1）“桥梁”与“纽带”，希望协会把政府部门、司法部门和 CPA 有效地联系、沟通起来，能够有一个相互交流、相互沟通的平台，在制定政策、准则和制度时，在处罚时反映会员的心声。作为一条纽带，把社会公众和 CPA 有效联系起来，让社会公众了解什么是会计师职业，什么是会计师的审计，什么是会计师的法律责任，在企业、证券市场出现问题后，能够让社会公众真正了解 CPA 应当做什么，不该做什么，该承担什么责任，不该承担什么责任。（2）“家”和“拐杖”，当会员遇到困难、挫折时，希望协会是家，同时又是会员技术上的拐杖，精神上的拐杖。(3)“卫兵”和“宪兵”，要维护会员的合法权益，保护全行业的合法利益，不认为行业应把社会公众的利益放在第一位，因为社会公众利益的调整保护是国家法律、行政、司法部门的事情，而保护会员的合法权益应当是协会的天职。同时对于不能遵守行规，严重损害行业整体利益的会员，要清理门户，清洁环境，维护行业的正常、公平、有序的市场秩序。(4)“和事老”和“推销员”，会员与内外出现纠纷时，尽量化解矛盾，调和有关各方。同时希望协会向全社会推广 CPA 职业，提升行业形象，培养一个学习型组织，提升全行业的影响力。

云南省财政厅课题组（2003）认为：注册会计师协会的性质和地位，决定了注册会计师协会在整个行业建设和发展中的作用，也决定了注册会计师行业在促进我国社会主义市场经济发展中作用的发挥。现行《注册会计师法》将注册会计师协会定位于社会团体，但并没有明确界定注册会计师协会的职能和具体职责范围，使得注册会计师协会的日常管理工作没有相应的法律保障。在当前注册会计师协会隶属于各级财政部门的情况下，无论是对外协调工作，还是在行业内开展工作，有财政部门撑腰，应该说是比较顺利。但是，如果注册会计师协会脱离财政部门，成为纯民间组织，在现有的不是很成熟的市场经济体制下，注册会计师协会要开展工作将会面临许多困难。所以，协会的定位非常重要。如果要贯彻协会的“服务、管理、监督、协调”八字职能，协会就应该成为行业发展的火车头，具有一定的权威性，协会就应该定位为准政府机构，才能实现这八字职能；如果只强调其服务职能，协会将成为行业发展的“保姆”，协会就可定位为与钓鱼协会、球迷协会、集邮协会等民间协会一样的民间组织。

何志尧（2004）认为，民间自治性、共利性、开放性、平等性是行业组织的基本特征。行业协会只有保持民间性，才能更好地发挥其协助党和政府推动经济发展，管理社会事务的作用。第一，要从体制上与政府部门分开，从源头上理顺政府部门与行业组织的关系，彻底解决政社不分的问题，使行业组织回到应有的社会位置上去。第二，理顺行业组织与政府业务主管部门的关系，政府对行业组织应依法管理，而不是事事报批的行政管理，应尊重行业组织独立社团法人地位，重点管好行业组织的章程，监督行业组织按章程办事。第三，按照有关文件精神，落实处级以上干部不兼任社会团体领导职务的问题，由行业会员自选领导，实行行业自我管理。第四，按照自下而上、自发形成、自发建立的原

① 参见阎达五等：《发展我国注册会计师行业的一些思考》，载《中国注册会计师》2002 年第 3 期，第 18～19 页。

则组建行业组织，以充分发挥其民主性和民间性。

刘维（2005）认为，由于我国注册会计师行业恢复于计划经济时期，中国注册会计师协会既是财政部领导的行业监管部门，也是履行自律职能的行业协会，这种双重角色导致其监管职能和行业自律职能都无法正常发挥。作为准政府监管部门，从行政级别看，它比其他政府监管部门级别低，从而难以正常发挥其监管职责。作为行业自律组织，中注协的领导班子由政府监管部门任命，注册会计师行业难以通过中注协履行行业自律职能。而过去十多年政府部门的强度干预又进一步弱化了中注协的自律职能。作者认为，中注协如果不从准政府部门转变为纯粹的行业自律组织，其监管职能和自律职能将成为空话。

曾铁兵（2005）通过研究和比较不同国家和地区注册会计师职业协会的起源和发展问题发现，与其他职业协会相比，注册会计师职业协会有一个很突出的特点，就是兼具自利和公利的双重性，既要维护会员和职业的私利，又要维护社会公众的利益，这使得它与政府始终无法分离，也使得注册会计师职业的“自发秩序”过程始终不会具有完全的自发演进性，因此会充满很多政治性的变数。

叶友等（2004）提出，如果暂时略去不同法律之间的矛盾，根据我国现行法律法规，行业协会不是一个政府机构或准政府机构，而是一个“社会团体”、“民办非企业单位”或者“事业单位”。

余晖（2001）定义了一个广义的治理结构，并把行业协会“作为第五种治理机制”纳入其中，他认为在制度化较强的场合，它甚至被称为“私益政府”。行业协会是具有同一、相似或相近市场地位的特殊部门的经济行为人组织起来的，界定和促进本部门公共利益的集体性组织。余晖总结了行业协会的四种行为方式，包括：（1）组织和（强制）实施成员间的合作行为；（2）与其他协会组织订立集体性合约；（3）变通或影响政府公共政策，以保持和增加其本身和其成员的利益；（4）提供能够影响交易行为和效果的各类信息。也就是说，行业协会是一种管制方式，借助于它，同行业企业相互联合，并将权力授予一个中心组织，以增进共同利益，管制行业内行为，并使行业内成员及那些其战略和行为能危害行业利益的成员之间的关系有序化。

杨兴华（1994）认为，要防止行业协会行政化，避免把协会变成行业管理机构的附属物，行业协会要坚持“民办”的原则。

宋发达等（1994）认为，群众性、民间性和服务性是行业协会的特点，其中服务性是核心，认为协会活动的目的，是服务于会员企业，有利于会员企业。

薛祖云（2005）认为，《注册会计师法》应将协会管理模式及运作体制定位在法制化、民间化和自律化上，在法律上明确协会是依法成立并独立运作的法定专业团体。行业协会应定位在自律化运作机制上，由会员代表大会、理事会及其所属委员会与秘书处三个层次组成，会员代表大会属于最高权力机构，理事会属于决策机构，秘书处属于执行机构，三个层次机构各司其职，相互制约。

康玲、刘洪燕（2010）提出，应理顺注册会计师协会与财政部的关系，使注册会计师协会独立起来，同时要不断建立完善行业自律机制，加强自律组织建设，将注册会计师协会办成真正的“自我发展、自我服务”的自律性组织。

樊千（2008）建议，确立中注协的独立地位。认为中注协的地位和身份问题是困扰我国注册会计师行业监管的一个症结所在。如何将中注协建立成一个完全独立的自律组织，是首先要解决的问题。认为应采取如下措施：为保证中注协的合法性，设立时可以由政府有关部门批准，但与政府部门间不存在直接的领导与被领导关系，财政部为注册会计师行业监督机构而并非管理机构。应当建立统一的、全国性的协会，即“中国注册会计师协会”，各省、自治区、直辖市现有的地方注册会计师协会均改编为中注协的地方分会，各分会依照法律和中注协章程的规定，代表中注协行使在各地的行业自律管理权。各地方注册会计师协会是中注协的分支机构，直接归中注协领导，与地方政府没有直接的领导与被领导关系。

于志飞（2007）建议，应明确注册会计师协会的性质。注册会计师协会可以由注册会计师职业管理委员会授权进行对注册会计师事务所的日常监管，并在规章制度中明确注册会计师协会的权利及义务，以维护中国注册会计师协会本身的独立性、权威性和效率。注册会计师职业管理委员会在每一年度对注册会计师事务所进行抽样检查以监督注册会计师协会是否很好地履行自己的职责。

封桂芹（2009）建议改革中注协的组织体系，使其成为真正的“行业自律组织”。机构设置上与财政部门彻底脱钩。改变各级注协目前实际上仍然作为财政部门下设事业单位的行政隶属关系，与财政部门从行政、人事、党团关系等方面坚决脱钩；协会领导人不再由财政部、审计署推荐，而是由协会会员选举产生；协会经费供给完全依靠会员缴纳会费、捐赠、依法开展活动或提供服务的收入等，不再依靠财政拨款。

笔者认为，CPA行业协会应独立于政府行政部门，其人事权（含秘书处）独立于财政部门，按协会章程选举产生，成为真正意义上的“社团组织”。只要法律赋予CPA行业协会监管CPA与事务所的职权，且协会不断加强自身建设，履行好自律监管职责，协会将有美好的前景和发展空间。协会靠扎实的监管工作树立权威，当然也需要财政部等政府部门的大力支持。但不能因为其具有维护社会公众利益的职责就保持“准政府”性质。

地方注协当然首先要独立于地方财政部门，协会各类负责人由会员代表大会选举或协会章程规定的其他程序产生，彻底摆脱行政机构作风。地方注协接受中注协的业务领导，逐步成为独立的地方CPA职业监管组织①。为保持其监管权威性，仍需地方政府及财政部门给予相应的政策支持。

（二）注协自律监管体制构建

笔者认为，行业自律监管体制的构建主要包括五个层次的内容：一是通过加强注协监管部的体制建设，提高监管质量，保证监管效果；二是通过加强对会员的准入、年检和诚信监管体制建设，保证会员质量；三是通过建立专门机构，负责执业准则的具体实施；四是完善专门委员会建制，健全监管职能；五是明确界定中注协与地方注协的监管职责权限，提高监管效率。

1. 加强注协监管部体制建设。建议借鉴AICPA的经验，在中注协成立上市公司（或证券）监管部和非上市公司（或非证券）监管部。监管部是注协具体负责CPA行业监管

① 我国经济还处于转轨时期，地方注协脱离中注协，完全成为类似美国州一级注册会计师协会那样独立的职业组织的条件还需要一段时间。

的部门，其体制建设将决定行业自律监管水平。为此建议强化上市公司监管部的力量，由上市公司监管部直接负责证券从业资格的 CPA 及事务所①自律监管，与财政部、证监会的行政监管密切配合，形成强大的监管合力，从而切实提高上市公司的审计报告质量与已审财务会计报告的可信度；非上市公司监管部负责其他 CPA、事务所及所有的非证券相关业务执业活动的自律监管的领导工作，具体监管职责由地方注协履行。

地方注协主要负责监管 CPA 及事务所从事的非证券相关业务的执业活动。不用分设上市公司监管部和非上市公司监管部。

2. 通过加强对会员的准入、年检等监管体制建设，保证会员质量。首先必须完善 CPA 考试制度，把好入门关。我国自 1991 年开始实行 CPA 全国统考，至今成功举办 20 次考试，已有近 16 万人通过全部科目考试，及时为我国 CPA 行业选拔出优秀专业人才。但是考试科目、考试难度、考题类型、考试组织管理是否最优？英美等国考试制度都在调整改进②，我国应如何改进需深入研究。其次要进一步完善 CPA 与事务所的年检制度，通过严格年检促使 CPA 与事务所恪守职业道德，严守执业规范，诚实守信。确保从组织机构的合法性、规范性和执业会员资质等方面保证会员质量。

3. 建立专门机构，负责执业准则的具体实施。与 CPA 监管理论与实务相比，我国的执业准则建设比较超前，现已具有与国际接轨的完整的准则体系，如果每个 CPA 都能严格遵守执业准则，就可以大大提高审计质量，减少行业监管的工作量。但从监管结果看，每一宗 CPA 审计失败案都是未遵守执业准则。比如，我国大部分事务所都建立了“三级复核”制度，但多数是流于形式，CPA 审计质量的根源在于独立性和专业胜任能力，而独立性的保障和专业胜任能力的提高，在外部需要严格的民事法律责任机制，在内部需要有效的质量控制，我国的质量控制准则基本与国际接轨，是什么使这些品质优良的制度被束之高阁呢？李若山认为（2003）出现这种现象的原因有三个：一是事务所规模小，从业人员素质不高，业务额和从业人员少，这些因素导致事务所行为短期化，而质量控制是基于长期发展的一项战略投资；二是民事责任法律制度长期缺位，只有在执业风险很大的情况下，事务所才会理性地进行质量控制建设的长期投资；三是我国审计市场还没有发育成熟，无序竞争、低价竞争盛行，证券市场对高质量审计的需求不足，市场还不能有效地

---

① 中注协上市公司监管部是监管具有证券资格 CPA 与事务所的全部活动，还是只监管他们所从事的证券相关业务，需要进一步探讨，我们认为目前应只监管其从事的证券相关业务即可。

② 英国 ICAEW 考试分为两个层次，第一层次为职业级考试，考六个科目：会计、审计与鉴证、企业财务、企业管理、财务报告和税法，每科考试 3 小时，每年 4 次考试；高级考试有 3 个科目：两份试卷为高级技术胜任能力测试，另一份试卷为高级案例分析，前两科考试时间为 3.5 小时，案例分析 4 小时，每年考两次。要求考生在 3 年内的 6 次考试通过全部科目考试。学生通过职业级考试后，将发给职业会计证书，通过高级考试并完成 3 年培训计划后，将取得特许会计师证书，并成为 ICAEW 的会员。美国 2003 年起，考试科目调整为 4 门：财务会计与报告、审计、商法与职业责任、商业理念与经营。同时从 2003 年开始改用计算机方式进行考试，每年设置 4 个考试窗，每季度前两个月为考试窗，第三个月为发布成绩时间，在考试窗时间内，考生可以随时参加考试，但每人在每个考试窗内只能参加 1 次考试，考生应在 18 个月的 6 次考试中通过所有科目考试。参见恒毅：《英国、美国、德国的 CPA 考试制度比较》，载《中国注册会计师》2005 年第 12 期，第 60 ~ 61 页。

区分审计质量。笔者还认为，CPA 与事务所不遵守执业准则与监管不到位是分不开的，如果只制定准则而不管其落实情况，再好的准则也会形同虚设。

因此，建议在中注协与地方注协都增设“职业道德部”，专门监管准则实施情况。职业道德部的主要工作一是与培训部、国家会计学院、大专院校会计学院系等联合，确保每个会员学习准则、理解准则，熟练运用准则；二是配合执业检查、同业互查、行业互查等检查 CPA 在执业过程中是否严格依据执业准则。

4. 进一步加强专门委员会建设，并真正发挥其作用。中注协成立了 7 个专门委员会和 1 个专业委员会。并已制定各委员会暂行规则。但各委员会工作成效参差不齐，整体发挥作用不够。

笔者认为，中注协成立的专门委员会及制定的暂行规则是比较合适的，与我国现阶段强化行业自律监管的要求一致。但在运作过程中需注意以下问题：第一，要让惩戒委员会、申诉委员会和维权委员会真正发挥作用，切实履行暂行规则中规定的职责（审计准则委员会在这方面做得比较好），否则会形同虚设；第二，惩戒、申诉和维权委员会成员中，注册会计师委员多在半数以上，虽然规定有回避原则，但如何保持专门委员会委员的独立、客观、公正姿态？应有进一步的细则；第三，惩戒、申诉和维权委员会在行使职责时，应把握均衡的尺度，贯彻中注协章程中监管与服务并重的思想。

地方注协也设置了一些专门委员会，设置数量和名称不尽一致。据我们了解，到目前为止，除了惩戒委员会外，其他委员会基本未行使职责。为此笔者建议：（1）地方注协设置的专门委员会无论如何称谓，但都应包含调查、鉴定、惩戒和维权等基本职能。调查包括两个方面内容：一是地方注协接到对某 CPA 及事务所在执业过程中过错的举报或投诉；二是 CPA 及事务所认为在执业中受到不公正待遇，请求协会维权，协会进行的调查。鉴定是对被调查的 CPA 及事务所有无过错、过错的性质和情节轻重进行鉴定，作为惩戒的依据。惩戒是对已调查清楚的 CPA 及事务所的违规违纪行为进行的处罚，依据《中国注册会计师协会会员违规行为惩戒办法》进行惩戒。维权包括接受对惩戒不服的 CPA 及事务所的申诉，为受到不公正待遇的 CPA 及事务所仗义执言等。（2）地方注协的专门委员会应服从中注协的统一安排，负责本地 CPA 及事务所的调查、鉴定、惩戒和维权，对于特别重大的事件交中注协处理。

5. 完善从中注协到地方注协的自律监管体制，并界定各自监管职责。中注协与地方注协对 CPA、事务所及他们从事的执业活动进行监管时，应有明确的职责分工。中注协负责监管：（1）具有证券从业资格的 CPA；（2）具有证券从业资格的事务所；（3）具有证券从业资格的 CPA 与事务所从事的与证券相关的业务活动；（4）对地方注协履行职责情况的监管。地方注协负责监管：（1）本地区非证券从业资格的 CPA；（2）本地区非证券从业资格的事务所；（3）所有 CPA 与事务所（含本地、外地，具有证券从业资格或非证券从业资格）在本地从事的非证券相关业务执业活动。（4）中注协指定的其他监管任务。

三、财政部门行政监管体制的构建

我们认为应从以下几个方面着手构建政府行政监管体制：一是由国务院认定财政部门

是我国 CPA 行业的行政监管部门，理顺财政部门与其他政府监管部门的关系；二是协调好财政部门内部各司局的关系，分清监管职责；三是完善财政部门监督检查机构的行业行政监管体制。

（一）理顺政府监管部门之间的关系，明确财政部门的主导地位

政府监管需要以一个部门为主导，如美国的 SEC、英国的贸工部、日本的大藏省等，而我国有多个政府监管部门：包括财政部、证监会、审计署、中国人民银行、国家工商行政管理局、税务总局、民政部等。虽然《注册会计师法》明文规定财政部门“依法对 CPA、会计师事务所和注册会计师协会进行监督、指导”，是我国 CPA 行业的行政监管部门，但如前述，《注册会计师法》、《审计法》、《证券法》等法规之间关于 CPA 行业监管有冲突，当监管机构之间存在不一致时，没有明确以谁为主，哪个部门更权威。在我国，无论从历史渊源还是专业管理能力，都应将财政部门作为 CPA 行业的行政监管主导部门，所以应在相关法规中进一步认定财政部门是 CPA 行业的行政监管部门。证监会、中国人民银行等部门可与财政部门一起确定市场准入标准，如事务所的规模、内部控制、信誉、胜任能力等应达到的水平，但不应再设定另外的资格，更不能用行政权力圈定业务，指定某类事务所为其服务，制造 CPA 行业的不公平竞争。证监会等部门可以通过证券市场会计信息监管追查监管 CPA 和事务所，但对 CPA 及事务所的行政处罚应由财政部门统一执行。审计署的主要精力是国家审计的实施与监管，如果业务中涉及 CPA 与事务所的，其行政处置问题也应交财政部统一执行。财政部门以外的行政监管部门只能对 CPA 及事务所实施间接监管，各监管部门在实施对 CPA 行业间接监管时应主动与财政部门沟通，财政部门也应与相关政府部门互通信息，相互配合，特别要避免多头监管，重复检查。

（二）协调财政部门内部各司局之间的关系，明确监督检查局的核心作用

19 号文规定，财政部会计司负责批准设立会计师事务所、对注册会计师的注册情况进行备案等行政职能；财政部监督检查局负责对会计师事务所、注册会计师的监督检查和行政处罚；财政部条法司负责对 CPA 及事务所行政处罚事项的听证、行政复议等工作。

财政部门内部各司局应建立有关 CPA 行业监管的协作机制，以监督检查局为核心实施对 CPA 行业的行政监管。首先监督检查局应与会计司合作，充分运用“CPA 行业监管信息系统”资源，结合 CPA 与事务所的报备制度，掌握 CPA 与事务所的诚信记录，确定对 CPA 及事务所的监管重点。其次与条法司合作，及时向条法司提供监管中存在的法规问题，提出修改有关法律法规的具体建议。监督检查局和会计司、条法司等司局共建共享 CPA 行业日常监控系统，避免财政部门内部对事务所的多头检查与处罚。建立 CPA 行业行政监督工作报告制度和工作督导制度。切忌在财政部门内部出现扯皮、不配合等现象。

（三）完善财政部门监督检查机构的纵向监管体制

目前财政部门对 CPA 行业实施行政监管的体制安排是：财政部监督检查局负责全国 CPA 行业行政监督工作的总体规划、政策研究和监督指导工作，并直接或组织开展全国范围内的重点检查和处罚工作；专员办根据财政部的授权，有重点地开展 CPA 行业的监督检查工作；省级财政部门监督检查机构负责本行政区域内 CPA 行业的行政监督工作。

笔者认为应从以下几个方面完善监督检查机构的行政监管体制：

（1）监督检查局（四处）应与中注协一致，设立上市公司监管部和非上市公司监管

部。上市公司监管部应加大监管力量，重点监管从事上市公司审计的 CPA 与事务所，负责与证监会和中注协就证券市场审计事务进行沟通，统管证券市场 CPA 行业监管的行政处罚工作。非上市公司监管部负责全国非证券市场 CPA 行业行政监管的领导工作，负责制定行政监管总体规划，行业重要监管政策，指导专员办和地方财政部门制定监管策略。

（2）专员办是财政部派驻地方的财政监察机构，专员办会计处具体负责落实财政部监督检查局对 CPA 行业的日常行政监管工作。由于专员办会计处的主要职责是会计信息质量监管，CPA 行业的行政监管没有体制保证。所以建议专员办增设 CPA 监管处，专司 CPA 监管事务。

（3）省级财政部门应设立单独的 CPA 监管处。现在由一人兼顾 CPA 行业监管事务不可能完成本地区 CPA 行业的行政监管职能，如果仍交地方注协代为负责 CPA 行业行政监管任务，地方注协的自律监管职能就不可能很好履行，监管体制也就无法理顺。

四、监管队伍建设

前已述，无论财政部、中注协还是证监会，从中央到地方，其监管人员缺口都太大。因此监管队伍建设也是加强体制建设的重要内容。本书将监管队伍建设放在“第四章”，与同业互查人员选拔一并讨论。

第四章　CPA 行业监管方法研究

CPA 行业监管的方法主要包括实地调查法、网上信息监控法、抽查法、详查法、现场监管法、非现场监管法、同业互查法、舞弊导向监管法等。本章首先概述、评论美英等国家 CPA 行业监管方法，然后分析我国监管方法现状及存在的问题，最后提出改进我国 CPA 行业监管方法的思路。

第一节　美英等国家 CPA 行业监管方法变革研究

英国最早确立 CPA 行业监管制度，而美国的 CPA 行业监管方法更具有代表性，所以本章先研究美国的 CPA 行业监管方法变革。

一、美国 CPA 行业监管方法发展概述

同监管体制的变迁一样，监管方法也是由会计造假案催生，在审计失败案中得到快速发展。本节通过典型案例分析美国 CPA 行业监管方法的发展。由于监管方法的变革与行政法规、行业准则、行政处罚、经济杠杆、自律管理等监管手段发展密切相关，所以本节在论述监管方法变化时会涉及监管手段的发展。

（一）1933 年《证券法》对 CPA 职业责任的规范及对行业监管的影响

1934 年美国证券交易委员会（SEC）成立之前，美国的 CPA 行业基本上是一个靠市场力量来约束的自律的行业。没有专门的法律、准则约束 CPA 的执业行为，当 CPA 发生审计过失时，没有对应的责任追究办法。正是由于 1929—1933 年美国经济危机前的一系列审计案例，促成《1933 年证券法》对 CPA 职业责任作出严格规定。

案例 4-1，斯特公司审计案例（或称为厄特马斯对塔奇案 Ultramares Corporation vs. Touche）①：1924 年 3 月，斯特公司向厄特马斯公司申请贷款 10 万美元，厄特马斯公司是一家主要从事应收账款业务的金融公司，它要求斯特公司管理当局出具一份经审计的资产负债表。正好斯特公司已经请著名的塔奇与尼文会计师事务所对 1923 年的资产负债表进行了查证，事务所签署了无保留意见审计报告。事务所清楚地知道斯特公司将用这些审计报告向银行申请借款。已审资产负债表显示，斯特公司总资产超过 250 万美元，净资产近 100 万美元。厄特马斯查阅了审计报告和已审资产负债表后，向斯特公司提供了 10 万美元的贷款。1925 年 1 月，斯特公司宣告破产，法庭证词表明，宣称净资产 100 万美

---

① 本案例参照了李若山：《审计案例——国外审计诉讼案例》，辽宁人民出版社 1998 年版，第 7～17 页和 Arens、Elder、Beasley，*Auditing and Assurance Services*（Ninth Edition）2003，p. 115.

元的斯特公司在 1923 年底已经资不抵债。斯特公司的会计人员以虚构公司巨额会计分录的方法向审计人员隐瞒了公司濒临破产的事实，其中最大一笔虚构分录是将 70 万美元的虚假收入记入应收账款借方。斯特公司破产后，厄特马斯为追回经济损失，起诉了塔奇与尼文会计师事务所，状告事务所应对此欺诈案负责。由于当时法律没有规定 CPA 应向没有合同关系的第三者负责，法庭认为，CPA 的确存在过失，但判定 CPA 不应因无意过失对超出原合同约定范围之外的第三者承担责任，除非第三者是合同的主要受益人。法庭认为，只有就有关服务与 CPA 签订了合同的人，才有权起诉 CPA 在提供服务中的过失行为。

厄特马斯案件后，美国 1933 年颁布的《证券法》对审计人员施加了一种非同寻常的法律责任，即证券的原始购买者可以根据该法从 CPA 那里得到赔偿①。在此之后，SEC 开始对 CPA 行业自律进行监督。SEC 对国会负责，在利益上独立于会计师事务所和上市公司，《证券法》赋予 SEC 制定上市公司财务报表规则的权利②，但它将规则制定权委托给了精通会计事务 AICPA（及后来的 FASB），只是保留了最终监督权和否决权。由此，CPA 行业自律监管由 AICPA 负责，SEC 负责行政监管及对行业自律的监督。

SEC 对 CPA 行业实施政府监管的主要目的是为了保护广大投资者利益，使其免受不合格审计报告之害。SEC 对不遵守职业行为的处罚措施主要有以下几种：（1）公开谴责；（2）惩戒；（3）暂停或永远不得执行 SEC 业务；（4）移交司法机关处理。

（二）AICPA 发布与计算机审计相关的准则

20 世纪 70 年代前，信息技术发展尚处于起步阶段，只有少数企业运用计算机记账，所以当时 AICPA 已发布的审计准则中没有涉及计算机审计问题。美国权益基金公司审计案例促成 AICPA 发布与计算机审计相关的准则。

案例 4-2、美国权益基金公司审计案例③：1960 年，四个美国人创建了一家美国权益基金公司，公司的基本业务，是销售人寿保险单和“基金项目”，公司在 1964 年股票上市之后，很快被公认为是这个极端保守行业中，最富创新精神的公司之一。1972 年，权益基金公司已经跻身于全美十大人寿保险公司之列，拥有 5 亿美元的总资产，而在 8 年前公司上市时，总资产仅有 900 万美元，公司的税前利润从 62 万美元增加到 2600 万美元。1973 年春，一个对公司心怀不满的前员工，透露了公司内部存在着极大的财务欺诈行为，这件事使得权益基金公司在几周之内濒临破产。法庭委托塔奇·罗丝会计师事务所对权益基金公司进行了周密审计，结论是：这家公司发行了超过 20 亿美元的伪造保险单，这些

---

① 这个案件确立了一个先例，即普通过失不足以构成对第三者承担法律责任，也称为厄特马斯原则。然而在厄特马斯案例后的审判中，法庭指出，如果 CPA 存在欺诈或重大过失，就应对更广泛的第三者承担法律责任。

② 1933 年美国《证券法》第 19 节“委员会的特别权力”规定：委员会有权随时制定、修订或废除相关条例和规则，包括那些管理各种不同档次的证券和发行人的注册报表的条例和规则及所使用的会计方法、技术和交易条件。参见财政部《注册会计师法》修订工作小组编译的《世界部分国家和地区注册会计师法规集》1933 年《证券法》，第 13 页。

③ 本案例参照了李若山：《审计案例——国外审计诉讼案例》，辽宁人民出版社 1998 年版，第 41 ~49 页。

伪造保险单的大部分被售给再保险公司。权益基金公司特大舞弊案最惊人的特点是：该公司早在60年代初就采用计算机记账，而负责该公司审计的CPA不懂计算机，公司董事长发现该CPA不懂计算机时，就指使手下人篡改会计数据，并利用将CPA诱到外面进餐的机会，偷看CPA的工作底稿，将计算机数据伪造成符合CPA所需要的标准。该案作为首例上市公司计算机会计舞弊案件，在美国轰动一时，各大报刊连续9个月连篇累牍地报道此案件，并将批评的矛头指向SEC和AICPA。于是AICPA在案发一年之后的1974年颁布了《审计准则说明书第3号——检查和评价内部控制对EDP的影响》，详细规定了对实行电算化会计系统的公司，应如何开展审计的行为规范。

（三）POB推出同业互查等监管方法

20世纪70年代，美国出现了自30年代经济危机以来最为严重的一系列重大审计失败案①。这些审计案例促成AICPA全面革新监管方法，成立POB，推行对监管方法产生重大影响的"同业互查法"。现就部分案例进行分析。

案例4-3，马蒂尔公司——生产"芭比娃娃"的美国最大玩具上市公司审计案例②：1945年，艾琳特、罗丝·爱德拉与她们的朋友建立了一个小玩具公司，被称为"马蒂尔"小玩具公司。1971年，财务分析家一致认为，马蒂尔公司是全美发展最快的公司之一，当年的财务报表显示，公司的税前净利3400万美元，销售额2.75亿美元，普通股价格高出面值50倍，成为投资者的抢手货。但从70年代开始，公司开始出现一系列严重的财务问题。由于公司经营决策失误，导致公司在1972年亏损约3000万美元，1973年公司颁发一个公告，表明1973年财务状况比上一年有所好转，但新接任副总裁对公司财务报表仔细研究后发现，1973年公司遭巨额亏损，亏损额远大于1972年，他不得不将真相公布于众，由此股票价格一落千丈，愤怒的股东准备起诉公司管理当局。SEC决定对公司财务予以调查。1975年马蒂尔公司新董事长上任后，颁布了一份由普华会计师事务所执行调查的长达500页的报告，详细阐述了公司管理当局如何精心伪造巨额虚假利润的细节，也披露了安瑟·安达信会计师事务所是如何开展审计工作的。普华会计师事务所对安达信会计师事务所的执业持批评态度，普华认为，安达信执行的审计程序和测试是不完善的，从保留的工作底稿看，他们应对某些事项或信息作进一步的审计，由此应该可以发现财务报表中的虚假信息。1977年，安达信会计师事务所同意支付约90万美元的现金给马蒂尔公司的股东们。1981年6月，SEC对马蒂尔公司案件调查后指出：安达信会计师事务所的CPA由于某些审计程序的错误，妨碍原本应能够发现的事实。CPA抱着以往的信念，按过去的审计程序，墨守成规地执行审计，并出具了无保留意见审计报告。安达信后来断然出台6项审计措施更正错误。

70年代美国的一系列审计失败案导致美国国会参众两院于1977和1978年间，就如何加强CPA行业监管、切实保护公众利益等问题举行了一系列的听证会。国会在调查过程中，发现很多公司都存在会计造假现象，于是对CPA进一步提出了质疑，CPA为什么

---

① 由于资料所限，此处选出的也许不是最具代表性的案例。

② 本案例参照了李若山：《审计案例——国外审计诉讼案例》，辽宁人民出版社1998年版，第240～257页。

没有发现和阻止这些违法行为？最后，参众两院都要求重新建立CPA行业监管制度，改进监管方法。

AICPA为了避免政府部门对行业监管的全面介入，向国会提出了允许CPA行业实行自律监管的请求。AICPA为此成立了POB，推出事务所之间交叉检查的同业互查（peer review）制度，该制度是美国此次完善CPA行业自律监管方法的标志。本节下一问题将专门探讨同业互查。

POB成立后，SEC对CPA行业实施监管的主要是评价POB执行监管计划的有效性。评价方法主要是：复核同业互查小组编制的工作底稿，复核POB的工作底稿。

（四）PCAOB成立后推出一系列强制监管方法

安然事件前，美国的CPA行业自律监管体制与方法被公认为是世界上最好的。美国发生的安然、世界通信等一系列恶性财务欺诈案，对美国乃至全球的CPA行业产生了深刻影响，同时也严重挫伤了美国经济恢复的元气，重创了投资者和社会公众的信心。这些事件发生后，美国政府、立法部门、行业组织以及社会各界人士对事件发生的原因进行了全面反思，并从不同角度提出了改革建议和措施。最有影响力的是美国国会参众两院于2002年7月推出了萨班斯法案，成立PCAOB，并经布什总统签署成为正式法律。

案例4-4，安然公司审计案例①：安然公司成立于1985年，是由美国休斯敦天然气公司和北方内陆天然气（InterNorth）公司合并而成，公司总部设在美国德克萨斯州的休斯敦，首任董事长兼首席执行官为肯尼斯·雷，他既是安然公司的主要创立者，也是安然公司创造神话并在后来导致危机的关键人物。安然公司在肯尼斯·雷的领导下，经历了四大步跨越，从名不见经传的一家普通天然气经销商，逐步发展成为世界上最大的天然气采购商和出售商，世界最大的电力交易商，世界领先的能源批发做市商，世界最大的电子商务交易平台，一步一个高潮，步步走向辉煌。业务覆盖40多个国家和地区，为全球最大的能源供应商。从1998到2000年，营业额从310亿元提高到1000亿元，2000年利润10亿美元，股价最高90多美元，列《财富》杂志500强第7，连续4年获“美国最具创新精神”的企业称号。

2001年10月16日安然突然公告称，前3季亏6.18亿美元。2001年11月，安然在与审计师安达信协商后，向SEC报告，对1997年至2001年第二季度的财务报告重新编制，承认高估利润5.91亿美元，隐瞒负债25.85亿美元。2001年12月2日安然申请破产保护，成为美国历史上最大的企业破产案。股价由最高时的90.75美元跌至50美分。安然和安达信的主要问题如下：

1. 安然复杂的企业结构

从20世纪90年代中期开始，安然通过资本重组，建立复杂的公司体系，其各类子公司和合伙公司数量超过3000多个。这3000多家企业形成错综复杂的关联链条，共同组成一个典型的“金字塔”式的关联企业集团。

安然编织关联企业网的具体做法，一是纵向持股，二是横向持股。纵向持股的做法是，安然在做关联交易和融资的时候，当一个子公司的融资能力到了某种极限时，就把类

① 参见中注协：《安然事件及其启示》，载《行业发展研究资料》（No. 2002—6）（杨松堂执笔）。

似的这样几家企业组成一个新的控股公司，然后再以新公司的名义去融资，如此往复。例如，作为起点的安然公司（A 公司）以 51% 控股了 B 公司，B 公司再以同样的方式控股 C 公司，尽管 A 公司实际只拥有 C 公司 25.5% 的股份，仍能完全控制 C 公司。C 公司再以同样的方式控股 D 公司，如此不断循环，控股链层越来越多，实现控股所需的资金越来越少。到了 H 公司时，由于 A 持有 H 的权益只有几个百分点，合并报表时，H 的财务状况不会反映到 A 上来，但 A 实际上完全控制着 H 的行为，可以通过它举债融资，也可以通过它做关联交易转移利润。横向持股的做法是，从 B 公司到 H 公司的多个层次上相互交叉持股，编制出一个有无数个节点、结构复杂的公司网络。通过这样纵横交错的排列组合，最后发展出 3000 多家关联企业。

2. 安然控股子公司的组织形式

美国企业组织形式种类繁多，不同的组织形式税收负担是不一样的。由于安然控股的子公司非常多，公司之间的关联交易也非常多，为减轻税收负担，安然必须考虑其子公司的组织形式问题。美国普通公司需缴纳个人和公司双重所得税，但独资公司、合伙企业、有限责任公司无需缴纳双重所得税，只需股东缴纳个人所得税，由于独资企业和合伙企业法律要求非常严格，股份流动能力小，流通成本高，所以安然的控股公司最后选择了有限责任公司形式。这里需要说明的是，美国的有限责任公司与中国不同，美国的有限责任公司满足一定的条件，可以不缴纳公司所得税。

安然复杂的公司结构中，公司的一些高级管理人员在下属的子公司中兼职，子公司之间的管理人员也相互兼职，这使得公司的关联交易与个人利益交织在一起，如安然公司的财务总监法斯托在好几个下属公司有兼职，从这些公司得到的好处达 3000 多万美元。由于有了个人利益，做假的动机会更加强烈。

3. 安然的关联交易方式

安然的关联交易方式多样，十分复杂，最典型的主要有四种：一是大量使用股票提供担保来进行融资；二是以出卖资产的收入作为业务收入，虚构利润，而出卖资产多在关联企业中进行，价格明显高于市场正常价格；三是不断制造概念，使投资者相信公司已经进入高增长、高利润的领域（如宽带通信等）；四是很多交易是在关联企业中进行"对倒"，通过"对倒"创造交易量，创造利润。

4. 安然的财务报表问题

安然在财务方面存在的问题主要体现在四个方面：第一，安然以复杂的财务结构掩盖存在的问题。为支持安然爆炸般的增长速度，与安然复杂的公司网络和关联交易一样，安然的管理层创造出一套非常复杂的财务结构，不仅一般投资者无法看懂，就连华尔街的分析师和会计学教授都难以解读。安然利用复杂的财务结构，肆无忌惮地虚构利润，隐匿债务。第二，在会计处理上，安然率先采用了一些技术，使公司能够记录尚未创造收入的长期合同的盈亏资料。例如，安然采用了一种叫"盯市（mark-to-market）"的会计制度，这种会计制度允许安然和其他能源类公司从账面上提高其当期净收益，而这些合同在 10 年或更长的时间内不一定能够实现。第三，安然公司自定会计条目。为了降低其财务报表的负债额，安然通过所谓的"特殊目的实体"（SPE）等方式，增加了不记入资产负债表的交易业务。第四，安然钻了美国公认会计准则（GAAP）的空子，在财务报表中不如实反映负债。根据 GAAP 的规定，对于股权不超过 50% 的子公司，无须合并其财务报表。安然子公司的负债在安然本身的资产负债表中体现不出来。这种做法大大降低了安然的资产负债率。

负责调查美国安然案的安然特别小组特别检察官约翰·休斯顿（John. Hueston）则认为：安然丑闻的主要原因是公司高管向公众撒谎，而不是安然的创新商业模式存在问题。据休斯顿介绍，安然的主要非法交易是制造假账，即长期通过复杂的财务合伙形式掩盖巨额债务并虚报盈余，同时公司高管暗中抛售股票进行内部交易。休斯顿还提醒广大投资者注意上市公司的以下警告信号：异乎寻常的快速增长和收益率（与同行业的其他公司对比后）；异乎寻常的资产负债表变化及趋势；在非正常的商业过程中发生的重大关联交易；过度复杂的组织结构，包括众多异常的法人实体等①。

5. 安然崩塌对美国经济的影响

安然事件与美国 9·11 事件、世界通信公司会计造假案和安达信解体，被美国证监会前主席哈维·皮特称为美国金融证券市场遭遇的“四大危机”，可见安然事件对美国经济的影响之大。安然事件对美国经济的影响是多方面的，有直接的，也有间接的，有些影响现在还难以估量。（1）安然的财务危机严重影响了美国乃至全球股市。（2）安然的财务危机给汇市、债市、期市、金市带来很大影响。（3）引起一系列企业倒闭的连锁反应。安然破产后，一批有影响的企业舞弊案相继暴露出来，IBM、思科、施乐 J. P. 摩根大通银行等大企业也传出存在财务违规行为，同时美国企业还引发了一系列破产风暴。自 2001 年 12 月 2 日，安然公司申请破产后，美国又有几家大企业宣布申请破产保护，他们是：2002 年 1 月 22 日，美国第二大零售商凯马特因资不抵债而申请破产保护，该公司资产总额达 170 亿美元；2002 年 1 月 28 日，美国环球电讯公司由于债台高筑，向纽约破产法院申请破产保护，该公司在破产申请文件中列出的资产为 224 亿美元；2002 年 6 月 25 日，全美第六大有线电视公司 Adelphia 宣布，该公司及其 200 余家子公司已在纽约申请了破产保护；2002 年 7 月 21 日，美国第二大长途电话公司世界通信公司宣布申请破产保护，从而以 1070 多亿美元的资产超越安然，创造了美国最新的破产案记录。这一系列的破产案，使美国金融市场进一步遭到打击。（4）由于安然的发展很大程度靠资本市场的运作，因此安然的破产拖累一批银行。

6. 安达信的基本情况

安达信公司（Arthur Andersen）成立于 1913 年，由美国芝加哥大学教授阿瑟·安达信先生创建，自成立以来，一直以其稳健诚信的形象被公认为同行业中的“最佳精英”。1916 年，安达信公司成为业内首家采用一套正式招聘大学毕业生计划的专业会计师行。1924 年，统一所有办事处，确保以“同一声音”对外。1932 年，在经济大萧条时期，安达信公司因帮助一家处在破产边缘的能源公司扭转了经营状况，开始得到业内外的尊重，不少全国性的银行和金融机构都聘请安达信做顾问。1955 年在墨西哥城开设首家美国以外的分公司。20 世纪 70 年代初，在伊利诺伊州查理斯市成立全球培训中心。1972 年开始在亚洲开拓业务，开设香港和新加坡分公司。1973 年，向公众发布首份由国际专业会计

---

① 参照新华社电，发表于《中国证券报》2007 年 11 月 8 日，A07 版。

师行编制的年报。1979年，成为全球最大的会计专业服务公司，合伙人多达1000多人。1987年正式进入中国市场，后在中国设立合作制会计师事务所——安达信华强会计师事务所。20世纪90年代以后，安达信与普华永道（PWC）、毕马威（KPMG）、安永（E. Y）、德勤（D. T）一道成为全球最大的五大会计师事务所。1987年后，安达信不仅主营业务收入增长很快，而且不断拓展新的业务领域，在保持传统的审计和税务咨询业务的基础上，安达信还将其公司重新定位，开拓出企业财务、电子商务、人力资源服务、法律服务、风险咨询等业务。到2001年，安达信在全球84个国家和地区拥有4700名合伙人、85000名员工，业务收入高达93亿美元。

7. 安达信在安然事件中扮演了什么角色？

从安然成立时起，安达信就开始担任安然公司的外部审计工作。20世纪90年代中期，安达信与安然签署了一项补充协议，安达信包揽安然的内部审计工作，同时也负责安然公司的咨询业务。再后来，由安达信的前合伙人主持安然公司财务部门的工作，安然公司的许多高级管理人员也有不少是来自安达信。从此，安达信与安然公司结成牢不可破的关系。

在安然事件中，人们指责、质疑安达信始于2001年11月下旬，安然公司在强大的舆论压力下承认自1997年以来通过非法手段虚报利润达5.86亿美元，在与关联公司的内部交易中不断隐藏债务和损失，管理层从中非法获益。这一消息传出，立刻引起美国资本市场的巨大动荡，媒体和公众将讨伐的目光对准负责对安然公司提供审计和咨询服务的安达信公司。人们纷纷指责其没有尽到应有的职责，并对其独立性表示怀疑。

美国公众和媒体指责、怀疑安达信在安然事件中的不当做法主要有：

首先，安达信明知安然公司存在财务造假的情况而没有予以披露。安然公司长时间虚构盈利（从1997年到2001年虚构利润5.86亿美元），隐藏债务，作为十多年来一直为安然公司提供审计和咨询服务、在会计行业声誉卓著的安达信不可能不知道内情；其次，安达信承接的安然公司的业务存在利益冲突。安然为了降低成本，安达信为了增加收入，安达信不仅接管了安然多家公司的会计工作，包括在1994年至1998年受聘为安然内部审计师，并全面负责安然的咨询工作，同时，安达信又承担安然的审计工作，如2001年，安然向安达信支付的费用达5200万美元，其中2500万是审计费用，2700万是顾问费用，这种做法被指存在利益冲突。再次，安然公司财务主管人员与安达信存在利害关系。安然公司数名掌管财务的高层来自安达信，如安然的会计主任加入公司前为安达信高级经理。安然的财务总监大学毕业后曾在安达信任审计经理。这有损于CPA的独立性。最后，销毁文件，妨碍司法调查。安达信的一名合伙人在得知美国SEC将对安然公司展开调查后，下令销毁为数不少有关安然的文件和电子邮件，这种行为严重违反职业操守，并涉嫌妨碍司法调查。

2002年10月16日，美国休斯敦联邦地区法院对安达信妨碍司法调查作出判决，罚款50万美元，并禁止它在5年内从事业务。这是安然公司2001年底宣布破产后的第一起相关刑事判决，也是妨碍司法调查罪最严厉的处罚。安达信在其过去20年中，有十几次涉嫌忽视、隐瞒客户的财务问题，不过每次都达成和解，但这次没能逃脱法律的制裁。

安达信最终于2002年宣告解体。

安然等事件后，根据萨班斯法案的要求，美国成立公众公司会计监管委员会（PCAOB），对 CPA 行业实行独立监管。原有的 POB 和 SECPS 的部分工作都转由 PCAOB 来承担。相对于原来由这两个部门承担的职责，PCAOB 拥有强有力的调查和处罚权，并且保持独立运作，自主制订预算和进行人员管理。

PCAOB 强制要求执行或参与上市公司审计的会计师事务所必须向 PCAOB 注册登记，并缴纳有关费用，该费用包括“注册费”和“年费”，从而区别于以往 SECPS“软弱”的自愿方式，这也是 PCAOB 的经费来源，PCAOB 没有接受任何的政府拨款；PCAOB 有权制订或采纳有关会计师职业团体建议的审计与相关鉴证准则、质量控制准则以及职业道德准则。

法案第 104 节“对注册的会计师事务所的检查”规定的主要内容有：（1）PCAOB 应进行一项持续的检查计划，对注册的会计师事务所以及有关人员在执行审计、出具审计报告和涉及上市公司的相关事项时，是否遵守本法、PCAOB 的规定、SEC 的规定或专业准则，进行评价。对于上市公司客户大于 100 家的会计师事务所，每年检查一次；对于不足 100 家的，不少于每三年检查一次。（2）PCAOB 应检查事务所执业行为有无疏忽、有无违反本法、PCAOB 的规定、SEC 的规定、事务所自己的质量控制政策或专业准则，若有，考虑是否向 SEC 和各州的管理当局报告这些活动、执业行为或疏忽；如果存在违规行为，则开展正式的调查或采取适当的惩戒措施。（3）PCAOB 的检查方法是：首先，对选中的审计业务进行检查和复核，并且复核事务所由不同分所和不同人员进行的执业情况；其次，评价事务所质量控制系统的有效性以及事务所对该系统的文档管理和通讯方式；再次，还对事务所的审计、监督和质量控制程序进行其他必要的测试。（4）检查报告的处理：对每次检查所发现事项的书面报告，PCAOB 应该以适当的方式，附上评价信以及被查事务所交换的意见，向 SEC 和州管理当局提交；以适当的方式，供公众参阅，如果检查报告中涉及的被查事务所质量控制系统的批评或缺陷是由事务所自己提出，而且在检查报告日后 12 个月内符合委员会的要求，则不向公众公开。

PCAOB 有权调查、处罚和制裁违法以及违反专业准则的 CPA 和事务所。PCAOB 和 SEC 可随时对会计师事务所进行特别检查。不过，PCAOB 的处罚程序要受 SEC 监督，SEC 可以加重、减轻其作出的处罚，也可以修改或取消其处罚决定。PCAOB 对 CPA 和事务所进行处罚和制裁的形式包括：临时或永久吊销注册；临时或永久禁止个人在会计师事务所执业；临时或永久限制 CPA 与事务所的执业活动等；对于故意、明知故犯、不计后果的行为或者屡犯的过失行为，可对自然人处以 75 万美元以下的罚款，对单位处以 1500 万美元以下的罚款；对于过失行为，自然人罚款不超过 10 万美元，单位不超过 200 万美元；谴责；强制要求参加附加的专业培训和教育；其他处罚形式。

二、美国 CPA 行业监管方法述评

美国 CPA 行业监管方法有现场监管法、非现场监管法，实地调查法、网上监控法，舞弊导向监管法、同业互查法、审阅法、复核法等。在美国 CPA 行业监管史上，最具代表性的监管方法是同业互查，本部分仅介绍 AICPA 同业互查的基本做法，并对同业互查进行简要评价。

（一）美国同业互查制度概述

同业互查①（Peer Review，也译为同业复核）是由 CPA 对某一会计师事务所质量控制制度遵守情况所做的互查，其目的是确定被查事务所是否按照审计质量控制要素制定充分的审计程序，并在实务中予以贯彻执行。同业互查制度是利用 CPA 自己的力量，为了提高自身的执业质量而进行的自觉、自愿的行业自律行动。同业互查制度的核心内容由 AICPA 的同业互查委员会（Peer Review Board，简称 PRB）所制定的《同业互查实施与报告准则》规定。它也是美国 CPA 行业自律监管的核心内容。同业互查工作由 PRB 负责，在 AICPA 的证券市场业务部（SECPS）注册的事务所必须在三年内参加一次同业互查。所有事务所都必须接受同业互查，否则事务所内的所有成员将失去 AICPA 的会员资格。

1. 同业互查制度的基本定位与事务所的责任

同业互查制度②的目的是为了提高被查事务所所提供的会计和审计服务质量。设计该制度的初衷在于通过帮助、教育和改进措施提高审计质量。AICPA 同时也认为，实施同业互查制度的主要目标是维护公众利益，以及保护整个 CPA 行业的利益。

AICPA 认为，系统监管及教育性程序是保证整个行业高质量服务的最有效方式。根据这一假定，所有的事务所都能够通过内部质量控制系统进行自我查错纠弊。因此，对于同业互查过程中发现的问题，即使采取相关纠正措施也是以正面推进和补救性为主，并不提倡惩戒。

同业互查准则规定事务所的责任是：（1）建立健全事务所内部质量控制政策及程序，并确保其实施。（2）按照执业准则的要求，根据自身执业胜任能力承接会计和审计业务。（3）按时参与同业互查。（4）按照同业互查制度的要求，对所有应当进行互查的业务进行互查。（5）遵循保密原则及其他职业道德。（6）向互查委员会提供书面资料，并声明下列事项：第一，事务所及个人并未违反任何法律法规；第二，事务所提供的业务清单详细完整；第三，事务所已经向互查人员提供了所有必要信息。（7）采取必要的补救性改进措施。（8）参与业务互查和报告互查项目的事务所还需每年提交书面资料。（9）学习、熟悉质量互查委员会提供的有关注册文件。

2. 同业互查的类型

根据事务所的规模和业务性质不同，美国的同业互查分为三种类型：系统互查（System Review）、业务互查（Engagement Review）和报告互查（Report Review）。

（1）系统互查。系统互查主要是针对被互查事务所质量控制系统的设计及运作情况发表意见，通常采取事务所互查和联合检查的方式进行。互查人员需要通过实施符合性测试等程序，对发现的各种错漏问题的性质进行职业判断，最终形成标准无保留、保留意见

① See Arens、Elder、Beasley, *Auditing and Assurance Services* (Ninth Edition), 2003, p. 37.

② 本部分以下内容参照中注协编：《美国注册会计师同业互查制度研究报告》，《行业发展研究资料》（No. 2003）（张莹执笔）和（1）Proposed AICPA Standards for Performing and Reporting on Peer Reviews;（2）AICPA Peer Reviewer's Alert;（3）AICPA Q&A about The Peer Review Program;（4）Specified Annual Procedures for Firms with More Than 500 SEC Audit Clients;（5）2002 Enhanced Peer Review Procedures for Firms with 500 or Fewer SEC Clients;（6）Review of The Effect of Significant Increases in New Clients and Experienced Personal 等。

和否定意见类型的互查报告，如有必要，互查人员还要提供有关的管理建议书。系统互查要对被查事务所在互查年度内的下述情况发表评价意见：①被互查事务所的会计和审计业务质量控制系统设计是否符合 AICPA 制定的质量互查准则；②被互查事务所的质量控制措施和程序能否合理保证事务所在所有重大方面遵循执业准则的要求；③被互查事务所在所有重大方面是否具备应有的职业胜任能力。

系统互查的基本流程如图 4-1 所示：

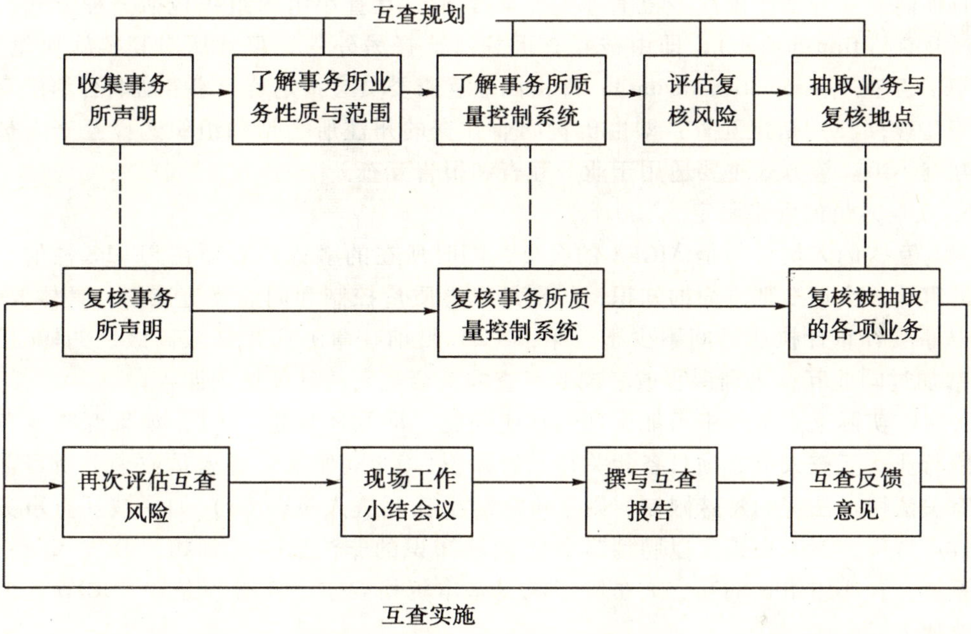

图 4-1　系统互查的基本流程图

（2）业务互查。业务互查主要针对鉴证等特定业务是否符合相应准则进行检查。业务互查对被互查事务所的下述情况提供有限保证：①被互查事务所的鉴证业务在所有重大方面都符合执业准则的要求；②被互查事务所的有关文档在所有重大方面符合会计与复核服务准则（SSARS）和鉴证业务准则（SSAEs）的要求。

（3）报告互查。报告互查主要针对报表编制业务，最终报告只需要列举所有的互查意见和建议。报告互查主要是帮助被互查事务所强化那些不需要充分披露的报表编制业务的执业质量。互查人员需要对被互查事务所的各项互查业务是否在所有重大方面遵循执业准则的要求提出意见和建议。

3. 同业互查的职业道德规范

同业互查应当遵守的基本原则：（1）保密原则。实施同业互查业务必须遵守 AICPA 制定的保密准则要求。在同业互查过程中获知的任何有关事务所、客户以及个人方面的信息均应保密，任何质量互查人员及组织人员均不得向其他与实施同业互查无关的人员透漏有关信息，也不得应用于同业互查目标之外的目的。（2）独立、客观与公正原则。参与同业互查的所有人员均应与被互查事务所保持独立，实施互查必须遵循客观、公正的原则，这是确保互查质量，维护互查报告使用者利益的要求。（3）保持职业谨慎。所有参与同业互查的人员都应当在互查过程中保持应有的职业谨慎。

4. 同业互查的组织实施

同业互查由 AICPA 的同业互查委员会负责，具体工作由各州注册会计师协会组织或者联合组织实施，其职责包括：（1）制定年度互查计划。同业互查委员有权对其制定的计划进行修订。（2）监督参与同业互查的所有人员是否遵循 AICPA 制定的同业互查准则。

具体同业互查工作由同业互查小组负责实施。互查小组的组织包括三种方式：（1）事务所互查（firm-to-firm），即由被互查事务所选择另外一家事务所对其实施质量互查；（2）联合互查（association review）：即由同业互查委员会指定若干事务所联合组织互查小组实施互查；（3）指定互查：即由负责同业互查的州注册会计师组织选择互查人员组成质量互查小组。该方式主要适用于业务互查和报告互查。

5. 互查人员的资格限定

参与互查的人员必须是 AICPA 的会员，同时所在的事务所必须在 SECPS 注册。具备相关的审计、会计准则方面的知识，特别是熟悉质量控制和同业互查准则。具体要求是：（1）从事会计审计执业时间不少于五年；（2）目前在事务所担任较高级别的职位工作；（3）参加过同业互查培训课程或者同业互查委员会规定的其他培训课程。

针对在实际互查工作中可能出现的其他问题，准则还规定：（1）如果互查业务涉及高风险行业，互查人员必须具备相关行业的知识；（2）如果互查人员或事务所目前正在接受有关法律、法规的特殊限制，则不得继续担任互查人员；（3）如果被互查事务所的业务性质特殊，互查小组可以聘请具备该领域知识的非注册会计师担任互查人员；（4）担任系统互查小组组长的互查人员除了满足基本资格要求，还必须是在 SECPS 注册的事务所合伙人。

6. 同业互查报告结果的处理程序

主要包括以下内容：（1）同业互查报告的公开信息披露规定。在将有关互查报告及管理建议书提交负责互查工作的委员会评估之前，被互查事务所无权公开其互查报告的最终结论。（2）互查报告评估。负责同业互查工作的州注册会计师协会根据需要成立必要的委员会对同业互查工作进行评估。

7. 同业互查委员会规范

对互查人员和互查委员会作出如下规范：（1）对互查人员评估。互查人员必须按时参加同业互查工作，包括完成现场互查工作，提交报告，也包括委员会要求的其他后续工作。负责组织互查工作的各州委员会以及 AICPA 的有关人员都有权对互查人员的工作进行评估，在发现重大问题的情况下，可以要求互查人员采取下述必要的改进措施：①重新参加互查培训课程；②强制接受互查工作的全程监控，有关费用由互查人员所在事务所承担；③在参加新的互查工作之前，首先提交现有互查工作的所有互查报告、管理建议书以及其他文件；④正式提交互查报告之前，首先接受委员会指定的有经验人士的评估和指导。（2）同业互查委员会的委员资格限定。负责同业互查工作的州委员会成员必须具备下述资格：①必须是事务所的合伙人或者高级别管理人员；②所在事务所参加的最近一次同业互查提交的报告类型为标准无保留意见；③参加了必要的培训课程，并且满足 AICPA 委员会规定的其他任职资格要求。同时准则还要求委员会成员，包括主席等，首先必须具备互查小组组长的资格要求。（3）技术互查人员资格要求。技术互查人员的资格要求如下：①从事技术互查工作之前三年内接受过相关课程培训；②达到同业互查小组组长的资格要求；③每年至少参加一个同业互查项目；④已经完成委员会规定的后续培训课时。

8. 同业互查的收费

根据事务所的业务性质与规模不同，参加系统互查的事务所需要支付的直接费用为 1500 美元至 3500 美元。而间接成本主要依赖于事务所的质量控制系统是否完善。业务互查或报告互查的费用大致为 400 美元到 900 美元，主要取决于被互查业务的性质与规模。除此之外事务所每年还应向负责互查工作的州注册会计师协会支付维持其运营的基本费用。有的州还规定在互查年度，事务所必须支付互查工作的计划和准备费用。从事务所的角度而言，可以通过及早准备有关资料，协商确定具体互查方式等途径尽量降低互查成本。

9. 同业互查的实施情况

证券市场业务部（SECPS）的会员所的同业互查由 POB 依据同业互查方案进行管理。非上市公司业务部的会员所的同业互查，则在 AICPA 同业互查委员会的统一指导下，由各州注册会计师协会进行管理。一般来说，由被互查的事务所自己来选择负责互查工作的 CPA，也可申请由 AICPA 或州协会派遣一个互查小组。在互查结束后，互查者要出具报告说明其结论和建议。只有通过了 SECPS 和非上市公司业务部的同业互查，事务所才能成为这两个业务处的会员。大约有 1300 家事务所参加了 SECPS 的同业互查，另有 7200 家非上市公司业务部的会员所参加 AICPA 的同业互查方案。不属于 SECPS 和非上市公司业务处会员的 AICPA 的会员所，也要求每三年接受一次同业互查。此种互查与前文所述的同业互查具有相同的目标，但它对事务所质量控制制度执行情况的互查范围相对窄一些。这种同业互查也在 AICPA 同业互查委员会的统一指导下，由各州的注册会计师协会进行管理。目前大约有 34000 家事务所参加 AICPA 的这种同业互查方案。

图 4-2 总结了一般公认审计准则、质量控制、会计师事务所部和同业互查之间的相互关系①。

同业互查制度在美国运行 20 多年，在 CPA 行业自律监管方面取得了重大成就，有很多经验值得我们借鉴。

萨班斯法案实施后，建立了独立的 PCAOB，同业互查制度仿佛走到了尽头。如何设计能够维护公众利益的 CPA 行业监管方法，成为能否有效推动法案执行的关键性因素。法案本身只是规定了独立监管的主导定位，但是对于刚成立的 PCAOB 而言，如何组织实施监督检查，绝非法案本身能够解决的问题。

同时 AICPA 也意识到行业协会的自律性监管本质上无法被独立监管所替代，维护公众利益便是完善协会功能的契机，因此，AICPA 也适时推出了对同业互查制度的修订意见。实际上，在 2001 年，PRB 就开始重新评价和建议改进系统复查的执行、报告和管理。

---

① See Arens、Elder、Beasley，Auditing and Assurance Services（Ninth Edition），2003，p. 38.

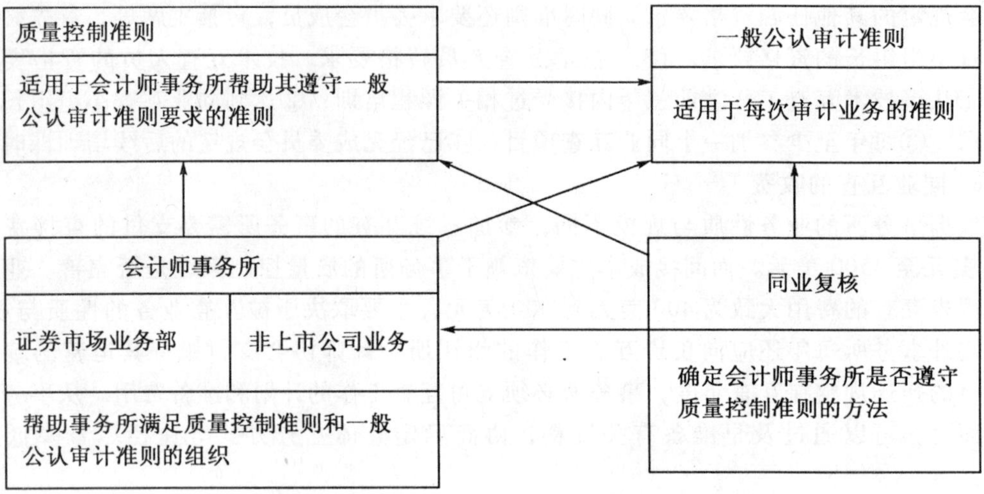

图 4-2 同业互查与相关准则和 AICPA 会计师事务所关联图

PRB 的初步建议是：修订同业互查的目标以使期望差距最小化。（1）在评价事务所的质量控制系统之外，对事务所执行审计是否“称职”发表意见。（2）改进风险导向的审计方法，例如：关注涉及更多公众利益的高风险领域；随机抽取互查对象；对如何运用风险导向审计方法提供更多的指导；除利用事务所内部质量监控程序的结果外，小组负责人自己判断互查样本规模。

AICPA 在 2003 年 10 月发布了经过批准的《同业互查执行与报告准则》修订稿，并于 2005 年 1 月 1 日开始执行。2004 年 2 月 AICPA 发布了新准则的解释白皮书，并连续出台了相关的指导意见。改革后的同业互查制度明确不包括对 PCAOB 负责监管业务的检查，这也就意味着行业协会的同业互查制度只涵盖事务所非上市公司业务部分的业务互查。AICPA 在这一问题上采取的低姿态做法，也避免了引发会员对协会重复检查的抵触情绪，维系了目前同业互查制度的运作机制。修订内容主要包括：（1）增强同业互查的及时性；（2）改革互查报告形式，以适应社会公众作为非专业人士的阅读理解需求；（3）严格规范业务互查的内容；（4）改进业务抽查办法，将随机抽查与重点风险领域控制相结合；（5）强化对互查程序的监管。为提高同业互查的有效性，AICPA 要求各州协会强化对互查过程的监管，如抽查一定比例的重大风险业务的互查情况，且要求抽查比例不少于 2%；派协会人员参加事务所意见交换；定期核查复核人员的资质条件，以及严格控制现场互查的时间安排等①。

（二）对同业互查制度的评价

SEC 对同业互查的态度与评价：1998 年末，SEC 主席要求 POB 指派一个八人组成的

① 本部分参照了张莹、陈凯智：《借鉴国外经验，做好行业执业检查的思考——美国注协同业复核制度改革评述》，载《中国注册会计师》2006 年第 1 期；黄法得、王晨潮：《安然事件后美国 CPA 行业监管同业复核制度改革述评》，载《财会通讯》2007 年第 1 期。

工作小组，即“同业互查程序工作小组”（或称“审计效果小组”）对独立审计质量进行全面互查和评价。2000 年 8 月，该工作小组公布了其报告——《审计效果小组报告及建议》，尽管工作小组对具体审计业务互查所得出的结论在总体上是肯定的，但对审计执业和职业团体管理方面还是提出了一些具体建议。这些建议中有要求建立更加具体的审计和质量控制准则，也有要求对 SECPS 所属的事务所执行更严格的同业互查。报告针对同业互查也提出了一些尖锐的批评。如：按照现有的同业互查要求和质量控制准则，审计质量较差的事务所同样可能获得无保留意见的检查报告。以前，SEC 每年都要在其报告给国会的年度报告中做如下表述：“同业互查和质量控制调查委员会的工作使得会计师事务所保持和加强了有效的质量控制制度。”但从 1999 年以后，由于对同业互查不够满意，SEC 未再作出此类表述。安然事件后，SEC 于 2002 年 6 月发表了有关加强审计程序监管的报告，指出“现有的自律监管机制并不能产生可信的结果。这种失败使我们认识到，不能指望通过修改现有的自律制度或者对监管机制作出少量变革就能实现目标”。报告重点对同业互查制度的设计缺陷进行了阐述，指出：（1）同业互查只是“相互挠痒”，无法发挥有效的作用；（2）对 CPA 及事务所的惩戒不力。同业互查的基本定位在于对事务所进行帮助教育，采取的措施多为补救性措施，不强调对 CPA 和事务所的处罚。另外 AICPA 的处罚一般只是强制后续教育和暂停会员权利，最严厉的措施也只是取消其会员资格，这种处罚并不能对实际从事执业活动的 CPA 及事务所产生实质性影响和损害。

Arens 等（2003）认为，同业互查对职业界和事务所都有益处。通过帮助事务所遵守质量控制准则，可改进从业人员的工作表现，提供更高质量的审计，从而使职业界从中受益。如果接受同业互查可以增加事务所的信誉和工作成效，并减少其遭受法律诉讼的可能性，那么事务所也将从中受益。当然，这种互查的成本较高。因此需要在成本与效益之间进行权衡。

郭道扬、吴联生（2003）指出，同业复查制度要求每个会计师事务所必须由另一合格的会计师事务所对其质量控制系统的健全性及其执行情况进行调查和评估，目的就是要借助业内 CPA 的技术和经验，对 CPA 的审计质量进行监督。仅仅从这个角度上看，同业互查制度具有其他制度所没有的优势：它具备了检查 CPA 审计质量所应该具备的技术和经验，从而避免了 CPA 行业外部的监督不能深入检查的弱点。然而，安然事件后，引发我们对包括轮换制度和同业互查制度在内的行业自律作用的思考：行业自律有没有作用，它的作用到底有多大。但无论如何，我们确实必须认识到轮换制度和同业互查制度等行业自律措施的局限性。而同业互查制度的局限性则主要存在于执行同业互查的会计师事务所与检查结果没有直接相关的利益冲突，并且作为同业互查的会计师事务所，它们之间存在着无限次重复博弈的问题，即会计师事务所之间检查与被检查的关系可以无限次轮换，如果一家事务所给予另一方不合格，另一方同样有机会进行报复。所以，在理性人的假设下，各会计师事务所必然达成协议（可能是一种默契），获得共谋带来的最大矩阵支付。这样，同业互查制度也必然会蜕化为会计师事务所抵挡其他利益集团压力，塑造公司审计质量声誉的工具，从而抑制它带来实质上的 CPA 审计质量的提高。这也是“五大”会计师事务所在同业互查中没有一次因出现问题而被不予通过的原因所在。比如，就在安然事件爆发前，安达信公司也顺利地通过了德勤会计师事务所的同业互查。因此，对于轮换制度和同业互查制度，我们首先应该明确它的价值，其次应该明确，轮换制度和同业互查制度能否切实提高注册会计师审计质量，一方面与注册会计师所具有的自律愿望相关，但更重要的是与外部监管的法律责任的实施相关。

黄世忠（2002）提出，为了确保审计质量，美国的 CPA 行业自律监管模式引入了同业互查机制。前不久，德勤对安达信作了同业互查后，给安达信的审计质量开了“绿灯”。同业互查的有效性受到学术界的广泛质疑。

廖洪、张娟（2004）评价，正如美国 SEC 前首席会计师 Clarence Sampson 指出的“同业互查虽不能避免所有审计失误，但确有助于执行合格的审计”。独立审计委员会应鼓励、组织或负责事务所积极开展各种形式的同业互查，有针对性地解决和制止审计质量下降、弄虚作假严重的问题，同时要规定：如果经过同业互查而无异议的审计报告，在以后经政府有关部门查出有严重失实的情况，则参与检查的会计师事务所应受到与原会计师事务所同样的处罚。只有这样才能提高同业互查的质量。

张莹、陈凯智（2006）提出：协会开展行业检查不可替代，协会开展行业检查必须立足于维护社会公众利益。

笔者认为：同业互查是 CPA 行业内部的自律监管方法，虽然其最终目标定位于维护公众利益，但同业互查制度要求参与互查的人员必须是 AICPA 执业会员，互查小组的组长必须是在 SECPS 注册的事务所负责人，偶有发生事务所之间相互关照的事例难以完全杜绝。但是笔者仍认为，判断一种监管方法的好坏，主要是看其独立性、强制性和有效性如何。同业互查虽然不具有强制性，却是美国 CPA 行业自律监管的最有效方法，为美国 CPA 行业监管作出了巨大贡献。虽然每次同业互查都被评为“优秀”的安达信，仍没有逃脱解体的命运，但我们可以想象，如果没有同业互查，类似安然事件的审计失败案早已发生。同业互查自身有待逐步完善，如互查方式、参与互查人员的选拔、互查责任等需要改进。但同业互查为 CPA 行业自律监管方法指明了方向，我国 CPA 行业的执业质量检查应大胆借鉴。

三、英国 CPA 行业监管方法及评价

（一）各职业团体的监管方法

英国的 ICAEW、ICAS、ICAI 和 ACCA 都是英国贸工部认可的负责 CPA 行业管理的职业团体。会计职业团体实施的监管主要是针对事务所，重点检查其审计业务。监管的重要手段是惩戒，为此，各协会都设有调查委员会、惩戒委员会和申诉委员会等机构，负责调查和处理会员的违规行为。惩戒的依据是皇家宪章及其细则和会计职业团体的规定。惩戒的对象包括违规的 CPA 和事务所。协会收到对 CPA 的投诉时，如认为必要，就将投诉交给调查委员会处理。调查委员会经过查证认为被投诉人有违规行为，但并不严重的，给予警告、严重警告、罚款、要求支付诉讼费用等处罚；如不能处理的，则交给惩戒委员会处理。惩戒委员会有裁决权，可给予被投诉人严重警告、罚款、取消会员资格等处分。如果被投诉人不服，可向申诉委员会申请复议。如果被投诉人对惩戒委员会或申诉委员会的决定不服，有权向法院上诉。对违规事务所的惩处程序也基本相同，各协会都有具体的惩戒措施。

英国把对 CPA 的投诉粗略地分为三类①：劣质服务、不端行为和过失。对服务质量的投诉源于双方对服务标准的分歧。最典型的投诉有：不必要的延误、提供不准确或不完整的信息、没有回电或回信、未按要求执行等。所谓“不端”就是有违职业规范，行为不端不仅有损 CPA 的个人声誉，而且玷污职业团体乃至会计职业的整体形象。过失则是一个法律用语，指在一定条件下缺少人们应该具有的合理的谨慎。评价 CPA 的过失是以其他合格 CPA 在相同条件下可做到的谨慎为标准的。过失投诉的目的是为了获得经济赔偿，但它必须通过法律程序。职业团体一般不受理此类投诉。职业团体处罚的主要对象是不端行为。

职业团体对投诉的处理包括四个环节：评估、调查、惩罚和上诉。评估的目的是决定受理与否。在有些情况下，投诉无法予以受理。比如被投诉的 CPA 不是职业团体的会员。因为英国的 CPA 在获得执业资格后可以选择加入或不加入职业团体。若不加入职业团体，就是非会员 CPA，既不享受会员的权利也不承担会员的义务，包括遵守职业团体的行为规范。所以职业团体无权对其进行处罚。《投诉与惩戒程序》报告建议职业团体将惩罚手段标准化，包括下列由轻而重的处罚：免予处理、警告、谴责、郑重谴责、责令减免劳务费、暂停执业、取消执业或取消会员资格。

（二）职业团体之间的联合监管方法

英国各会计职业团体除了 CCAB 以外，还在特定执业领域进行双边或多边合作，如 ICAEW 和 ICAS 的联合惩戒方案（JDS），ICAEW、ICAS 和 ICAI 建立的特许会计师联合道德委员会（CAJEC），ICAEW、ICAS 和 ICAI 建立的联合监控机构（JMU）。其中成立于 20 世纪 80 年代末的 JMU 极具特色，主要表现在：JMU 是 ICAEW、ICAS 和 ICAI 的代理机构，于 1987 年依据《1986 金融服务法》设立，注册为一个有限责任公司（其中 ICAEW 持股 80%，ICAS 和 ICAI 各持股 10%），其职能是监控被授权进行投资业务的事务所遵守法规情况。1991 年，根据《1989 年公司法》，该项职能扩大到包括监控注册会计师的审计工作。JMU 理事会由这三个协会指定的非执行理事组成。JMU 的日常工作由 JMU 的主管控制。他直接对理事会负责。JMU 监控的内容包括：发放并审查事务所的年度申报材料；对事务所进行实地调查；将调查结果报告给协会的审计注册、投资业务授权委员会。具体如下②：（1）审查年度申报材料。每家注册事务所都会被寄予一份年度申报表。该年度申报表应包括一些常规数据和一系列关于事务所审计工作的问题。JMU 用计算机数据处理系统对事务所的年度申报表进行处理，检查其填制情况是否存在遗漏或不当之处。如果发现问题，要求事务所提供修正或附加信息，然后将信息重新输入系统进行检查。每份年度申报表都必须接受风险评价，判断哪些事务所存在影响审计或投资业务水准的问题，然后优先考虑实地调查这些事务所。（2）监控调查。每年常规巡查的审计业务的目标数量由协会与英国贸工部商定，投资业务的目标数量则由协会与贸工部下属的证券和投

① 参见任明川，《英国会计职业投诉与惩戒制度》，载《中国注册会计师》2003 年第 12 期，第 42 页。

② 本部分参照了中注协：《英国贸工部公布职业团体的监管报告》，《行业发展研究资料》（No. 2005-3）和《英国注册会计师行业管理体制：改革历程与启示》，《行业发展研究资料》（No. 2005-2）。

资管理委员会商定（因投资资格是由证券与投资管理委员会审批管理）。对审计业务而言，有上市公司客户的事务所被调查的频率较高。其他调查对象则通过随机方式产生或根据年度申报表中的例外情况选定。此外，对审计和投资业务，JMU 执行委员会要求反映调查和跟踪调查。反映调查通常针对向协会的投诉。

（三）英国财务丑闻对监管方法的影响

20 世纪 80 年代末和 90 年代初，英国发生了一系列公司财务丑闻（如 Maxwell、BCCI、Polly Peck 等）。由于资料所限，本文仅对 BCCI 审计案例进行分析。

案例 4-5，BCCI 审计案例①：（1）BCCI 基本情况。国际商业信贷银行（Bank of Commercial and Credit International，以下简称 BCCI）最先于 1972 年在卢森堡注册成立，其前身是巴基斯坦的联合银行。两年后，它在拉丁美洲的开曼群岛注册了又一家 BCCI。这两家有不同的职责，卢森堡注册的负责 BCCI 在欧洲和中东的市场，开曼群岛注册的主要面向第三世界国家的市场。在短短几年内，因大量新的公司加入，BCCI 得到了快速扩张。比如，在英国 1973 年 BCCI 只有 4 家分行，4 年以后迅速成立了 45 家分行。截至 20 世纪 80 年代中叶，BCCI 已在全球 73 个国家或地区开设有分行，并形成了一个复杂的跨国银行网络。1990 年底，BCCI 拥有 42.4 亿美元股本，240 亿美元总资产，在世界大银行中排名第 439 位。（2）BCCI 的关闭。BCCI 开始设立时把注册地选在卢森堡和开曼群岛的主要原因是当地的金融监管较松，而且它在卢森堡和开曼群岛并不直接从事银行业务，所以基本上不受管制。BCCI 的主要银行业务是在英国发生的，有关 BCCI 的全球重要业务的决定都由英国的 BCCI 高管层作出，即英国才是 BCCI 的主要办事机构所在地。BCCI 把总部设在英国，其原因有两方面：一是伦敦是全球的主要金融中心之一，而且当时的英国是中东石油富国的购物和度假胜地，BCCI 需要为他们服务；二是因为英国的英格兰银行也不监管 BCCI，他们认为 BCCI 是外国银行，它没有在英国注册，BCCI 总行是在卢森堡和开曼群岛注册，理应由注册地当局监管。另外，英国当时的《银行商业秘密法》也禁止监管机构对 BCCI 进行任何的深入调查。BCCI 在英国的于 1991 年最先被关闭。早在 1976 年，英国监管当局注意到扩张后的英国 BCCI 内部问题恶化，开始限制其在英国的业务发展。到 1978 年，英格兰银行禁止 BCCI 在英国再开设分行，对其规模进行限制。在 1980 年，英格兰银行再次拒绝了 BCCI 依据英国 1979 年的银行法申请成为认可银行，只允许其在英国开展存款业务。直到十年后，英格兰银行在例行调查时才发现 BCCI 在英国已严重亏损。可是，尽管如此，英格兰银行并没有马上关闭 BCCI，而倾向于重组与整顿 BCCI。后来因 BCCI 的最大股东阿拉伯联合酋长国阿布拉扎比王族考虑损失太大放弃挽救行动。英格兰银行于 1991 年 3 月才对 BCCI 开展正式全面的调查。在 1991 年 7 月 5 日，英格兰银行宣布停止其属下的 BCCI 的营业并冻结其资产，同时接管 BCCI 的英国业务。紧接着卢森堡、法国、美国、西班牙及瑞士等国家的监管当局勒令该行在当地停业。几天后，BCCI 在全球 69 个国家和地区的业务相继停止，最终导致了世界性的清盘。该事件被

① 本案例主要参考了 John Kerry and Senator Hank Brown, The BCCI Affair, A Report to the Committee on Foreign Relations, United States Senate, December 1992, http: //www.fas.org/irp/congress/ 1992_ rpt/ bcci/和周仲飞：《银行监管案例精编》，上海财经大学出版社 2004 年版，第 36 ~ 88 页。

称为“世界金融史上最大的丑闻”。(3) BCCI 的审计问题。在 BCCI 案中，承担 CPA 审计的机构是普华（Price Waterhouse)。安永（Ernst & Whinney）作为 BCCI 的外部审计师在 1986 年被其辞掉了。在 1987 年以后，普华担任 BCCI 的外部审计师。普华依靠它世界各地的分所承担有关 BCCI 的外部审计事务，并由英国普华负责。从 1987 年到 1990 年 5 月普华给 BCCI 签发的审计报告都是真实与公允的。在此期间，许多普华的合伙所，包括美国普华，都向英国普华提供了书面的有关 BCCI 本地金融状况的概要。而普华以一种分散和相对独立的结构进行全球性营业，他们的合伙人之间彼此互不相关，主要营业所在地的普华所没有对其成员所的审计业务实施监管。因此，当一个外国审计者对在一国经营的某个企业进行审查时，本国的审计人认为他们对这些外国审计人的行动无需承担法定责任，也没有义务提供外国审计者在操作过程中的任何信息给本国的管理者和执法者。于是在 BCCI 的案件中，就意味着虽然 BCCI 在美国好几个州都注册为外资银行，但美国普华可以不响应政府调查者要求提供信息的要求，而英国普华也可以不用提供信息给美国。这无疑极大地阻碍了对 BCCI 的调查和起诉。从 CPA 行业监管角度来看，这一案件给各国监管当局提出了一个难题，跨国会计公司的审计如何监管的问题。同时，还引出了一个法律上的问题，在 BCCI 案件中，普华除了对 BCCI 的股东来讲，没有起到独立审计作用之外，作为外部审计人，对该行的储户和社会公众要不要负责任？另外，从 BCCI 与其外部审计机构的关系来看，BCCI 曾为在审的至少两位普华的合伙人提供商业方面的基金以及向一位关键的前任审计雇员支付了大量的报酬。(4) BCCI 倒闭后引起的主要反应。BCCI 的倒闭带给美国最直接的影响就是 1991 年 12 月由国会颁布由美联储实施的《外资银行监管促进法》（以下简称 FBSEA)，以及美联储为了实施 FBSEA，针对外资银行修订了美联储 K 规则而颁布的新规则。BCCI 的倒闭还引起了国际金融界的高度关注和反省。巴塞尔委员会（Basle Committee）在 1991 年和 1992 年举行了相关会议，其议题是：第一，如何保证类似的大型国际银行欺诈案不再发生；第二，怎样防止国际银行监管标准的恶性竞争。为此，巴塞尔委员会于 1992 年 7 月颁布了“监管国际银行集团及其跨国设立的最低标准”。

这些案例大大推动了英国财务报告制度和 CPA 行业监管制度的改革，结束了长期以来完全依赖于 6 个会计职业团体自律管理、分而治之的局面。20 世纪 90 年代初，英国对其会计准则制定实施了一次大手术。成立了一个独立于会计职业的财务报告理事会（Financial Reporting Council，FRC)，负责会计准则的制定和实施。具体制定是由会计准则委员会（ASB）负责，实施是由财务报告复核小组（Financial Reporting Review Panel，FRRP）负责。1997 年，英国工党发布的商业宣言（Business Manifesto)，提出了建立独立于会计职业的监管框架的建议。1998 年 9 月，会计团体咨询委员会（CCAB）在其报告《监管现代化》中也提出了建立统一的独立监管机构的建议。1998 年 11 月，代表政府监管 CPA 行业的英国贸工部（DTI）公布了咨询文件——《会计职业独立监管框架》。2001 年底，在贸工部的文件基础上，英国基本完成了一套全新的 CPA 独立监管框架的建立工作。新框架中的独立监管机构是会计基金会（The Accountancy Foundation)，总体负责 CPA 监管，并负责下设机构的成员任命和资金支持。会计基金会下设审计实务委员会（APB)、职业道德准则委员会（ESB)、调查和纪律委员会（IDB)。2003 年 1 月，贸工部又宣布一揽子改革计划，由财务报告理事会（FRC）承担会计基金会（AF）的职责，因此，FRC

又有三个新的职责：制定会计和审计准则、积极监督准则的执行情况、监督职业团体的自律运作。新的监管组织结构是：FRC 除原设立的 ASB 和 FRRP 外，又增设了会计职业监管委员会（POBA）、审计实务委员会（APB）和会计调查与惩戒委员会（AIDB）。财务报告理事会（FRC）成为一个全新的、统一的、独立的会计和 CPA 行业监管机构。

FRC 关于 CPA 行业监管的职责通过其所属 POBA 履行。POBA 有以下三个方面的职责：（1）对会计职业团体在履行对会员的监管职责时采取的方式进行独立的监督；（2）通过认可的监督和资格认证团体，在担任整体监督角色的同时，承担一些关于审计和审计职业的具体的法定监管职能；（3）通过审计监察机构（AIU，审计监察机构是依据 2003 年 1 月英国贸工会计职业团体检查报告的建议，设立的用于替代会计职业团体自查的独立机构，接受 POBA 监管）对在经济领域中地位重要的企业（一般指上市公司）的审计质量进行监督。

（四）监管方法的具体实施情况

2004 年 7 月，英国贸工部公布了由三个会计职业团体共同成立的联合审计委员会（JAC）编制的第 12 份监管报告。该报告从 2003 年英国行业自律监管框架出发，详细阐述了三个协会作为贸工部认可的监管团体（RSB）和资格认证团体（RQB）在 2003 年度开展的一系列监管活动①。

具体实施的监管方法是：（1）对审计监管活动安排独立的监管；（2）在会计职业团体的惩戒委员会中吸收非会计师的独立人员来对 CPA 进行注册和监督，必要时进行惩戒；（3）致力于对拥有上市公司客户的事务所的审计工作投入更大的监管力量；（4）运用一系列共同的监管规则合作监管（通过每个会计职业团体的成员组成 JAC）；（5）运用 JAC 和 IMU（爱尔兰监控机构）采用的统一的监管方法；（6）利用独立于事务所之外的，经过培训且有一定实务经验的监管人员，来对 CPA 执业质量作专业评价；（7）运用独立的监管安排来处理投诉，以反映会计职业团体是如何履行其作为 RSB 的职责；（8）要求事务所遵循审计实务委员会（APB）制定的审计准则；（9）要求事务所在对其进行实地调查后完成调查问卷；（10）开展更广泛的对于审计工作的监督，而不仅仅是满足与公司审计工作相关的法定要求；（11）向 DTI 递交年度报告。这些方法的运用确保监管结果具有透明性、连贯性、独立性和可说明性。

图 4-3 表示的是在后面的部分中描述的基本元素。

1. 实施监控计划

监控计划是为了选择实地调查事务所而必须执行的监管程序。监控计划的关键是把与公众利益相关的上市公司放在重要的位置。桌面监控程序考虑一个事务所是否拥有涉及公众利益的客户，例如上市公司、慈善机构或养老金组织等。关于公众利益需要进一步关注的是对上市公司审计人员的实地调查和其他的实地调查。

2. 实地调查

对于拥有较多上市公司客户的前 20 名会计师事务所，每年进行一次实地调查，并且

---

① 参见中注协：《英国贸工部公布职业团体的监管报告》，《行业发展研究资料》（No. 2005-3）（陈颖、刘林译、袁昊校）

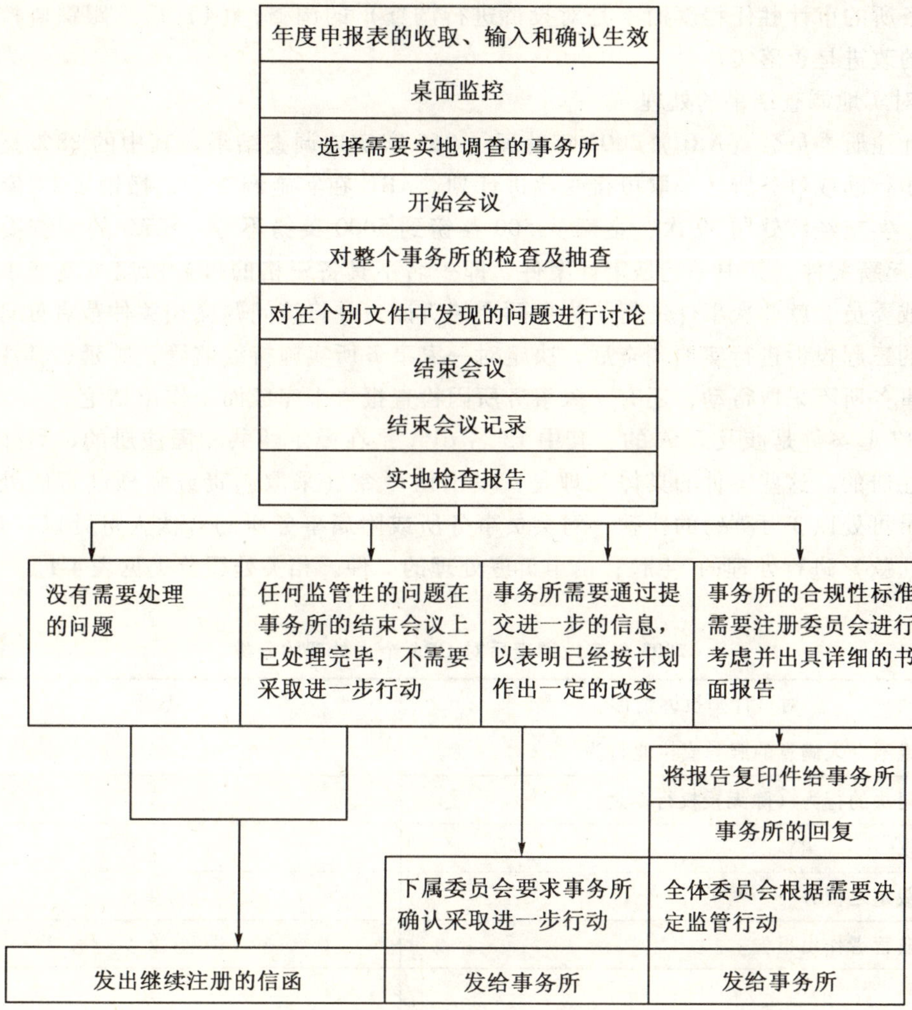

图 4-3 监控程序和实地调查情况图

在间隔时间内有一次更短期的临时实地调查。每次临时实地调查时间约 40 天，而一次全面的实地调查需要约 110 天。对于拥有较少上市公司客户的事务所的实地调查周期一般为 3 年一次。对于没有上市公司客户的事务所，实施监控从审查事务所的年度申报表开始，采用风险导向方法来选择需要实地调查的事务所。

如 2003 年三个职业团体对 1030 家事务所进行了实地调查，已超过 DTI 监管目标确定的 935 家。完成了 63 家有上市公司客户的事务所的实地调查（这类事务所共 106 家），虽然这一数量所占比例较小，但却占据了约 40% 的监管资源。这次调查中起核心作用的是 ICAEW 下设的审计注册委员会（Auditing Registration Committee，ARC）。

大部分实地调查是根据桌面监控程序确定的，但是上表中也有其他类型的实地调查：（1）对审计上市公司的较大的事务所的临时实地调查；（2）不必参考桌面监控指出的潜在风险而进行的随意选择；（3）事务所的审计工作存在投诉时（从监控方面讲有待检查，是对事务所的审计胜任程度而不是对投诉进行调查）的调查；（4）后续跟踪监控，以检查要求的改进是否落实。

3. 对实地调查结果的处理

审计注册委员会（ARC）2003 年处理了 965 家实地调查结果，其中的 88% 是无需采取进一步行动或事务所已采取可接受改进计划。ARC 在实施调查后，撤销了 14 家事务所的注册；实施经济处罚 39 次，金额从 500 英镑到 5000 英镑不等。ICAS 的调查委员会共处理 28 起新案件，其中一起是审计案件，即一名不具备资格的事务所雇员签署了审计报告，惩戒委员会就此次事件进行了为期两周的听证，并将该问题交相关仲裁者处理。ICAI 对接受的三起投诉进行实地调查后，决定对一家事务所实施持续监管，并延迟其注册，对另一家事务所不采取行动，还有一家事务所因检查报告未完成而未作出结论。

有 17 起案件是涉及 CPA 的，其中 13 名 CPA 是在爱尔兰共和国注册的，另外 4 名是在英国注册的。这些案件的具体处理是：发出认可令（采取谴责或强烈谴责的处罚，对个人会员可处以 3 万英镑的罚款，对会员事务所或附属事务所的合伙人可处以高达 30 万英镑的罚款）进行处理的 14 起；由申诉庭处理的 2 件。相关处罚分类见表 4-1。

表 4-1　　**2003 年实地调查后对 CPA 个人处理的分类**

对审计师投诉情形	数量
不充分或不令人满意的服务或执业行为	6
违反公司法的行为（除无授权行动之外）	3
收费争议	1
经法院裁定之债务	2
未能向监管者作出报告	2
清算	2
刑事罪行	1
合计	17

对于审计上市公司的事务所来说，无论是对其临时检查还是全面检查，ARC 有进一步的跟踪调查权，可以要求某一个年度临时检查上升为全面检查，以处理发现的问题，这种情况一旦发生，事务所必须支付额外的实地调查成本。

4. 监管成本

CPA 行业的监管需要大量资源。三个协会行业监管总成本总结如表 4-2。

每个职业团体在前一年都建立了准备金以备每年超过注册费的额外临时支付。每个职业团体也都致力于监管系统运作的成本效益性。因为在每个职业团体内部成本分配方法的不同，惩戒成本只存在于 ICAEW 中，对 ICAEW 的注册会计师投诉调查的成本由其注册的 CPA 全额承担。2003 年，JMU 雇佣了 45 名员工，其中 28 名是调查人员。当年他们约有 4/5 的时间花在对 CPA 的监管上，1/5 的时间花在对投资企业的监管上。爱尔兰监督机构雇佣了 7 名人员，其中 6 名是调查人员。JMU 和 IMU 的审计监管成本是由职业团体从注册费收入中提取一定比例支付的。ICAEW 的监管和职业行为部还有 26 名员工负责 CPA 行业监管。所有调查人员都是特许会计师，招聘的监管人员都是专业扎实、业务能力强的专业人士。对他们的培训内容中有相当一部分是技术和人际关系的处理上。每个监管者都是关键人物，他们必须能够挑战业内资深人员的权威判断。

表 4-2 **ICAEW、ICAS 和 ICAI 监管成本汇总表** 单位：千英镑

项　目	2002（实际）	2003（实际）	2004（预算）
直接监管成本	1363	1392	1417
监控成本	3661	3827	4267
直接成本合计	5024	5219	5684
惩戒	468	425	497
审计实务委员会	499	456	
监督安排	244	254	884
成本总计	6235	6354	7065
注册费收入	5444	6267	6416

5. 监管效果反馈

为了强化监管责任，进一步提高监管效率，监管机构要求必须从被监管对象中得到反馈，因此被监管的事务所需要完成一个调查问卷。调查问卷的问题涵盖了实地调查、监督人员的行为和与协会的沟通等问题。2003 年度发出的 930 份调查问卷中有 440 多份得到了反馈，整体评价是：实地调查的工作流程完好而且具有建设性。如一些事务所的评论如下：（1）实地调查被证明是非常积极和有用的实践；（2）我们深深被监管者所打动，他们非常谨慎并对我们很有帮助；（3）在文件检查中，监管者着眼于对全局的评价，而不拘泥于琐碎的细节，这真是令人高兴的奇迹；（4）监管者理解单个实践者的需要等。也存在一些相反的评论，主要是关于实地调查增加了事务所的工作量或者占用了事务所一定的时间。注册委员会和 JMU 已经认真地考虑了这一问题，并意识到协会实地调查需要占用的事务所的时间。JMU 表示将全力减少对事务所的干扰，但这必须与维持一个井井有条的实地调查取得平衡。

（五）对英国 CPA 行业监管方法的总体评价

就监管方法本身来看，英国对 CPA 行业实施的监管方法与美国的同业互查方法各有所长。但与美国重在帮助教育的同业互查相比较，英国的联合惩戒和独立惩戒措施更严厉，监管力度更大，效果也更好。英国对 CPA 行业实施的最广泛的监管方法是实地调查，为了保证实地调查的有效性，职业团体首先仔细审查会计师事务所的年度申报表，然后通过桌面监控等监控调查方法，结合收到的投诉材料，选择重点事务所进行反映调查和跟踪

调查，再确定实地调查的对象。筛选的过程实际上是全面监控的过程，加上监管方法具有强制性，所以取得了较好的监管效果。另外对CPA个人及对事务所合伙人的经济处罚，比对事务所的处罚更重，也是英国的CPA行业监管效率更好的原因之一。但主要缺点仍是各职业团体惩戒标准不一，没有统一尺度。另外对于非会员的CPA，职业团体即使接到大量投诉也不予惩戒，为此，笔者认为英国CPA行业监管在方法上也有漏洞。

第二节　我国CPA行业监管方法：现状与问题

本部分主要探讨我国CPA行业监管方法的发展沿革，19号文后中注协与财政部实施的主要监管方法及效果，以及我国监管方法存在的主要问题。

一、影响我国审计方法变革的典型案例分析

我国1990年才建立证券市场，但在这短短的20余年时间里，却发生了众多审计失败案例，且多数案例中CPA伙同上市公司造假，情节严重，性质恶劣。这也使得我国CPA行业监管方法发生几次跨越式发展。

（一）《注册会计师法》的出台及《独立审计准则》的制定

20世纪90年代初，我国CPA行业爆发了震惊整个行业乃至全国的三大案件：一是深圳经济特区会计师事务所对原野公司审计案；二是北京中诚会计师事务所对长城机电公司审计案；三是海南新华会计师事务所对中水国际集团公司审计案。其中原野公司案作为我国第一家上市公司审计失败案影响最大，以下对原野公司案作简要分析。

案例4-6，原野公司审计案例①：原野公司的前身是深圳市原野纺织股份有限公司，于1987年7月23日在深圳成立，成立时注册资本150万元人民币。1988年注册资本变更为2000万元，1990年2月更名为深圳原野实业股份有限公司，向社会公开发行股票2450万股，总资本增至9000万元。1990年12月10日在深交所上市，成为我国第一家中外合资股份制上市公司。公司上市后，名噪一时，被捧为“股王”，创造了“以150万元起步，两年间净资产增长了60倍”的神话。1992年4月起，中国人民银行深圳特区分行和中注协对原野公司的债权债务和投资等问题进行调查，发现香港润涛实业有限公司非法地将原野公司的公众资本、银行贷款转移到境外为私人谋利。1992年7月7日，原野公司上市股票在深交所停牌。公司相关负责人被依法刑事处理。

CPA及事务所的过失：深圳特区会计师事务所自原野公司成立后即承担该公司的查账和验资工作，在五年间，先后为该公司出具了71份查账和验资报告，其报告主要存在三方面的重大过失：（1）对原野公司自成立到上市的两年多时间内初始投资不实，频繁变更股东、虚增资本，对公司资本进行两次大幅度调账升值并对升值部分进行不合理分配，及在资产评估中虚列资产项目等一系列重大问题，并由此导致公司股权全部落入外商

① 本案例参考了陈汉文：《注册会计师职业行为准则研究》，中国金融出版社1999年版，第200页；中注协编：《中国注册会计师法律责任》，辽宁人民出版社1998年版，第306页；张龙平：《审计》，经济科学出版社1994年版，第163页。

之手，使国家权益蒙受严重侵害的结果，事务所在三次主要的验资报告中，均未进行揭示和提出任何异议，而全部予以确认。(2) 对原野公司下属的“原丰”、“原野时装”、“福华”三个子公司先后出具的 7 份验资报告，均有严重的虚假问题。(3) 对公司 1989—1991 年连续三年年度财务会计报告审计严重失实。公司这三年的财务成果均为亏损，但公司利用未履行合同虚增利润 8500 万元，隐匿管理费用 8300 万元，炒卖本公司股票获利 3400 万元，利用关联企业倒卖厂房虚增利润 2000 余万元等，使公司报表上三年累计虚增利润 7742.5 万元。而 CPA 对于这些造假行为未提出任何异议，全部予以确认。原野公司问题还涉及公信审计事务所和宝安会计师事务所的责任，公信审计事务所对原野公司 1989 年第二次资产评估出具了《评估审计报告》，对该公司为资产升值而虚列资产的做法，未提出异议，全部予以确认，由此造成严重后果，并使个人股东从评估升值中抽逃资金 520 万元。宝安会计师事务所对原野公司 1989 年第一季度财务会计报告出具《审计报告书》，报告资料全部是公信审计事务所提供的，宝安会计师事务所未作任何审查就予以签字确认，属于代他人签字行为。

处理结果：财政部在调查后，对原野公司案的相关事务所作了如下处理：(1) 宣布特区会计师事务所立即停业，由深圳市财政局接管其财产，并进行清查工作。(2) 注销马某某、张某某、龚某某、朱某某的注册会计师资格。(3) 就上述问题的处理情况向全国通报，要求各会计师事务所展开讨论，引以为戒。(4) 责成宝安会计师事务所自行总结经验教训，并写出检查报告。(5) 公信审计事务所虽然已经撤销，但由深圳市有关部门领导人和相关负责人承担责任。

原野公司案例的发生，除了 CPA 本身职业道德和素质之外，还因为我国当时没有 CPA 法律责任规范、没有一套完整的审计准则、没有上市公司会计规则，也没有证券交易的相关规定。

这些案件后，我国于 1994 年颁布《注册会计师法》，1995 年发布第一批《中国注册会计师独立审计准则》，加快了我国 CPA 行业监管法制化、科学化的进程。

（二）《企业具体会计准则》的出台及《独立审计准则》的逐步完善

1992 年我国发布《企业会计准则》（基本准则）后，财政部加快了制定具体会计准则的步伐，但自 1993—1997 年间，仅是发布了一系列具体会计准则的征求意见稿，并没有出台具体会计准则。琼民源审计案例促成财政部发布第一个《具体会计准则——关联方关系及其交易的披露》，由此拉开我国发布具体会计准则的序幕，至2006 年，我国已发布 1 个基本会计准则和 38 个具体会计准则，会计准则与国际趋同。我国《独立审计准则》的发展早于具体会计准则，琼民源审计案例后，我国于 1999 年发布第三批独立审计准则，包括《独立审计具体准则第 16 号——关联方及其交易》等 11 个具体审计准则和实务公告出台，我国的审计准则全面与国际接轨。

案例 4-7，琼民源审计案例①：琼民源的前身是民源海南公司（北京市科委所属的全民所有制企业），1988 年 7 月在海口市注册，主营业务是房地产开发等，成立之初为海南

① 本案例参考了陈汉文：《注册会计师职业行为准则研究》，中国金融出版社 1999 年版，第 223 页。

省建设发挥了积极推进作用，1992年被海南省人民政府授予“驻琼优秀企业”称号。1993年4月30日在深交所上市。上市时公布1992年每股收益0.572元，同时公布1992年送配方案：10送3配5派0.9元。1993年每股收益0.68元，1994年每股收益0.20元，到了1995年每股收益降至0.0009元，1996年4月30日（即公布1995年报的当天），股价跌至每股3.65元。但1996年8月24日琼民源公布中报，每股收益为0.227元，股价迅速上涨，9月份涨至14.92元，10月份高达23.25元，三个月上涨了441%（期间股票指数上涨了75%）。1997年元月22日，琼民源公布了1996年年报，其中净利润48529万元，比上年增长1291倍，利润高达5.7亿元。每股收益达0.867元，是上年的960倍。接着许多闪亮的光环随之而来：如“扭亏概念股”、“高科技概念股”、“农业概念股”等。当天股价创26.18元的新高。1997年2月28日，琼民源开盘不久就被打至跌停板，当天收盘价为23.49元。当天晚上中央人民广播电台发布一条消息：有投资者向证监会反映琼民源违反国家财会制度，要求对其进行调查。当晚晚些时候又发布一条消息称：为了保护广大投资者的利益，琼民源向深交所申请停牌，以便上级单位核查有关情况。3月3日，股东大会决定其股票停牌，它的股价永久性地停留在1997年2月28日下午收盘时的23.49元。

琼民源的主要会计问题：1996年年报及补充公告所称的1996年“实现利润5.7亿元，资本公积增加6.57亿元”的内容严重失实，虚构利润5.4亿元，虚增资本公积6.57亿元。5.4亿元利润是琼民源在未取得土地使用权的情况下，通过与关联公司及他人签订的未经国家有关部门批准的合作建房、权益转让等无效合同编造的。6.57亿元的资本公积，是琼民源在未取得土地使用权、未经国家有关部门批准立项和确认的情况下，对四个投资项目的资产评估而编造的。

琼民源的主要审计问题：中华会计师事务所为琼民源出具的1996年年度审计报告、海南大正会计师事务所为琼民源出具的资产评估报告，均含有虚假、严重误导性内容，违反了会计、审计、证券等法规的有关规定。

中国证监会的处理结果：建议有关主管部门撤销直接为琼民源进行审计的海南中华会计师事务所，吊销其主要负责人的注册会计师资格证书。对中华会计师事务所处以警告，暂停其从事证券业务资格6个月，对该事务所在琼民源审计报告上签字的注册会计师，暂停其从事证券业务资格3年。对海南大正会计师事务所罚款30万元，暂停其从事证券相关资产评估业务的资格6个月，对负有直接责任的注册会计师，暂停其从事证券业务资格3年。

琼民源的会计造假主要是利用关联方交易，当时我国未出台关联方相关会计与审计准则，由此催生财政部出台第一个具体会计准则——《关联方关系及其交易的披露》（1997年5月发布，从1997年1月1日起执行）和独立审计具体准则第16号《关联方及其交易》（1999年2月4日发布，自1999年7月1日起施行）。从此，我国的会计准则与审计准则体系逐步与国际接轨、趋同。

（三）改革监管体制，变革监管方法

琼民源案后，我国又陆续发生了东方电子、黎明股份、银广夏、麦科特、郑百文、东方锅炉、红光实业、蓝田股份、乐山电力、活力28、猴王集团、湖北兴化等一系列会计造假与审计失败案，其中影响最大的当属银广夏案，对该案例进行简要分析如下：

案例4-8，银广夏审计案例①：银广夏于1993年8月30日经宁夏回族自治区体改委宁体改发（1993）79号文和1993年11月15日经中华人民共和国的对外贸易经济合作部（1993）外经贸资二函字第736号批准，采用社会筹集方式设立的股份有限公司。1994年6月17日，公司的股票在深交所上市。公司属生物制品行业，经营范围主要有高新技术产品的开发、生产、销售；天然物产的开发、加工、销售；动植物养殖、种植的加工、销售等。1999年至2001年两年间，银广夏创造了令人瞠目的业绩和股价神话。银广夏1999年年报公布每股收益0.51元；其股价则先知先觉，从1999年12月30日的13.97元启动，一路狂升，至2000年4月19日涨至35.83元。次日实施了优厚的分红方案10转赠10后，即进入填权行情，于2000年12月29日完全填权并创下37.99元新高，折合为除权前的价格75.98元，较一年前启动时的价位上涨440%，较之于1999年“5·19行情”发动前，则上涨了8倍多；2000年全年涨幅高居深沪两市第二；2000年年报披露的业绩再创“奇迹”，在股本扩大一倍基础上，每股收益攀升至0.827元。然而“奇迹”并未到此为止，2001年3月1日，银广夏发布公告，称与德国诚信公司（Fidelity Trading GmBH）签订连续三年总金额为60亿元的萃取产品订货总协议。仅仅依此合同推算，2001年银广夏每股收益就将达到2~3元。

2001年8月，《财经》杂志发表“银广夏陷阱”一文，银广夏虚构财务报表事件被曝光。专家意见认为，银广夏的利润主要来源于天津广夏，而天津广夏出口德国诚信贸易公司的为“不可能的产量、不可能的价格、不可能的产品”。以天津广夏萃取设备的产能，即使通宵达旦运作，也生产不出所宣称的数量；天津广夏萃取产品出口价格高到近乎荒谬；对德出口合同中的某些产品，根本不能用二氧化碳超临界萃取设备提取。2001年9月10日，停牌一个月的银广夏以跌停板复牌，经过15个连续跌停，于10月8日止住。股价从30.79元跌至6.59元，近68亿元的流通市值蒸发，投资者遭受重创，欲哭无泪。

银广夏的会计造假问题：据财政部、证监会、中注协的调查表明，公司自1998年至2001年期间累计虚增利润77156.70万元，其中：1998年虚增1776.10万元，由于主要控股子公司天津广夏1998年及之前年度的财务资料丢失，利润真实性无法确定；1999年虚增17781.86万元，实际亏损5003.20万元；2000年虚增56704.74万元，实际亏损14940.10万元；2001年1—6月虚增894万元，实际亏损2557.10万元。从原料购进到生产、销售、出口等环节，公司伪造了全部单据，包括销售合同和发票、银行票据、海关出口报关单和所得税免税文件。

银广夏的主要审计失败问题：负责审计的中天勤会计师事务所在这几年都是出具标准无保留意见的审计报告。审计存在的问题主要有：（1）银广夏编制合并报表时，未抵消与子公司之间的关联交易，也未按股权协议的比例合并子公司，从而虚增巨额资

① 本案例参照了凌华薇、王烁：《银广夏陷阱》，载《财经》2001年8月7日；吴溪：《银广夏公司案例》（来源于 http：//cpa. esnai. com）；吕先锫：《银广夏审计案例》（来源于 http：//lxp. cai. swufe. edu. cn//253. htm）。

产和利润。CPA 未能发现或报告该重大虚假问题。（2）CPA 未能有效执行应收账款函证程序，在对天津广夏的审计过程中，将所有询证函交由公司发出，而并未要求公司债务人将回函直接寄达注册会计师处。未能对关键证据亲自取证，这些重要的证据如海关报关单，银行对账单，重要出口商品单价等均是由被审计单位提供，进行审计的 CPA 未能采取必要的审计程序对这些证据的真假作进一步确认。（3）CPA 在其审计过程中过分依赖被审计单位提供的会计资料。CPA 未有效执行分析性测试程序，例如对于银广夏在 2000 年度主营业务收入大幅增长的同时生产用电的电费却反而降低的情况竟没有发现或报告；面对银广夏 2000 年度生产卵磷脂的投入产出比率等异常情况，CPA 既未实地考察，又没有咨询专家意见，而轻信银广夏管理当局声称的“生产进入成熟期”的口头解释。这样做的一个重要弊端就是忽略了管理当局的品性以及对内控制度的充分了解，从而导致对审计风险的低估。（4）天津广夏审计项目负责人由非注册会计师担任，审计人员普遍缺乏外贸业务知识，不具备专业胜任能力。（5）对于不符合国家税法规定的异常增值税及所得税政策披露情况，审计人员没有予以应有关注；在收集了真假两种海关报关单后未予以必要关注（例如注册会计师审查的几份事实上根本不存在的盖着“天津东港海关”字样的报关单上，每种商品前的“出口商品编号”均为空白。稍通外贸实务常识的人都能发现，这是违反报关单填写基本要求的）；对于境外销售合同的行文不符合一般商业惯例的情况，未能予以关注；未收集或严格审查重要的法律文件；未关注重大不良资产；存在以预审代替年审、未贯彻三级复核制度等重大审计程序缺陷。

对中天勤的处理：2001 年 9 月 7 日，财政部发布拟吊销中天勤执业资格的新闻报道。根据报道，“财政部拟对为银广夏出具严重失实无保留意见审计报告的深圳中天勤会计师事务所和相关注册会计师依法进行处罚：吊销签字注册会计师刘加荣、徐林文的注册会计师资格；吊销中天勤会计师事务所的执业资格，并将会同证监会吊销其证券、期货相关业务许可证，同时，将追究中天勤会计师事务所负责人的责任。”2002 年 2 月 25 日，深圳注册会计师协会收到财政部有关中天勤的行政处罚决定书。2002 年 5 月 14 日，银广夏收到证监会的行政处罚决定书。

与原野公司、琼民源案中的 CPA 审计舞弊相比，中天勤主要的审计责任是过失①。但中天勤冤吗？2000 年 7 月，中天勤由原先具有从事证券业务资格的天勤和中天合并成立，成为全国最大的会计师事务所。事务所的名称合并后，没有进行业务管理的实质性的合并，为了追求规模全国第一，严重忽视了会计师事务所最重要的业务风险管理，看似“强强联合”，但业务和客户实际上被各合伙人分割，主办业务工作人员长期

① 所谓审计过失，是指在一定的条件下，CPA 缺少应具有的谨慎，评价 CPA 的过失，是以其他合格 CPA 在相同条件下可做到的谨慎为标准的，当过失给他人造成损害时，CPA 应承担过失责任，过失按其程度可分为普通过失和重大过失。而审计舞弊（又称欺诈）是以欺骗或坑害他人为目的的一种故意的错误行为，作案具有不良动机是舞弊的重要特征，也是舞弊与过失的主要区别之一（张龙平，1994）。

不变。难以形成一个统一的业务管理体系和不同部门的交叉复核与工作轮换。在业务上，天勤和中天的审计报告书编号和业务专用章都是不同的，天勤的编号是“中天勤A”，专用章是“中天勤1”；中天的编号是“中天勤B”，专用章是“中天勤2”。代表对外业务风险由中天勤统一承担，而内部业务各自为政，没有统一的控制机制。只要两家中的任何一个合伙人的某一业务出现问题，就得由合并后的中天勤来全部承担。这样的机制客观上将纵容做假，而不能限制做假。天勤的冤只能归责于在当初商议合并时没有考虑各自事务所的工作风格、执业道德管理等可能引来风险的承担。这也是现存较多的规模大、业务多、上档次的会计师事务所合并的顽疾之所在。银广夏事件后，中天勤将审计失败归因于企业没有诚信，而认定CPA对在审计过程中没有违背职业道德的行为，中天勤也是受了8年的骗！而事实上，自银广夏上市以来一直担当审计师的中天勤，内部管理混乱，审计态度随意，对风险的判断近乎错误：相信银广夏是高科技公司，就应当有高额利润；因为银广夏不断进行频繁的关于高科技方面的信息披露，就认为信息是真的；因为有众多的各级领导人的视察并合影留念，就相信银广夏真的底气充足。审计人员对审计目的、目标、范围以及需要重点关注的问题，多数表达不清；内部风险控制制度不健全而且执行不力；未履行基本的三级复核制度，审核工作流于形式，审阅与签发均由刘加荣一人包办。

银广夏等案后，我国CPA行业监管体制发生重大变革，财政部于2002年发布19号文，收回原委托中注协代为履行的行政监管职能。从此，我国CPA行业监管方法发生了重大变化，中注协的行业自律监管方法和财政部的行政监管方法均有实质性发展。并由此将我国CPA承担的民事责任研究推向高潮。

二、我国CPA行业监管方法现状

（一）中注协对CPA执业质量的监管方法

中注协2004年3月发布《会计师事务所执业质量检查制度（试行）》（简称试行制度），对执业质量的监管方法作出了具体规定，要求从2004年开始执行。至2009年，中注协才发布正式的《会计师事务所执业质量检查制度》，并于2011年作了修订。本部分先对2004年试行制度及实施效果进行探讨，然后对制度变动作对比分析。

2004年试行制度对执业质量检查作出如下规定：

1. 检查的内容和方法

试行制度将检查的重点定位于行规和纪律的执行方面，即会计师事务所和CPA是否遵循了审计执业准则的要求，是否遵守了行业的职业道德要求，此外还包括事务所是否按照质量控制准则的要求进行事务所内部质量管理等。

试行制度提出对事务所的检查应当以检查小组的形式进行，检查小组应当由不少于两名的检查人员组成。在检查方式上，检查制度提出应到事务所进行现场检查，必要时，也可根据情况通过调阅资料等方式进行非现场检查。

2. 检查对象的确定

年度检查对象的确定方法主要包括：一是随机抽样的方法，即将本地所有事务所编号，根据年度检查计划确定的检查规模，随机抽取当年检查的事务所的名单，次年则从剩余事务所中随机抽取，依此类推；二是可以按地区检查，我国不少省、自治区地域辽阔，为检查工作的操作方便，可以每年集中检查几个地市的所有事务所；三是根据行业和社会发展的需要，可以在某个年度有针对性地选择某类事务所进行检查。执业质量检查制度从行业风险控制的角度也提出了重点检查对象的概念，将从事对社会和行业有重要影响业务的事务所和存在特别情形的事务所，列入重点检查对象。各地协会在确定年度检查对象时，要对重点检查对象予以特别考虑。重点检查对象不受五年一次的限制，各地协会可根据情况对这些事务所进行多次检查，并在每次检查中投入更多的力量和时间。

3. 检查人员的要求

质量检查工作由检查小组实施，检查小组应由不少于两名的检查人员组成。检查人员应当由职业道德好、专业素质高、实践经验丰富的 CPA 和注册会计师协会工作人员担任。担任检查人员的 CPA 应当符合以下条件：（1）担任事务所审计项目负责人以上的职务；（2）在事务所从事审计工作 5 年以上；（3）熟悉会计、审计等专业理论和实务；（4）最近 3 年没有受到行政处罚或行业自律惩戒。

4. 检查结果的处理

注册会计师协会在审查检查报告的基础上，对存在问题的事务所及 CPA，应当提出改进的意见和建议，问题严重的还应在下一年度质量检查中复查。注册会计师协会对检查中发现的应予惩戒的问题，应根据情节轻重，对被检查事务所及 CPA 单处或并处以下方式的惩戒：（1）谈话提醒；（2）书面批评；（3）强制培训；（4）责令限期整改；（5）责令书面检讨；（6）责令赔礼道歉、消除影响；（7）行业内通报批评；（8）社会公开谴责；（9）取消注册会计师会员资格。

5. 检查的实施及成效

2004 年，中注协开展了首次行业执业质量检查工作，标志着包括业务报备制度、谈话提醒制度、诚信档案制度、自律惩戒制度和执业质量检查制度在内的行业自律监管体系的基本形成。2004 年全行业共检查事务所 824 家，占所有事务所的 18%；投入检查人员 760 人；投入检查费用 718 万元；采用行业惩戒手段处理事务所 268 家，占被检查事务所的 33%；处理注册会计师 280 人，占被查事务所注册会计师总数的 3.44%；向有关部门移交了 8 家事务所，建议作行政处罚①。

2005 年 7—11 月，中注协在全国开展了会计师事务所执业质量检查工作，各级协会共组织了 1000 余人的检查力量，针对当前一些小所和新设立事务所存在的审计程序不规范等问题，这次行业检查将 1400 多家新所和小所列为重点检查对象，检查数量比 2004 年增加 77%，占年初事务所总数的 26.1%。共抽查业务报告 13823 份，其中审计报告 7682

① 根据陈毓圭秘书长 2005 年 6 月 14 日在中注协 2005 年会计师事务所执业质量检查工作布置会上的讲话摘要（见《中国注册会计师》2005 年第 7 期和中注协网站资料整理）。

份，验资报告6141份。注册会计师协会对检查发现存在的问题进行处理结果为：14家会计师事务所进行公开谴责；89家会计师事务所进行行业通报批评；73家会计师事务所，已移交有关部门，建议予以撤销；138名注册会计师分别给予社会公开谴责和行业通报批评。2005年各地注协的检查结果在中注协网站上作了较详细的披露，经整理，列示如表4-3所示。

表4-3　　2005年地方注协检查处理会计师事务所及注册会计师情况统计表①

地方注协	对事务所的处理意见	数量	对CPA的处理意见	数量
云南	谈话提醒	1	强制培训并处行业内通报批评	1
	限期整改	6	谈话提醒并处强制培训	1
	谈话提醒并处限期整改	15	谈话提醒	1
	限期整改并处警告	2	强制培训	43
	限期整改并处行业内通报批评	1		
甘肃	通报表扬	2	谈话提醒	10
	移交财政部门建议撤销	1	强制培训	26
	通报批评	3	责令赔礼道歉消除影响	1
	限期整改	2		
宁夏	通报批评	1		
	书面批评	3		
	书面检讨	1		
	谈话提醒	6		
广西	通报批评	2	强制培训	6
	限期整改	4	书面检讨	2
	书面批评	2	书面批评	1
			谈话提醒并记入诚信档案	1
内蒙古	移交财政部门延伸核查	1		
	通报批评并记入诚信档案	3		
浙江	社会公开谴责	2	通报批评和强制培训	30
	通报批评	9	书面检讨和强制培训	17
	限期整改	1	强制培训	2
	移交财政部门延伸核查	3	书面检讨	11

① 本表根据中注协网站www.cicpa.org.cn行业监管中“执业质量检查”整理。之后的年份各地检查结果披露不详细。

续表

地方注协	对事务所的处理意见	数量	对 CPA 的处理意见	数量
河南	社会公开谴责并移交财政部门延伸核查	3	书面检讨	46
	限期整改	21	书面检讨和强制培训	17
	书面检讨并下年复查对象	2		
北京	通报批评	2		
	限期整改	3		
	谈话提醒	6		
上海	移送财政部门予以行政处罚	2	谈话提醒	15
	限期整改	1	移送财政部门予以行政处罚	4
	书面批评	1	建议吊销注册会计师证书	1
	谈话提醒	2		
河北	移交财政部门延伸核查	9	通报批评	4
	通报批评	2	书面检讨	5
	书面检讨并限期改正	5	限期整改	33
	限期改正	12	谈话提醒	12
	谈话提醒	1		
	复查	20		
	下发风险提示函	16		
四川	移交财政厅建议撤销	6	谈话提醒	9
	移交财政厅建议停业整顿	1		
	谈话提醒	8	书面批评	5
	书面批评	2		
	限期整改	7	强制培训	15
	通报批评	4		
	社会公开谴责	2	限期整改	5
	取消事务所的团体会员资格	1		
广东	移交财政厅建议撤销	5	社会公开谴责	5
	移交财政部门延伸检查	1	通报批评	27
	社会公开谴责	5	强制培训	32
	通报批评	10		
	书面批评	8		

续表

地方注协	对事务所的处理意见	数量	对CPA的处理意见	数量
江苏	移交财政部门建议撤销	1	通报批评	6
	通报批评	5	限期整改	37
	限期整改	33	强制培训	74
	谈话提醒	13	谈话提醒	54
	强制培训	15		
辽宁	移交省财政厅建议撤销	2	通报批评	15
	通报批评	23	撤销注册转为非执业会员	53
	限期整改	7		
山东	移交财政部门予以暂停执业	1	通报批评责令限期整改	12
	通报批评责令限期整改	10		
安徽	书面批评	1	撤销注册	4
	书面批评（申请注销）	1	谈话提醒	2
	谈话提醒	4		
	限期整改	7		
山西	移交财政厅建议撤销	9	强制培训	10
	谈话提醒	13	转为非执业会员	113
天津	移交财政局建议停业整顿	1	谈话提醒	1
	移交财政局建议延伸检查	1	通报批评	1
	限期整改	2		
	书面批评	1		
福建	移交财政厅建议予以撤销	2	通报批评	2
	移交财政厅延伸检查	3	书面检讨	3
	通报批评	2	强制培训	9
	限期整改	3		
重庆	通报表扬	1	强制培训	29
	移交财政部门进一步处理	1		
	书面检讨	3		
	谈话提醒	2		

续表

地方注协	对事务所的处理意见	数量	对 CPA 的处理意见	数量
江西	移交财政厅公告撤销	3		
	移交财政监督局调查处理	1		
	书面检讨	1		
	通报批评并强制培训	1		
	强制培训	6		
	限期整改	5		
	发出提示函提请关注和改进	21		
湖南	移交财政厅处理	5	谈话提醒	40
	通报批评并移交财政厅处理	1	强制培训	35
	移交财政厅进一步核查	1	书面检讨	4
	通报批评并在下年复查	2	通报批评	6
	限期整改	26		

2006 年 6—10 月，中注协在全国开展了第三次会计师事务所执业质量检查工作，各地注协共检查事务所 1248 家，检查数量占年初事务所总量的 24%。此次检查的重点是具有从事证券、期货相关业务资格的事务所、为工商登记和年检提供验资、审计业务较多的事务所及新设立和小规模的事务所。针对检查中发现的执业质量问题，各地注协对 111 家事务所和 124 名注册会计师给予行业内通报批评，对 34 家事务所和 60 名注册会计师给予公开谴责，并将存在重大执业质量问题、严重违反职业道德、不符合设立条件的事务所移交有关部门予以撤销或进一步延伸调查。

2007 年，根据全国监管工作会议统一部署，各级协会结合当地实际，对 1337 家会计师事务所进行检查，占全国会计师事务所总数的 20.54%。其中，中注协直接组织 12 个检查组对 37 家证券资格事务所进行重点检查。在执业质量检查过程中，中注协采取一系列新措施，切实发挥执业质量检查对贯彻落实新准则的推动作用。

2008 年，全国各地方协会共对 1246 家事务所进行了检查。其中，对 31 家事务所和 57 名注册会计师给予了公开谴责，对 101 家事务所和 166 名注册会计师给予了行业内通报批评。

至 2008 年，全国各地方协会已圆满完成第一个周期的检查工作。在第一轮 5 年的检查中，全行业共抽调 4300 多名注册会计师参加检查工作，对全国 6000 多家事务所进行了执业质量检查。其中，对存在严重问题的 137 家事务所和 243 名注册会计师给予了公开谴责；对 435 家事务所和 623 名注册会计师给予了行业内通报批评。

2004 年以来，中注协牵头组织的会计师事务所执业质量检查，无疑是对 CPA 行业实施监管的一项重大举措，效果是非常明显的。但是地方注协普遍存在避重就轻、地方保护主义现象。有些“钉子”（被审计单位及相关事务所）受地方政府保护，注协不敢碰；有些事务所是地方注协树立的正面典型，出了问题注协不愿披露，等等。最终受到处罚并上报到中注协的事务所和 CPA 多是无关紧要的小所或违规情节较轻（当然处罚也很轻）的事务所。

（二）财政部门监督检查机构的行政监管方法

2002 年 19 号文后，财政部发布文件，监督检查局四处出台规范，并采用实地调查等方法，对部分事务所和 CPA 实施了监管。

2005 年 3 月 1 日实施的《会计师事务所审批和监督暂行办法》，要求各级财政部门应对事务所的以下情况进行重点监督检查：（1）被投诉或者举报的；（2）未保持设立条件的；（3）在执业中有不良记录的；（4）采取不正当竞争手段承接业务的。

各级财政部门可以法对事务所进行实地检查，也可将有关材料调到本机关或检查人员办公地点进行核查。在实施监督检查过程中，可以要求事务所和 CPA 说明有关情况，调阅会计师事务所工作底稿及相关资料，向相关单位和人员调查、询问、取证和核实有关情况。

2006 年 3 月 31 日，财政部又出台了《会计师事务所监督检查工作规程》（财监［2006］11 号），对财政部门 CPA 行业行政监管的定位、检查组织及人员、检查的具体方法与程序、检查对象的确定、检查结论及处理做了更详细规定。

对会计师事务所和注册会计师的违法违规行为，财政部和省级财政部门可以在作出行政处罚决定后予以公告。

2002 年 19 号文后，财政部对 CPA 行业的监管仍是通过发布“会计信息质量检查公告”方式披露。

2002 年 19 号文后，财政部门对 CPA 行业的处罚是通过“会计信息质量公告”公布的，自 2002 年财政部发布 19 号文收回行政监管权后，发布了 15 次“会计信息质量公告”。处罚情况如表 4-4 所示。

表 4-4 **2003 年以来会计信息质量公告一览表①**

公告号次	公告时间	检查内容	发现问题	处罚情况
第 8 号	2003.1.16	192 家企业和与之相关的 91 家事务所	审计程序不完整、对重要会计事项关注不够、出具的审计报告类型不恰当等	对违规事务所和 CPA 的处罚，另行公告
第 9 号	2004.1.19	152 家民营企业和被 CPA 出具否定意见或拒绝表示意见的企业		

① 根据财政部发布的会计信息质量检查公告整理。

续表

公告号次	公告时间	检查内容	发现问题	处罚情况
第10号	2004.3.4	对第8号公告中涉及部分CPA及事务所进行检查		对3家事务所及相关CPA进行了行政处罚
第11号	2005.7.28	重点检查5家证券业资格事务所和13家中小事务所执业质量	审计程序不到位、故意出具虚假审计报告	处罚8家事务所，其中撤销1家、暂停执业1家、警告3家、责令整改3家；处罚CPA23名，其中吊销证书1人、暂停执业6人、警告16人。4家事务所交中注协自律惩戒
第12号	2006.11.6	94家企业和60家事务所	中小事务所内部质量控制薄弱、审计程序不到位甚至故意出具虚假审计报告	处罚28家事务所，其中暂停执业3家、警告10家、责令整改15家；处罚CPA39人，其中吊销证书2人、暂停执业7人、警告30人
第13号	2007.10.31	财政部直接组织专员办检查81家企业和37家事务所；各地财政部门检查7268家企业和600家事务所	中小事务所内部质量控制薄弱、审计程序执行不到位、出具不实报告问题仍较突出	处罚88家事务所，其中撤销2家、暂停执业2家、警告84家；对232名CPA给予吊销证书、暂停执业和警告的处罚
第14号	2008.8.22	检查共涉及企事业单位、会计师事务所8398家	未保持应有的职业怀疑态度；未充分关注审计中的高风险领域；未按要求编制审计工作底稿，未严格实施逐级复核制度；重业务发展、轻质量控制；执业环境亟待进一步规范和治理	处罚215家事务所，其中撤销22家、暂停执业51家、没收罚款37家、警告105家；对498名CPA作出了行政处罚，其中吊销证书13人、暂停执业163人、警告322人
第15号	2009.11.17	28家证券资格会计师事务所和686家非证券资格会计师事务所开展重点检查	整体来看，证券资格事务所在内部控制、执业质量、风险导向审计理念等方面比非证券所好，个别中小所存在CPA挂名执业、违规出具不实审计报告等严重问题	处罚175家事务所，其中撤销14家、暂停执业55家、没收违法所得和罚款37家、警告98家；对367名注册会计师作出了行政处罚，其中吊销证书9人、暂停执业68人、警告290人

续表

公告号次	公告时间	检查内容	发现问题	处罚情况
第 16 号	2009.12.11	对部分证券公司、保险公司及中国农业发展银行部分分行 2007 年度会计信息质量进行了检查		
第 17 号	2010.7.15	对部分农村信用合作社、城市商业银行及保险公司 2008 年度会计信息质量作了检查		
第 18 号	2010.11.9	对 78 家企业的会计信息质量和 43 家会计师事务所的执业质量进行了检查；涉及证券资格会计师事务所 20 家、证券资格会计师事务所分所 20 家	部分事务所内部管理不规范，未严格遵循执业准则，审计程序执行不到位、审计证据获取不充分、审计工作底稿不合规等问题较为严重，执业质量有待进一步提高	对天健光华事务所、上海上会事务所等的 9 名注册会计师予以行政警告，对其他存在一定执业质量问题的会计师事务所通过下达整改通知书、监管关注函等方式进行了处理
第 19 号	2010.11.9	共检查企事业单位 17089 家，会计师事务所 543 家	部分非证券资格事务所，未严格执行新审计准则，执业质量不高，特别是规模较小的会计师事务所执业不规范现象较突出，主要表现为：内部治理、内部控制薄弱，事务所内部各股东、合伙人各自为政，缺乏必要的监督约束；审计程序执行不到位，特别是风险导向审计程序流于形式；未能保持设立条件，不按规定进行业务报备；出具不实审计报告甚至故意出具虚假审计报告等。	对 63 家事务所予以行政处罚，对 8 家事务所予以暂停执业处罚，其中对厦门平正暂停执业 12 个月，厦门新昌、伊犁众信暂停执业 6 个月，四川元信、四川崇信、陇南正和暂停执业 3 个月，陕西大地、陕西光大暂停执业 60 天；对 11 家事务所予以没收违法所得和罚款处罚；对 44 家事务所予以行政警告处罚。共对 134 名注册会计师予以行政处罚，其中对 17 名注册会计师给予 3～12 个月的暂停执业处罚，对 117 名注册会计师给予行政警告处罚。

续表

公告号次	公告时间	检查内容	发现问题	处罚情况
第20号	2011.8.11	对部分邮储银行、农村信用合作社、城市商业银行、保险及保险经纪公司等44家金融企业2009年度会计信息质量进行了检查		
第21号	2011.10.8	对114家企业的会计信息质量和56家证券资格会计师事务所（分所）的执业质量进行了检查。对部分证券资格事务所的执业质量、内部控制、财务管理等进行了重点检查	少数证券资格事务所内部管理较为薄弱，质量控制存在缺陷，未保持应有的职业谨慎，未严格执行执业准则，审计程序不到位，审计证据不充分，专业判断不合理等	对中准会计师事务所、上海东华会计师事务所、大信会计师事务有限公司的6名注册会计师予以行政警告，并对存在执业质量问题的有关会计师事务所依法下达了整改通知书
第22号	2011.10.8	2010年，共检查企事业单位18553家，会计师事务所969家，主要是对非证券资格会计师事务所执业质量的行政监督检查。	部分非证券资格事务所未严格执行审计准则，执业质量不高，如：部分事务所风险导向审计流于形式，未严格履行必要的审计程序，审计证据获取不充分，审计报告披露不全面，甚至出具虚假审计验资报告，少数事务所存在恶性竞争，审计收费偏低，未按规定进行业务报备等问题	对68家事务所予以行政警告、没收违法所得、罚款、暂停执业等行政处罚，其中对辽宁建信亿方、安徽苏明特、安徽天华、福建东祥、广东沛丰、深圳银展等6家事务所予以了暂停执业的行政处罚。同时，对143名注册会计师予以行政处罚，其中对37名注册会计师予以暂停执业，对107名注册会计师给予行政警告处罚

三、注册会计师行业监管制度（方法）的比较分析

2009年7月28日，中注协发布了正式的《会计师事务所执业质量检查制度》（简称2009检查制度），从2009年8月1日开始实施，其与中注协2004年发布的《会计师事务

所执业质量检查制度（试行）》（简称试行制度）相比有较大改进。2011 年 7 月 16 日，中注协又发布了《会计师事务所执业质量检查制度改革方案》及修订的《会计师事务所执业质量检查制度》（简称新检查制度），该制度是我国迄今为止最为规范、系统、完整的 CPA 行业监管制度。与 2009 检查制度又有实质上的进步。本节将 2004 年的试行制度与 2009 检查制度及新检查制度进行比较，并将执业质量检查制度与财政部 2005 年发布的《会计师事务所审批与监督暂行办法》、2006 年出台的《会计师事务所监督检查工作规程》（简称财政部监督检查规程）及 2009 年 2 月发布的《关于进一步做好证券资格会计师事务所行政监督工作的通知》，与证监会会计部 2005 年出台的《会计师事务所与资产评估机构证券期货相关业务监管责任制》（简称证监会监管责任制）对比，与美国注册会计师协会（AICPA）的“同业互查”办法、美国公众公司会计监管委员会（PCAOB）的相关条款进行比较，认为 2009 检查制度与新检查制度的核心变化及优势体现在：

（一）重新界定了执业质量检查的目标

试行制度将执业质量检查目标定位于：为了保护社会公众利益，加强注册会计师（简称 CPA）行业自律监管，帮助、教育、督促会计师事务所和 CPA 提高职业素质和执业质量。

2009 检查制度界定的执业质量检查的目标是：为了规范和指导注册会计师协会对会计师事务所的执业质量检查工作，加强对事务所执业质量的监管，督促事务所及 CPA 增强风险意识，提高执业质量。

财政部的监管目标是：落实财政部门对 CPA 行业的主管职责，切实发挥监督、指导 CPA 行业的主导作用；提高证券资格会计师事务所执业质量，促进 CPA 行业做大做强、健康发展；通过证券资格会计师事务所执业的辐射延伸，强化专员办对重点企业会计信息质量的监督，提升会计信息质量检查成效。

证监会的监管目标是：为了加强对会计师事务所及其相关人员执行证券、期货相关业务的监管，加大监管力度，促进其诚信建设和提高执业质量。

AICPA 的同业互查目标是：为了维护公众利益，通过帮助、教育和改进措施提高会计师事务所会计和审计服务质量。

新检查制度将执业质量检查的目标改为：为了规范和指导注册会计师协会对会计师事务所的执业质量检查工作，引导和督促事务所强化质量控制体系建设，防范系统风险，提升事务所及其注册会计师的职业道德水平和执业质量，维护公众利益。同时在第三条中强调：执业质量检查应当遵循风险导向的理念，对事务所的系统风险进行检查。系统风险检查的内容包括质量控制体系检查和业务项目检查。质量控制体系检查涉及事务所的职业道德规范，质量控制环境，合伙人机制，客户关系和具体业务的接受与保持，人力资源，业务规范，业务执行，监控，总分所管理和信息系统等要素。执业质量检查应当坚持事务所质量控制体系检查与业务项目检查并重，以质量控制体系检查结果指导业务项目检查，以业务项目检查结果支持质量控制体系检查的结论，并对事务所质量控制体系设计和运行的有效性，以及事务所的执业质量水平作出整体评价。

新检查制度贯彻落实风险导向监管理念，将检查工作重心由业务项目检查转移到项目检查与系统风险检查并重，建立起以周期性检查为基础、防范系统风险为核心、体现独立监管要求、与国际普遍认可监管制度趋同的会计师事务所执业质量监管体系。体现了“质量控制体系检查与业务项目质量检查并重”、“技术程序检查与职业道德检查并重”、“完善检查技术与建立检查质量保证机制并重”、“检查制度改革与检查专家队伍建设并重”、“落实审计责任与落实注协监管责任并重”等原则。

（二）进一步明确了检查原则与职责分工

2009检查制度首次提出执业质量检查应坚持公平、公正的原则，要求检查及处理要以事实为依据，以准则为准绳，严格检查，严格惩戒。新检查制度又进一步将检查原则提升为切实实现帮助、教育、督促、提高的目的。这一原则为执业质量检查提出了原则、标准和要求，有助于各级协会把握检查与惩戒的尺度。

试行制度中提出关于执业质量检查的职责分工是：中注协负责组织、指导和协调事务所质量检查工作，地方注协按制度规定并结合本地实际，组织开展本地区事务所质量检查工作，中注协也可根据需要直接开展检查工作。

2009检查制度中对中注协与地方注协的职责分工是：中注协负责全行业执业质量检查标准和政策的制定及组织协调工作，并对各级协会的执业质量检查工作进行指导和监督。中注协统一部署对证券资格事务所的执业质量检查，并直接组织检查组对证券所进行检查，各级协会配合中注协对本行政区域内的证券所分所进行检查，中注协对存在执业违规行为的证券所实施惩戒。各省级协会负责对本行政区域内的其他事务所的执业质量进行检查。这一规定与财政部和证监会的相关分工基本协调一致，这样分工有助于相互沟通信息，减少重复检查，充分利用监管资源，形成监管合力，从而提高监管效果。

新检查制度进一步明确了中注协与地方注协的职责分工：中注协直接组织对具有从事证券期货相关业务资格会计师事务所（包括分所，简称证券所）进行执业质量检查，并根据检查结果对存在执业违规行为的证券所实施惩戒。各省级协会按照中注协的统一部署，组织对本行政区域内的事务所进行执业质量检查。各级协会应加强沟通协调，安排好证券所的检查工作。省级协会对本行政区域内事务所跨区域执行的业务进行执业质量检查，必要时可商请业务所在地省级协会协助检查。省级协会发现外地事务所在本行政区域内执行业务涉嫌存在违规问题的，可以提请事务所所在地省级协会进行查处。

财政部监督检查规程中规定：财政部负责全国CPA行业行政监督工作的总体规划、政策制定和组织协调，并对省级财政部门的工作进行监督和指导。财政部统一组织对具有证券资格事务所的监督检查，对其他事务所可进行重点检查，并依法进行处理处罚。省级财政部门负责对本行政区域内的事务所及分所进行监督检查，并依法进行处理处罚。专员办根据财政部的统一部署开展会计师事务所的检查，并由财政部统一进行处罚。

证监会监管责任制规定：证监会会计部全面负责证券资格事务所的监管工作，包括监管工作总体规划、监管政策法规的制定与解释，事务所证券资格的审批与管理，并负责指导、协调派出机构的监管工作。各派出机构负责本辖区内证券资格事务所的具体监管工作。

AICPA的同业互查办法规定：AICPA设立的会计师事务所部分为证券市场业务部和非证券市场业务部，证券资格事务所的监管由AICPA的同业互查委员会统一组织实施，非证券资格事务所则由各州注册会计师协会实施监管。

（三）检查周期的规定更趋合理

试行制度规定所有事务所每五年内至少应当接受一次执业质量检查。

2009检查制度规定证券所及分所每三年内应当至少接受一次执业质量检查，对其他事务所的检查周期仍维持为五年。同时规定对存在问题较严重的事务所，可考虑在一个检查周期内安排两次或两次以上的检查，还可以根据事务所的综合评价结果，逐步实现对事务所的分级分类管理，针对不同的事务所确定不同的检查周期。新检查制度增加一条：中注协每年应当对获准从事H股企业审计业务的事务所实施抽查。2009检查制度及新检查制度关于检查周期的规定，借鉴吸收了国内外各监管团体的做法，且符合我国注册会计师协会的实际，更为合理。

财政部规定对证券资格的事务所原则上每三年至少进行一次专项检查，每次检查至少延伸检查两个被审计单位（重点是国有大型企业、上市公司及高风险审计业务）。

证监会对CPA行业的监管没有设定检查周期。

AICPA的同业互查规定证券资格事务所每三年内必须参加一次同业互查。

PCAOB则规定对公众公司超过100户以上的事务所，要进行年度质量检查，而对其他事务所每三年检查一次。

（四）重点被检查对象的选择更加针对行业的执业现状

试行制度中确定年度重点检查对象的主要参考标准包括：（1）被审计单位变更委托，可能存在重大风险的后任事务所；（2）合伙人之间纠纷较大，可能影响审计质量的；（3）采用不正当竞争手段承揽业务的；（4）诋毁同行、损害同行利益的；（5）从事上市公司、金融机构、大型国企审计业务的；（6）新批准设立，或首次承接上市公司审计业务的。

2009检查制度中确定重点检查对象时删除了上述第5条即“从事上市公司、金融机构、大型国企审计业务的”，将上述第6条修改为“新批准设立的”；另外增加了三个参考标准：（1）受到投诉举报较多或反映问题严重的；（2）业务收费显著低于行业平均收费水平的；（3）承接业务数量与事务所人员、规模明显不匹配的。新检查制度在此基础上增加一条检查标准：即新承接的业务可能存在重大审计风险的。这一变化体现两个主要思想：一是各级注册会计师协会的检查重点不再针对证券资格事务所，原因是证券资格事务所的检查由中注协统一布置，同时证券所还要接受财政部门、证监会等多个监管部门的交叉监管；二是强调对各地事务所压价无序竞争、不履行基本审计程序或审计程序执行不到位、靠卖所生存的事务所等不良行为实行更严格的监管。

（五）制定了更为完备的检查方案

试行制度中第四章“检查的内容、方法与程序”中，对检查方法与程序的规定较为笼统，不够系统完整。

财政部检查规程第四章“执业质量检查”中对检查程序的规定比较具体，主要包括：检查前应充分了解事务所的相关情况；制定检查方案（包括检查的依据和目的、检查内容、检查方式和检查工作安排与要求等）；具体检查中可选用的基本方法；实施检查的具体步骤及应关注的事项；需编制的检查工作底稿的主要内容；检查结论的内容等。

2009检查制度与新检查制度在第一章“总则”中明确了执业质量检查的内容，在第四章“检查计划”和第六章“现场检查”中规范了检查方法与程序。规定注册会计师协会应制定年度检查计划或检查方案，在方案中明确检查依据和目的、检查对象、检查内容、检查方式、检查工作安排和要求等；规定检查组一般应对事务所进行现场检查，按一定抽样方法选取检查样本，与被检查事务所和CPA进行充分沟通，收集充分适当的证据以形成检查意见，按照注册会计师协会确定的检查标准实施检查，编制检查工作底稿；完成检查工作后向注册会计师协会提交执业质量检查报告，并且明确了报告的具体内容。关于检查方法与程序的规定简单明了，程序规范，便于操作，方便可行。

（六）进一步明确检查人员的权利与义务

新检查制度及2009检查制度对检查人员的权利作了更明确的界定，指出检查人员的权利主要包括：（1）有权对被检查事务所的业务报告、工作底稿、质量控制制度、财务会计资料及内部管理制度等资料进行查阅、记录和复印；（2）对事务所有关人员进行询问或发放调查问卷；（3）必要时，可对涉嫌严重违规或双方争议较大的业务报告和相关工作底稿调回注册会计师协会查阅。

2009检查制度中首次强调检查人员的检查责任，在第22条中除了试行制度中有的“注册会计师协会对表现优秀的检查人员予以表彰、奖励”外，增加了一句“对违反检查纪律的检查人员予以相应的处分”，这句话虽然过于简单且笼统，但意义重大，表明CPA行业自律监管者也需要承担责任。我们知道：在国内外各类监管法规及各监管部门的监管制度中，都只明确了会计人员的会计责任和CPA的审计责任，没有监管者责任的表述，虽然有“不得……”条款，但无相关责任追究语言。2009检查制度对于“监管者承担什么责任”、“谁来监管监管者”提出初步挑战，是一重大进步。

新检查制度在2009检查制度的基础上，进一步明确了检查人员的权利及事务所的责任，如第25条规定：注册会计师协会可向检查人员、咨询专家所在单位及个人支付一定的费用。第26条规定：事务所应当积极推荐符合条件的相关人员参加检查，并支持其工作。事务所应当保证检查人员、咨询专家在参加注册会计师协会的执业质量检查期间的业绩考核与评价、薪酬待遇等不因参加检查工作而受到影响。这些规定对于稳定执业质量检查队伍具有重要作用。

虽然新检查制度与2009检查制度及试行制度、与其他监管部门的监管制度相比有很多进步，但在执行过程中还存在一定问题，本书将在下一节“改进我国CPA行业监管方法的思路”中一并探讨。

四、我国现行CPA行业监管方法的主要缺陷

19号文后，我国对CPA行业的自律监管方法和政府行政监管方法都逐步走上规范化，但我们认为仍有以下主要缺陷：

（一）缺乏系统规范的监管方法

尽管中注协的执业质量检查制度和财政部的监督检查工作规程都规定了监管的程序和实施方法，但方法本身没有系统化、程序化。具体表现在：（1）无论行业自律监管还是政府行政监管，均没有形成类似于美国同业互查法、英国实地调查法那样一套系统的方法；（2）如何审查事务所上报的资料，怎样确定监管重点，没有建立可靠的方法，具有较大随意性；（3）如何抽样选取当年监管对象，基本上还是行政命令式的方法，如把

2005 年的监管对象定为小事务所和新事务所等做法具有典型的行政色彩；（4）具体实施监管的程序还没有规范化等。

（二）重事后监管，轻事前、事中监管

现有自律监管和行政监管方法，无论是审查事务所资料还是实地调查，不管是先检查事务所工作底稿还是先审核事务所出具的审查报告，都是事后监管。主要体现为：（1）对于执业准则只重建设不重落实。如果执业准则落实到位，几乎可以避免所有的审计风险和监管风险，该问题在第三章已论述。（2）对事务所内部控制制度评估测试重视不够。虽然现有监管方法有了解事务所内控制度这一要求，但监管者实施监管时只重视有无制度，而对制度的执行情况测试评估不足。如果事务所内部控制制度不健全，内控制度执行不到位，如何去评价被审计单位的内部控制，又怎能让人们信任其审计报告？（3）对事务所审计计划、审计程序的监管力度不够，没有实地观察 CPA 审计过程等。尽管国外的 CPA 行业监管也是重事后监管，但笔者认为，应真正将审计重心前移，特别是对于重在帮助教育的行业自律监管来说，更应该重视事前、事中监管。

（三）不具备查处重大审计舞弊案的方法机制

与安然等公司的高级会计造假手段相比，我国的会计造假多是无中生有，造假方法相对低劣，因此查处造假相对容易。审计人员之所以未发现重大会计造假，一是通同作弊，二是审计程序不严格。监管人员未发现重大会计造假和审计舞弊的原因主要是疏于监管、监管方法不科学、监管自身流于形式。几乎所有重大审计舞弊案都由新闻媒体先披露，这对监管者来说是很大的讽刺。

第三节　改进我国 CPA 行业监管方法的思路

行业自律管理应将监管重心前移，从落实执业准则着手，帮助事务所完善审计计划，规范审计程序；从重点审计领域监管入手，强化事务所对重大错报风险的认识，尽量降低检查风险；从评估事务所内部控制制度入手，帮助事务所完善内控制度，加强执业质量控制。行政监管应实行定期轮换监管，优化监管方法，完善监管程序，规范审计报告，增强查处重大审计舞弊的能力。

本部分探讨具体的监管方法，建议在我国实行舞弊导向监管法、事项监管法，进一步加大执业质量检查力度，全面提升同业互查质量。

一、实行舞弊导向监管法（风险导向监管法）

舞弊导向监管法是以维护社会公众利益为监管目标，以防止 CPA 审计舞弊为出发点，以从事高风险行业审计、上市公司审计的 CPA 和事务所作为重点监管领域，从而确定监管策略，对 CPA 行业实施监管的一种方法。该方法主要适用于我国政府行政监管。

（一）确定重点监管领域

1. 按风险较大行业或某类影响较大的企业确定重点监管对象

我国风险较大的行业或企业主要是：（1）金融类企业。金融、保险、证券业是高风险行业，其风险包括信用风险、流动性风险、利率风险、市场风险、操作风险、法律风险、政策风险和环境风险等。如商业银行，在目前部分准备金制度下，只有存款人不同时提取存款的情况下，银行才具有足够的清偿能力，所以社会公众的信任是银行的生存基础，只有公众保持对银行的信任时银行才是安全的。由于信用的连锁性，单个金融机构发生危机可能会引发"多米诺效应"，因此对金融机构的监管就显得更为重要。而CPA审计作为金融监管体系的一个重要组成部分，其审计风险本身很大，因此应将从事金融类企业审计的CPA和事务所作为重点监管对象。(2) 上市公司。上市公司是公众公司，其利益相关者众多，一家上市公司破产将影响成千上万投资者（和债权人等）的利益。当经营业绩不佳时，上市公司为了取得上市资格、提高新股发行价格、获得配股资格等，就可能舞弊动机。上市公司制造虚假的经营业绩和财务实力，无不经过精心策划，通过"业务安排"和"组织设计"，利用上市规则、会计准则、审计准则的滞后和缺漏，炮制虚假交易或不等价交易，或把应在报表或附注中报告或披露的事项排除在外等。而CPA可能会因职业道德问题与上市公司通同作弊，也可能因职业胜任能力问题发生过失，所以必须将从事上市公司审计的CPA和事务所作为重点监管对象。(3) 电力、医药和房地产等行业。(4) 国有企业及其他盈余管理动机明显企业，如为了争取配股资格、为了甩掉ST帽子等。监管机构应通过实时监控了解CPA为这些重点领域出具的审计报告，掌握异常线索，及时采取监管措施。

2. 按会计舞弊集中事项确定重点监管内容

通过对我国上市公司非标准意见审计报告进行分析，得出我国上市公司近年来会计造假事项主要集中在以下方面：(1) 持续经营问题。(2) 重大不确定问题。(3) 关联方关系及重大关联方交易问题。(4) 公允价值计量问题。(5) 计提资产减值损失及转回问题。(6)) 对上市公司利润影响较大的债务重组收益确认。(7) 企业合并及异常的股权转让问题。(8) 重大会计差错更正问题。(9) 股东出资不到位问题等。会计舞弊集中的事项存在重大错报风险，虽是CPA审计重点关注的内容，但仍然易发生审计失败案，所以应作为CPA行业的重点监管领域。

3. 按审计薄弱环节确定重点监管对象

根据网上监控、事务所业务报备等收集的信息，了解事务所存在的审计薄弱环节，从而确定重点监管对象：(1) 日常监管中发现涉嫌违法违规的事务所及CPA；(2) 内部质量控制薄弱的事务所，如存在未按规定编制和保存审计工作底稿、未按质量控制准则的要求实行逐级复核、未实施必要的审计程序、未获取充分适当的审计证据、发表的审计意见不恰当、审计工时和审计收费明显不合适等情况；(3) 对分所管理不严，分所审计程序与执业质量标准与本事务所出入较大；(4) 采用降低收费等不正当手段承接业务；(5) 未按规定进行业务报备等。

4. 根据接到的投诉举报、CPA及事务所诚信档案确定重点审计线索

我国的重大会计审计舞弊案多由投诉举报暴露，所以仍应将投诉举报线索作为审计监管重点。而诚信档案建立目的之一就是为了选择监管重点。另外上级行政部门交办或其他部门移送的案件或线索也是重点监管线索。

（二）确定监管策略

1. 制定监管计划

监管计划是为实现监管目标而对监管工作的组织实施所作出的事先规划和安排。就财政部门行政监管而言，首先应由财政部监督检查局制定总体监管计划，确定全年监管的重点行业和领域，规定专员办和地方财政部门当年的监管任务总量；其次由专员办和地方财政部门制定各自的具体监管计划，确定本年度将要实施重点监管的 CPA、事务所及其执行的审计业务；最后由各监管小组制定详细的监管实施计划，明确监管任务，制定监管程序和方法，确定监管风险具体领域。

2. 落实监管人员

目前仅靠财政部监督检查局四处、专员办会计处和省级财政部门监督检查处几十个人力实施对全国 CPA 行业的行政监管，难以履行财政部门的行政监管职责。当务之急是在全国范围内考试选拔监管人员，充实监管队伍。然后将每项审计计划的每个方面落实到每个监管人员，建立监管责任制。财政部发布的《会计师事务所监督检查工作规程》对检查组织和人员作出以下规定：财政部门应成立检查组，检查组需由 2 名以上财政部门工作人员组成，指定组长，实行组长负责制。检查过程中，可聘用一定数量的 CPA 等专业人员协助检查。对财政部门检查人员的要求是：熟悉 CPA 行业的基本情况，掌握有关的法律、法规、政策，具备相应的专业水平。受聘的 CPA 应具备以下条件：（1）在事务所连续工作五年以上；（2）具有较强的业务能力和良好的职业道德；（3）近三年内未受过行政处罚或行业自律惩戒；（4）与检查对象不存在应回避的关系。但笔者认为，应建立相对稳定的监督检查队伍，现行的实行游击队式的检查效果不尽如人意。

3. 实施监管

实施现场监管工作主要包括以下步骤：（1）了解被监管事务所的内控制度与执业质量控制程序；（2）询问职业道德准则落实情况，也可通过对事务所客户进行问卷调查了解 CPA 职业道德品质；（3）查阅 CPA 审计工作底稿并进行分析性复核；（4）根据工作底稿中存在的疑点，实地观察 CPA 审计工作流程是否严格遵循执业准则，也可延伸到被审计单位进行实地调查；（5）得出监管结论，撰写监管报告；（6）认定被审计单位的会计责任和事务所的审计责任，作出恰当的惩戒与处罚。

实施非现场监管的主要方法是：（1）通过对中注协同业互查结果进行分析，了解 CPA 审计状况，对 CPA 审计质量进行总体评价，并据此确定现场监管的重点；（2）利用"CPA 行业监管系统"数据库资料，对 CPA 及事务所实施网上监管。

二、实行事项监管法

事项监管法是指针对容易引发审计失败的事项，分别采用相应的监管策略，对重大事项实施重点监管的方法。该方法适用于行业自律监管和政府行政监管。

参照世界各国审计失败案例，结合我国实际，笔者认为我国易引发审计失败的事项主要有：（1）关联方关系及其交易；（2）衍生金融工具；（3）电子商务与计算机审计；（4）验资；（5）期后事项，如巨额担保、诉讼、资产遭受不可抗力损失、购买或出售子公司及异常会计调整等；（6）"炒鱿鱼，接下家"；（7）审计收费问题等。

实行事项监管法，就是将监管重心前移，通过事前提醒、事中检查，事务所业务报备等方法对上述事项进行重点监管。

三、全面提升同业互查质量

同业互查是CPA行业自律监管的一种重要方法，我国目前实行的CPA及事务所执业质量检查是同业互查的一种情况。同业互查的种类主要有：（1）事务所互查，即一家事务所对另一家事务所的检查（A所查B所，B所查C所）。可以是普通事务所互查，也可以是有证券从业资格的事务所之间的互查；可以是本地事务所之间的互查，也可以是本地与外地事务所之间的互查。（2）地方注协业内互查，由地方注协安排检查小组对事务所进行执业质量检查，也可以是某地区组成的检查小组对另一地区的互查。（3）中注协业内检查，由中注协安排检查小组对CPA执业的某些项目或领域进行检查。

2004年开始中注协牵头组织的执业质量检查，是CPA行业自律监管的重要举措，是整个CPA行业监管的重头戏，也是对CPA执业状况最为规范、系统的监管，取得的成绩有目共睹，效果非常明显。但执业质量检查制度本身及实施人有待进一步改进。建议如下：

（一）检查人员的选拔可适当面向非执业会员

新检查制度要求检查人员应当由职业道德好、专业素质高、实践经验丰富的CPA和注册会计师协会的工作人员担任，担任检查人员的CPA还应同时符合以下条件：（1）担任事务所项目负责人以上职务；（2）在事务所从事审计工作五年以上；（3）熟悉会计、审计等专业理论与实务；（4）最近三年没有受到行业惩戒或行政处罚。这一选拔标准本身没有问题，但被选拔担任检查人员的CPA普遍觉得是被迫行为，从而缺乏工作热情，而没有工作热情何谈工作效率？究其原因，一是他们作为各自事务所的业务骨干，本职工作很繁忙，没有时间和精力投入检查工作；二是检查工作几乎没有报酬，虽然新检查制度第25条表明“注册会计师协会可向检查人员、咨询专家所在单位及个人支付一定的费用”，但对于按小时计酬的CPA来说，“一定的费用”少之又少，要求CPA参加义务劳动不现实。而作为交换条件，地方注协只能将被抽调CPA的事务所作为免检事务所，由此一来，执业检查就违背了公平、公正的原则。

笔者认为目前比较可行的做法：一是向参与检查的CPA支付“合适”的报酬，资金来源可学习美国同业互查的做法，由被检查事务所承担；二是大量吸收非执业会员参加执业质量检查，我国现有15万多名非执业会员，特别是集中在高校的非执业会员，是CPA执业质量检查人员的充足后备人选，而执业质量检查通常在暑期开展，使高校非执业会员参与检查切实可行。中注协可结合即将进行的非执业会员管理改革举措，提出执业质量检查人员的遴选办法，面向全国选拔德才兼优的检查队伍。检查时，各检查组的组长可考虑主要由经验丰富的CPA担任，而检查组成员可主要由非执业会员组成。

（二）互查方法有待于进一步改进

新制度仍规定各级协会负责本行政区域内事务所的执业质量检查，这一规定给地方协会较大的自主权，有助于中注协减轻工作压力，一定程度上可提高检查的效率。但各地注协的检查质量有较大差别，整体来看监管效果不容乐观。有的省份在选取检查样本时行政干预及私人情感因素较重，样本选取本身存在较多问题；有的省份投入检查的人力较弱，检查较为草率，监管流于形式；有的省份不同的检查组之间把握标准尺度差别较大，检查质量参差不齐；部分省份也在尝试地区之间互查，但对于事务所密集、问题更为突出的省会城市的事务所检查较为放松。这些问题与检查制度中检查方法的设计有直接关系，为此笔者建议可将检查方法作以下调整：

1. 实行省份之间互查。A 省查 B 省，B 省查 C 省，C 省查 A 省，以后年度省份还可以互换。

2. 省内地区之间互查，但是将事务所密集且执业质量较差的省会所在地事务所作为检查重点。

3. 中注协统一组织检查小组参与地方事务所的检查。检查组的人员力量可由上述建议一的方法解决。

（三）行业惩戒有待于进一步落实

新检查制度删除了试行制度中对惩戒方式的列举，而是用“注册会计师协会应当建立相应的惩戒制度，设立惩戒委员会或相应机构，对检查中发现存在严重问题的事务所和注册会计师给予相应的惩戒”，并强调“注册会计师协会实施惩戒，应当以事实为依据，与执业违规行为的性质、情节以及社会影响程度相当，并遵循独立、客观、公正的原则，坚持惩戒与教育相结合”，还指出，注册会计师协会应当维护事务所和注册会计师的合法权益，保障其陈述申辩和申诉的权利。这些表述变化可避免现行法规、制度间的冲突，给地方注协增加一定的灵活性。但从近年来的惩戒实际看，地方注协过于强调“教育”而轻视“惩戒”。

从 2004 年开始，每年的执业质量检查都开展得轰轰烈烈，声势浩大，但在处理检查结果时，普遍存在以下问题：（1）行政干预及私人感情直接影响处理结果。事务所被查出问题时，通常会有人多方“活动”，找人托关系以求大事化小，小事化了，监管人员和惩戒委员会有时很难坚持惩戒标准，公平处理。在笔者调查中了解到，某地在执业质量检查时，在对被检查事务所进行处理的讨论会上，对于一家没有实施任何审计程序，坐在家里批发审计报告的事务所的处理，由公开谴责变为行业内通报批评，再变为训诫，最后公布的处理结果中，竟然连训诫也取消了。（2）避重就轻，地方保护严重。在决定如何对有问题事务所进行处罚时，存在与其他省份比较处罚、惩戒数量现象，认为处罚越多就是日常监管效率低，从而避重就轻甚至不予处理。（3）从不同事务所抽调的 CPA 普遍存在今年我放过你，明年你放过我的心理，不愿得罪同行。因此，才会有部分事务所胆大妄为，屡教不改，恶意压价竞争、不履行任何审计程序，严重影响 CPA 执业质量，以至于造成较坏的社会影响。

为此我们建议：应切实坚持“教育与惩戒并重”的原则，“教育”应有制度、有实施步骤，讲究效果；“惩戒”应坚持标准，对于违规情节严重者应严惩，不能只重检查而轻惩戒，不能因惩戒过于宽松而使行政监管部门和社会公众轻视行业自律监管。

第五章　注册会计师行业监管效率研究

国内外研究 CPA 行业监管效率的成果较少，还没有找到运用实证研究方法开展 CPA 行业监管效率研究的文献。本章在对 CPA 行业监管效率进行一般分析的基础上，试图运用实证研究方法对我国 19 号文前后五年的数据进行研究，通过审计质量的变化，验证 CPA 行业的监管效率。

第一节　CPA 行业监管效率的一般分析

人类的任何活动都有效率问题①。经济效率，是指经济资源的配置和产出状态，从投入产出的角度讲，就是在约束条件下，尽可能降低投入成本而提升产出收益。对于一个企业或社会来说，最高效率意味着资源处于最优配置状态，从而使特定范围内的需要得到最大满足，或福利得到最大增进，或财富得到最大增加。经济效率涉及生产、分配、交换和消费各个领域，涉及经济力、经济关系和经济体制各个方面。现代公司的效率体现在决策管理、决策控制和剩余风险的承担之间实现了有效的分离，从而最大限度地降低了代理成本。而 CPA 行业的监管效率应是以适当的监管成本取得较满意的监管效果，监管效果通常是通过审计质量的提高来体现的。根据本书第一章的分析，CPA 行业监管的最高目标是监管会计市场失灵，提高 CPA 的执业质量，进而提高经 CPA 审计后的财务会计报告的质量，尽量降低已审会计信息的风险，使报告使用者不会因会计信息的可信度而做出错误的决策，从而保护社会公众利益。

一、监管效率的理论分析

监管失败主要是指监管供给的失败，有两层含义：一是在一定条件下，监管者没有能力提供适当的监管措施；二是监管者所提供的监管措施不能起到应有的作用，或者不能持续地起到作用，达不到主观愿望。对监管失败的理论考察在一定程度上要借助以实体经济为基础的经济监管理论。在监管经济学领域存在截然不同的两种理论，即主张加强政府干预的“公共利益学说”② 和对政府干预持否定观点的“芝加哥学派”所主张的监管“私

---

① 本节参照了课题组增补研究成员曾艳霞的博士学位论文《独立审计行业政府行政管制与审计质量研究》（厦门大学博士学位论文打印稿）第五章的内容。

② “公共利益学说”（Public Interest Theory of Regulation）属于早期的监管理论，它主张公共监管是治理市场失灵的有效途径，是应社会公众对于纠正市场失灵的需求而产生的，代表人物如卡恩等。

益说”①。围绕监管利益基础的争议推动了监管经济的政治理论的产生，该理论认为，监管经济的活动是利益博弈的表现，利益的博弈关系可能促使监管偏离既定的目标。除了信息不对称、制度变迁的路径依赖以及制度调整的时滞性为利益博弈提供的客观环境②之外，从主观上讲，在利益博弈过程中，监管机构还往往被利益相关主体所“俘获”，并且人为地创租设租，在利益博弈主体的寻租过程中获利。上述这些原因都容易导致有效制度供给不足或低效制度供给过剩，并最终使监管目标的实现受到限制，即发生监管失败。

监管失败主要体现为成本过高。一般而言，可以将监管引起的成本分为两大类：一是由监管的产生和实施引起的直接资源成本，包括监管机构执行监管过程中所耗费的资源，以及被监管者因遵守监管规则而耗费的资源；二是监管引起的间接效率损失，主要是指因被监管者改变了原来的行为方式而造成的福利损失。具体而言，由监管引起的直接资源成本分为由政府负担的行政成本和由被监管者负担的执行成本两部分。前者是政府设立监管部门来专门负责制定和实施有关条例和细则所耗费的人力、物力和财力，随着监管复杂性的日趋增加，这部分成本也日渐增大；后者是被监管者为配合监管而发生的配备工作人员、提供监管所需资料、交纳相关费用等的成本，让被监管者承担这部分成本是为了让其从事活动的成本上升，从而促使其自发地将其行为可能带来的负外部效应内部化，达到约束被监管者行为的目的。当然，也存在被监管者通过提高其产品或服务价格将自己负担的成本转嫁给客户的可能性，这就提醒监管者在制定和实施监管规则时，对这种可能性予以充分考虑，保证监管的既定效果。由监管引起的间接效率损失指的是这种成本是不易观察的，它不表现在政府预算支出的增加上，也不表现为个人直接负担的成本加大，但是整个社会的福利水平却由于这种监管的实施而降低了，包括监管可能削弱竞争导致静态低效率，也可能妨碍业务创新导致动态低效率，还可能对被监管部门在监管标准以内的风险疏于防范等。

王善平、赵国宇（2006）认为监管设施、监管费用等投入与监管力度呈正相关的关系，监管力度越大，则监管投入也越高。这是因为，政府只有增加在监管方面的投入，如增加监管人员、对监管人员进行职业培训、扩大监管机构以及提高监管的硬件设施等，才有条件加大对会计师事务所的监管力度。可以考虑在注册会计师协会的自律约束基础上，形成一个更权威的外部监管机构，该机构可以以现有政府机构中的相关部门为基础来建立，也可以建立一个全新的机构，但成员须由利益独立的第三方专家组成，组建以专职监管人员为主导、以注册会计师为主体的专业监管队伍。只有成立一个与事务所利益完全独

---

① “私益说”（Sectional Interest Theory of Regulation）由斯蒂格勒首先提出，随后由 Peltzman（1976）等予以发展。该理论认为，监管是一种商品，它既有需求也有供给，监管这种商品将分配给那些政治上最能有效说服立法机关为他们提供监管利益的那些集团。

② 监管失败的原因是多方面的，从客观上讲，首先是信息不对称问题，政府监管机构囿于知识结构的限制，不可能完全洞悉市场上的需求变化，因此反应迟钝，监管度不能及时调整；其二是制度变迁对过去路径的依赖，受前期一贯执行的监管度的影响，人们容易产生一种思维定式，忽视市场需求的变化；其三是即使在知晓市场需求的变化以后，监管度的调整本身也需要一个包括可行性研究、草案形成、反复讨论、逐级审批等程序在内的漫长的酝酿过程，等新的监管度出台以后，实际状况可能又发生了变化，这使得监管度的调整总是要滞后于市场需求的变动。参见孙宽平（2005）。

立的监管机构才能切实做好对审计行业的监管职责。

二、CPA 行业监管效率的政策分析

要考察 CPA 行业监管的政策效力，首先要明确如何判定具体监管措施是否失败。一般而言，主要有如下三个方面的判定标准。

首先，形式上的合理性。这是指监管规范要符合自身的内在逻辑，不存在自相矛盾的地方（包括一项具体的 CPA 行业监管措施的加强不破坏其他的监管措施等），不存在形式逻辑上的漏洞。制定和实施监管政策要面对一系列的挑战，包括仔细地将政策设计得合理化，使目标可能实现以及要处理监管过程中各个层次上潜在的利益冲突。然而，监管者是难以进行有效的利益格局安排的，或者一定利益格局的安排虽然反映了政治上的平衡，却留下难以解决的技术问题或破坏了经济上的稳定性。

其次，监管能否得到良好执行。这突出体现在监管者的能力上，即要求有明确的监管机构落实执行监管，而同时各个机构之间的关系是协调的，不会存在彼此冲突或牵制的情况，或者说即使出现问题也能够控制在一定的程度。监管机构之间的职能交叉与配合是必不可少的，但是如何防止过度的职能与机构的重叠是必须认真考虑的。此外，人员、组织、技术和设备等几个方面的因素也决定了监管能力水平，也需要着力提高。

再次，达到目标。一个合理并得到良好执行的监管措施，若不能达到预期的监管目标，则会影响监管效率。

对照上述三个判定标准，我国 CPA 行业监管实践中主要存在以下三个方面的问题：

第一，监管规则形式上不合理，存在自相矛盾和形式逻辑上的漏洞。突出表现在：(1) 有关监管法规如《公司法》、《证券法》等明确规定企业管理当局及社会中介机构要对提供虚假财务信息承担法律责任，然而在如何认定虚假财务信息及由谁来认定方面却无明确规定①，对相关责任人员民事赔偿责任的承担也缺乏明确规定；(2) 相关规则在虚假财务信息的法律责任规定方面存在一定差异，比如《证券法》和《注册会计师法》强调工作程序与应承担法律责任之间的因果关系，只要注册会计师的工作程序符合有关专业标准的要求，即使其工作结果与实际情况不一致，注册会计师也不一定要承担法律责任。然而《公司法》、《刑法》以及《股票发行与交易管理暂行条例》等法规强调注册会计师的工作结果与应承担法律责任之间的关系，因而按工作的实际结果与实际情况来判断注册会计师是否要承担法律责任。这些法律规定形式上的不合理，加大了司法实践的难度，间接导致了法律责任判定中的“盲点”和漏洞。

第二，监管主体之间缺乏有机的权力分配与制衡机制，职能交叉重叠现象严重。根据我国目前有关法律、法规、部门规章的规定，财政部、审计署、证监会等部门都具有对注册会计师行业的行政监管权。此外，工商行政管理、民政、税务、外汇管理、法院等单位

---

① 比如，关于注册会计师法律责任的认定问题，《注册会计师法》明确规定注册会计师仅就自身的“重大过失”、“故意”行为对第三者承担法律责任，《刑法》也明确提出了注册会计师要为“故意”和“重大过失”承担刑事责任，但是目前却无如何区分“普通过失”、“重大过失”和“故意”等的法律判断标准。

或部门也都有权监管注册会计师行业。各行政管理部门之间缺乏有机的协调和配合机制，具体表现在：（1）权力重复设置。例如，财政部和审计署都是注册会计师审计的业务主管部门，行使相同的行政权力；工商行政管理局和财政部之间也存在权力重复配置，事务所的设立要先经过财政机关审批同意后再由工商行政管理局发给营业执照；（2）各监管部门之间没有正式的配合与协调机制，各自为政，在监督检查中出现了各个部门检查要求不一致，甚至相互矛盾的情况，使事务所无所适从，而且出现问题时还容易相互推御责任。

第三，有关监管措施并未达到预期目标。以行政处罚为例，行政处罚的威慑效应原本应有助于确保审计质量，但实际结果并不尽如人意。在以监管机构发现和处罚的违规事件作为样本空间①的基础上，监管机构执行监管政策的效果主要体现在两个方面：

（1）监管机构能否及时发现并处罚 CPA 和会计师事务所的造假行为。会计师事务所虚假审计行为的发生与监管机构发现并处罚之间的时间越短，说明监管机构的监管效率越高。为此，设计指标 T 表示监管机构发现并处罚违规行为与虚假审计行为之间的平均时间间隔，模型如下：

$$T = \frac{\sum_{i} (t_{i2} - t_{i1})}{n}$$

其中：t_{i1} 为第 i 个违规事件的发生时间，t_{i2} 为第 i 个违规事件被监管机构发现并受到处罚的时间，n 为该监管机构所处罚的违规事件总数。显然，T 值越小，监管效率越高。具体结果参见表 5-1。

表 5-1　　**监管效率——发现并查处造假所需的时间**

监管机构	最大时间间隔（月）	最小时间间隔（月）	平均时间间隔 T（月）
证监会	60	1	31.35

资料来源：中国证监会的处罚公告。

表 5-1 说明，证监会发现造假所需的平均时间间隔超过 2 年，在监管时间上具有严重的滞后性。许多情况下，等到证监会查处会计信息造假事件时，违规披露行为已经发生很长时间，往往已经产生严重后果，结果是无法挽回所造成的损失，更有可能因为超过行政处罚两年的时效而使监管流于形式。这种情形下，监管可能很难达到既定的目标。

（2）监管机构的处罚是否具有足够的威慑力，能否发生“阻吓”效应②。有效的监管应该能够阻止违规者再次发生违规行为。如果审计市场上发生多次违规行为的事务所数量较多而且每次违规间隔的时间较短，则说明监管的威慑力不足，监管效果很差。因此，

① 鉴于资料来源和处罚效果的考虑，本文选取中国证监会历年来针对会计师事务所及相关注册会计师的处罚公告为切入点，考察行政处罚的威慑效应是否达到了既定目标。

② 在经济法学中，法律的有效性主要取决于是否对违法行为具有足够的事前防范作用，即“阻吓”效应。具体讨论参见 Bentham（1983）、Becker（1968）以及 Stigler（1970）等。

设计指标 Z 与 W, Z 表示重复违规事件在监管机构所处罚的违规事件总数中所占的比重①, W 表示重复违规事件的平均时间间隔，模型如下：

$$Z = \frac{\sum_i r_i}{n}$$

$$W = \frac{\sum_i s_i}{\sum_i r_i}$$

其中：r_i 为受到多次处罚的事务所 i 的重复违规次数，s_i 为第 i 个会计师事务所重复违规的时间间隔，n 为该监管机构所处罚的违规事件总数。显然，Z 值越小，W 值越大，监管效率越高。具体结果参见表 5-2。

表 5-2 **监管效率——监管行为的威慑力**

监管机构	重复违规事件次数	处罚总数	Z（%）	W（月）
证监会	25	52	48.08%	25.31

资料来源：中国证监会的处罚公告。

表 5-2 说明，在所有违规受到处罚的会计师事务所中，大约有 48.08% 的事务所受到不止一次的处罚，重复违规的平均时间间隔为 25.31 个月。如此高的比例，非常值得关注。这也说明，处罚的有效性非常有限，没有对违规受罚的会计师事务所起到“下不为例”的威慑作用。

通过上述监管失败的政策分析，我们可以看到，CPA 行业监管犹如一把“双刃剑”：一方面，通过 CPA 行业监管有助于确保审计质量，保护投资者利益；另一方面，如果监管不足，或者监管过度，都可能引起监管失败，从而阻碍 CPA 行业的发展。针对第一种形式的监管失败（一定条件下，监管者没有能力提供适当的监管措施），有必要考虑引入除政府以外的其他主体参与到行业监管过程中，弥补政府行政的“失灵”，即减少政府行政监管的“广度”；针对第二种形式的监管失败（监管者所提供的监管措施不能起到应有的作用，或者不能持续地起到作用，达不到主观愿望），则需要考虑调整监管措施的严格程度，增加监管的威慑效应，即增加政府行政监管的“深度”；在此基础上，还要加强政府行政监管的“透明度”建设，加强对监管者的再监督。总之，只有适度的 CPA 行业监管，才能真正确保审计质量，进而促进资本市场健康有序地发展。

三、CPA 行业适度监管：政府行政监管的深度分析

监管深度是监管的第二重维度。从量的规定性而言，监管深度主要是指政府对 CPA 行业市场准入、审计执业行为惩戒等各个环节的控制和监督的松严程度。无疑，监管对 CPA 行业本身的发展是有利的，不受任何监控的审计活动的潜在危险可能是巨大的，将

① 该指标的设计参考了深圳证券交易所 2002 年的研究报告《信息披露违规处罚实际效果研究》。

造成资本市场的无序和混乱。但过于严格的监管措施也可能会增大监管成本，并且阻碍CPA行业的发展。因为从理论上而言，监管的目的在于通过对个人行为实施奖惩，使行为主体对自己的行为负责，其必须具备行为的可观测性和可验证性。过度严厉的监管一会导致激励无效，二则使违法行为更难观测和验证。英国的吉米·高尔在其著名的报告《投资者保护评论》中就曾指出，施加过于严厉的监管措施会弄巧成拙，要想使这些条例得到遵从可能需要付出相当大的代价。只有合适的监管深度，才能促进资本市场健康、有序地发展。

四、CPA行业适度监管的成本—效益分析

监管的成本—效益分析程序的创建是行政监管领域的一大突破，从20世纪80年代开始至今，其被日益广泛地应用于各国行政系统。在监管的成本—效益分析框架中，只有收益大于成本时，行政机构才能实施监管。这意味着，在交易成本为正的情况下，政府监管带来的社会经济收益，高于这样一种制度安排产生的社会经济成本。

从我国CPA行业发展的实践来看，CPA行业监管从其正式确立到发展的数十年间，为审计市场带来了巨大的收益，突出表现在顺应发展所需，大大提升了CPA行业服务质量，促进了审计市场健康有序地发展。但是正如同前文所述，监管也是有成本的，监管的程度越高，势必会增加监管成本，过度的监管会使得监管失效，因为成本会大于收益。本章通过下面的数学模型来分析政府行政监管的效果，并用一个简易的“成本效益曲线图”来描述监管严格程度对CPA行业的影响。

首先假设监管是可以量化的，其程度用T表示，监管为行业带来的声誉为R_t，监管成本为C_t。在市场既定的条件下，假设最初没有任何监管，施加一单位的行政监管，将极大地改变市场的秩序混乱状况，此时给社会带来的边际收益MR_t很大；若再继续增加行政监管，边际收益MR_t将下降，而边际成本MC_t却从初始的很小逐步上升。这里用行政监管的收益扣除监管成本即（$R_t - C_t$）来表示行政监管的效率，那么$\frac{\partial(R_t - C_t)}{\partial T}$便是行政监管的边际效率，$\frac{\partial(R_t - C_t)}{\partial T} = \frac{\partial R_t}{\partial T} - \frac{\partial C_t}{\partial T} = MR_t - MC_t$，随着监管程度$T$的上升，$MR_t$下降而$MC_t$上升，当$MR_t = MC_t$时，监管的总收益最大。图5-1列示了行政监管严格程度的成本效益分析。

图5-1的横轴表示行政监管的程度T，纵轴分别表示总收益和总成本、边际收益和边际成本。T_1点是MR_t和MC_t的交点，符合拉格朗日条件，是行政监管的最有效点，此时（$R_t - C_t$）最大；T_2点是$R_t = C_t$时的监管程度，在该点右侧，监管成本大于监管收益，因此理性的政府是不可能在T_2点右侧的范围内实施行政监管的。显然，监管程度并不是越大越好，在一定范围内实施才能保证有效的监管。

五、CPA行业适度监管的博弈分析

按照预期效用理论，被监管者作出是否遵循监管规则的决策时，会对违规成本和由此而带来的可能收益进行权衡；监管者在是否对被监管者执行监管或决定监管力度的大小

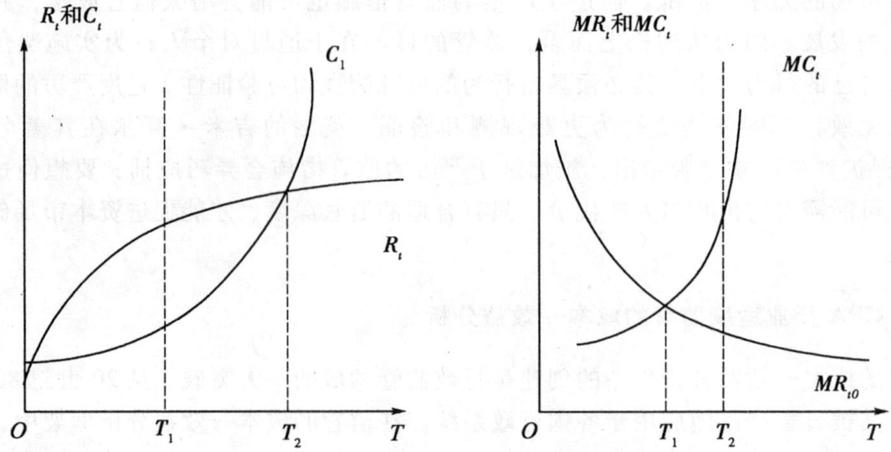

图 5-1　行政监管严格程度的成本效益分析

时，也会对监管的成本收益进行权衡。被监管者违背监管规则的成本与监管者的监管力度相关，而监管者的监管力度又与被监管者的违规程度以及由此带来的损失相关，二者之间存在着博弈。由于监管成本的限制，监管主体不可能无限制地提高执法水平，因此合适的监管严格程度并不是要杜绝被监管者的一切违规行为，而是将违规行为控制在监管的边际收益等于监管的边际成本的最优违法数量内。这正是本书提及的适度监管水平。

管制规则执行者的效用取决于其所获得的收益，假定管制规则执行者的风险是中立的，其预期效用为 $E(I_1)$，则：

$$E(I_1)=F+b(Q-q_0)-\mu b(Q-q_0)^2p \tag{1}$$

其中：F 为事务所的正当收益，q_0 为上市公司真实的信息质量，Q 为注册会计师披露的信息质量；设政府的稽查概率为 p，处罚力度（也即处罚系数）为 μ，上市公司与事务所违背管制规则的得益系数为 b。

让（1）式对 $(Q-q_0)$ 求一阶导数并令一阶条件等于0，容易得到：

$$\frac{dE(I_1)}{d(Q-q_0)}=b-2\mu bp(Q-q_0)=0$$

$$Q-q_0=\frac{1}{2\mu p} \tag{2}$$

（2）式表明，p 越大，μ 越大，Q 越接边 q_0，即政府处罚越严历，事务所的信息披露越接近于真实披露，审计质量越高。这表明，处罚的威慑效应有助于确保审计质量。

同时假设政府的监管成本为 C（$C>0$ 且 C 已定），被监管者违规给社会带来的损失系数为 a（$a\geqslant1$），政府的效用则在于除规则执行者以外的社会福利的总和。假定政府也是风险中立的，据此可以得到政府的预期效用 $E(I_2)$：

$$E(I_2)=\mu b(Q-q_0)^2p-Cp-ab(Q-q_0) \tag{3}$$

将（2）式代入（3）式，可以得到：

$$E(I_2)=\frac{b(1-2a)}{4\mu p}-Cp$$

对 p 求一阶导数并令一阶条件等于 0，容易得到：

$$\frac{dE(I_2)}{dp}=\frac{b(2a-1)}{4\mu p^2}-C=0$$

$$p^2=\frac{b(2a-1)}{4\mu C} \qquad (4)$$

因为 $p^2\leqslant 1$，也即当 $\mu\geqslant\frac{b(2a-1)}{4C}$ 时，最优的政府查处力度（监管深度）

$$p=\sqrt{\frac{b(2a-1)}{4\mu C}}$$

此时，最优的违规程度

$$Q^*=Q-q_0=\frac{1}{2\mu p}=\frac{1}{2\mu\sqrt{\frac{b(2a-1)}{4\mu C}}}=\sqrt{\frac{C}{\mu b(2a-1)}}$$

显然，政府监管深度并不是越严格越好，将违法活动水平控制在一定水平的监管才是适度监管。

此外，由（4）式还可以看出，当监管成本 C 一定时，给定对被监管者违规程度的理性预期，p 与 μ 成反向变化，即 μ 越大，p 越小；反之，p 越大，μ 越小。这表明，在资源有限的情况下，监管者查处违规行为并定罪的概率 p 与定罪后处罚 μ 存在一个组合问题。事实上，违规行为对定罪概率变化的反应比对定罪后处罚的反应更为敏感，本章接下来将对此做专门阐述。

六、增加查处并定罪的概率分析

在我国目前的 CPA 行业行政监管中存在一种趋势，即：单纯强调对判定有罪者施行严厉的处罚，但查处违规行为并予以定罪的概率却很低。这种政策可能并不利于遏制违规行为，因为事实上，违规行为对定罪概率变化的反应比对定罪后处罚的反应更为敏感，这主要因为只有判定有罪，违规者才会受到处罚，所以实际存在一种“差别待遇”和不确定性：如果判定有罪，那么违规者将因此而为每个违规行为支付 μ，否则他将分毫无损。在这种情况下，违规者对风险的态度将产生很大影响：如果违规者对风险持偏好态度，那么 p 的增加将使预期效用的减少超过 μ 的同等百分比的增加，因而减少违规数量；如果违规者对风险持回避态度，那么 μ 的增加将产生更大影响。一般情况下，违规者往往对风险持偏好态度，这意味着查处并定罪的概率比处罚更具有威慑力。

本章拟运用一个社会损失函数来探讨增加查处并定罪的概率的合理性①。

假定社会具有一个能够衡量违规造成的社会总损失的函数 L：

$$L=L(D,C,f,Q)$$

其中：D 表示违规者给社会带来的净损失；C 表示监管成本，f 表示查处并定罪的概

① 此处的分析参考了加里·S. 贝克尔：《人类行为的经济分析》，上海三联书店、上海人民出版社 1995 年版，第 58～68 页。

率 p 与定罪后处罚 μ 的组合（$f=p\mu$），Q 表示违规活动水平，可用违规数量来衡量。假定 $\frac{\partial L}{\partial D}>0,\frac{\partial L}{\partial C}>0,\frac{\partial L}{\partial f}>0$，监管的目标使通过 D、C 或 f 的取值使 L 达至最小。

$$L=D(Q)+C(pQ)+pQ\mu$$

在对被监管者违规数量 Q 的理性预期情况下，p 和 μ 是仅有的决策变量，对 L 分别求导，得到两个一阶最优条件：

$$\frac{\partial L}{\partial \mu}=D'Q_{\mu}+C'Q_{\mu}+\mu pQ_{\mu}+pQ=0$$

$$\frac{\partial L}{\partial p}=D'Q_{p}+C'Q_{p}+C_{p}+\mu pQ_{p}+\mu Q=0$$

当 Q_{μ} 和 Q_{p} 不为 0 时，分别用 Q_{μ} 和 Q_{p} 约简、移项，得到：

$$D'+C'=\frac{-(\mu pQ_{\mu}+pQ)}{Q_{\mu}}=-\mu p-p\frac{Q}{Q_{\mu}}=-\mu p\left(1-\frac{1}{\varepsilon_{\mu}}\right)$$

$$D'+C'+C_{p}\frac{1}{Q_{p}}=-\mu p-\mu\frac{Q}{Q_{p}}=-\mu p\left(1-\frac{1}{\varepsilon_{p}}\right)$$

这里 $\varepsilon_{\mu}=-\frac{\mu}{Q}Q_{\mu},\varepsilon_{p}=-\frac{p}{Q}Q_{p}$，

由于 $Q_{\mu}=\frac{\partial Q}{\partial \mu}<0,Q_{p}=\frac{\partial Q}{\partial p}<0$，故 $\varepsilon_{\mu}>0,\varepsilon_{p}>0$

又由于 $C_{p}=\frac{\partial C}{\partial p}>0,Q_{p}=\frac{\partial Q}{\partial p}<0$，故

$$D'+C'+C_{p}\frac{1}{Q_{p}}=-\mu p\left(1-\frac{1}{\varepsilon_{p}}\right)<D'+C'=-\mu p\left(1-\frac{1}{\varepsilon_{\mu}}\right)$$

由此推出 $\varepsilon_{p}>\varepsilon_{\mu}$，也即 p 对违规行为的影响超过了 μ 对违规行为的影响。因此，我们应考虑在加强对违规行为的处罚严厉程度的同时，增加查处并定罪的概率，这一方面要求政府增加对监管的投入，提高监管队伍水平和能力；另一方面，还应加强对政府不作为行为的监督①，增强积极行政。

第二节　CPA 行业监管效率的实证研究

前已述，国内外尚没有运用实证研究方法开展 CPA 行业监管效率研究的文献，本章仅对财政部 19 号文前后四年的数据进行 T 检验，并选择一些变量进行 Logistic 回归，通过审计质量的变化，验证我国近年来的 CPA 行业监管效率。

---

① 政府行政监管权包括例如“启动、提起公诉、审查、处罚”等积极职能，也包括“普遍的可以不做任何事情的权力”；行政人员可以轻易地作出决定不启动行政程序、不提起公诉、不审查、不处罚等种种诸如此类的行为。这些消极的权力事实上为行政人员提供了比积极的权力更多的权力，因为监督前者比监督后者更为困难。也就是说，由于制度设计的审查部分是用来对付作为的滥用而不是不作为的滥用，也仅仅因为它是作为，比不作为更容易受到控制。

一、政策背景介绍

在美国安然事件及我国发生的如银广夏等一系列会计造假案和与之相关的中天勤等审计失败案后，财政部为了加强政府监管，于2002年11月发布19号文，将原委托中注协代为行使的对CPA行业监管的行政职能收归财政部门行使。其中：（1）批准设立外国会计师事所常驻机构、审批CPA执业准则、规则等行政职能由会计司行使；（2）对CPA和会计师事务所的行政监督检查和行政处罚职能由监督检查局行使；（3）对CPA和会计师事务所进行行政处罚的听证等职能由条法司行使；（4）中注协负责行业自律管理。至此，财政部与中注协各司其职，分工更加明确。

财政部此举的目的在于"理顺CPA行业管理体制，依法界定行政职能和行业自律职能"，一方面切实履行《CPA法》赋予财政部对CPA行业的监督、指导职能，另一方面则是要加强CPA行业的自律监管。这一重大举措的背景之一是国内CPA行业信任危机，中注协既作为行业的守护神又作为监管者的双重身份遭到了质疑，背景之二是国际上"行业自律型"监管模式向"独立监管型"模式的转变。这一决定一经宣布，马上引起地方注协强烈的集体反对，2002年12月8日，分别来自15个省市的地方注协秘书长就此自发召开了一次会议，并出炉了一个由全国21个地方注协秘书长签字的《关于对财会字［2002］19号文的意见和建议》，认为这次职能调整会造成监管层次过多、职能交叉、权责不清、多头管理等问题。不同意见不仅来自于有切身利益的注协，还来自于实务界和学术界，其中一个重要的忧虑是：政府监管能力、效果和效率问题。财政部门每天要如何面对全国8万多个CPA，7000多家事务所的繁琐的日常监督？如何有精力、能力和专业经验处理可能发生的惩戒和行政诉讼？由于政府机构和公务员数量有限，专业知识和经验存在欠缺、灵活性和适应性相对而言比较低下，政府监管效果可能适得其反，效率可能会下降。另一个重要的忧虑是：中注协作为CPA行业的业务主管组织，其监管权力与职能是否会被削弱？那么19号文后CPA行业的监管效果到底如何？这正是本部分所要研究的问题。

二、文献回顾与研究假设

中注协自成立开始就代为履行财政部门行政监管职责，其自律监管一直不到位，19号文使中注协回归到应有的位置上，对加强我国CPA行业自律监管具有重大意义。历史事件表明，绝对无管制的市场容易走向极端。政府监管是法律实施的重要条件，没有强有效的执行，法律就不可能起到预期的约束作用。因此很多学者认为政府行政监管与行业自律监管的协调发展才能真正提高CPA行业监管效率：政府监管和行业自律监管必须在公众利益中形成互补，最佳的管理既不是政府全部承担管理的体制，也不是自律管理全部承担的体制，我们需要的是政府和行业之间真正的伙伴关系（萨利·亨克利，2005）；我国CPA行业应当实行相对自律，实行政府监管与行业自律相结合的管理模式（中注协，2001）；从实践上看，只有将政府与市场的力量有机地配合起来，将自我管制与政府管制力量等有机地配合起来才能更好推进CPA行业的管理（谢德仁，2002）。由此本书认为适度的政府监管能够显著提高监管效率。监管的目的是为了提高审计质量，最终的目的是提高公司的盈余质量，以保护投资者的利益，据此提出假设1。

假设1：19号文发布后，公司的盈余管理水平显著降低。

国有控股是我国特有的产权制度特点，也是政府与企业之间关系的直接表现。在我国转轨时期的市场中，政府仍然在经济活动中发挥着重要的作用，国有股权所带来的与政府之间的紧密联系，使国有控股公司在财务和政治上能够得到政府更多的支持（Qian，1994；Faccio 2006），包括股票市场监管者出于政治考虑而非经济考虑而给予国有公司优先上市的特权（Aharony，Lee and Wong，2000），降低了国有控股公司进行盈余管理的动机。同时，国有企业经常承担着包括维持社会稳定在内的多重任务，多重任务的存在使得国有企业成为一个行政和市场的混合体，与之相对应的是经理选拔的行政化。这样，国有控股公司的经理往往由上级委派，对经理的考核并不是以业绩为基础，高管更换与否与业绩的相关性也不太高（Kato and Long，2006）。在业绩并不是高管考核的主要依据的情况下，国有控股公司高管必然没有动机进行盈余管理。这一结论在 Ding，Y.，H.，Zhang and J. Zhang（2007）和薄仙慧、吴联生（2009）中得到证实，他们都发现我国国有控股公司盈余管理程度低于非国有控股公司。由于国有控股公司盈余管理水平本来就较低，因此19号文后监管效率的提高，对经审计后的国有控股公司的影响较小。据此，我们提出假设2：

假设2：相对于非国有控股公司而言，19号文对国有控股公司的盈余管理水平影响较小。

自20世纪80年代以来，会计师事务所规模逐渐被用作是审计质量的一个替代变量。声誉理论（DeAngelo，1981）认为，任何单个客户对于规模大的事务所而言都是微不足道的，所以规模较大的会计师事务所不会由于某个客户的错报而丧失来之不易的声誉。而那些规模较小的事务所很有可能为了保住客户而丧失独立性，进而影响其审计质量。一系列的研究（Simunic and Stein，1987；Francis and Wilson，1988）表明，“八大”会计师事务所（现为“四大”）由于已经建立了良好的声誉，他们会有动机提供高质量的审计服务来捍卫自己的声誉。另一个方面的研究也能说明“八大”会计师事务所的审计质量高，在控制了其他因素之后，“八大”被起诉和被证券交易委员会制裁的概率远低于其他事务所（Plamrose，1988；Feroz Park and Pastena，1991）。一些实证证据表明，经“四大”审计过的财务报表有更低的非主观印迹，意味着更少的盈余管理行为和更高的财务报告质量（Becker.，DeFond，Jiambalvo and Subramanyam.，1998；Francis，Maydew and Sparks，1999）。同样，Nelson，Elliott and Tarpley（2002）采用来自一所“四大”事务所的调查数据进行研究发现，审计师能够发现被审公司的盈余管理意图，并要求管理当局对财务报告进行调整。另外，Teoh and Wong（1993）的研究也发现，股市对于经“四大”审计公司的盈余意外给予更多的关注，从另一个角度反映了经“四大”审计的盈余质量更高。可见，会计师事务所规模对审计质量还是有一定影响的，由于“四大”本来的审计质量就比较高，故而19号文对其的影响相对较低，据此提出假设3。

假设3：相对于经“非四大”会计师事务所而言，19号文对“四大”会计师事务所审计质量影响较小。

为了检验上述两个假设，首先需要估计公司的盈余管理水平。Dechow，Sloan and Sweeney（1995）和夏立军（2003）发现，在美国市场和中国市场上，基于行业分类的横截面修正 Jones 模型能较好地估计超额应计。据此，本章采用基于行业分类横截面修正的

Jones 模型来估计超额应计，其中，行业分类标准依据为证监会 2001 年发布的《上市公司行业分类指引》；为了保证回归的统计特性，剔除当年观测值低于 10 个的行业。

首先，运用模型（1）可以得到每个公司每年的非操控性应计利润（$NDAC$）。

$$NDAC = \hat{\alpha}_0[1/A_{j,t-1}] + \hat{\alpha}_1[(\Delta REV_{j,t} - \Delta AR_{j,t})/A_{j,t-1}] + \hat{\alpha}_2[PPE_{j,t}/A_{j,t-1}] \quad (1)$$

其中，$\hat{\alpha}_0$，$\hat{\alpha}_1$，$\hat{\alpha}_2$ 分别为模型（1）中 α_0，α_1，α_2 的估计值，通过模型（2）估计得到。

$$TAC_{j,t}/A_{j,t-1} = \alpha_0[1/A_{j,t-1}] + \alpha_1[\Delta REV_{j,t}/A_{j,t-1}] + \alpha_2[PPE_{j,t}/A_{j,t-1}] + \varepsilon_{j,t} \quad (2)$$

其中，$TAC_{j,t} = (\Delta CA_{j,t} - \Delta Cash_{j,t}) - (\Delta CL_{j,t} - \Delta STD_{j,t}) - Dep_{j,t}$，它是企业 j 第 t 年的总应计利润；$\Delta CA_{j,t}$ 为企业 j 第 t 年流动资产的增加额；$\Delta CL_{j,t}$ 为企业 j 第 t 年的流动负债的增加额；$\Delta Cash_{j,t}$ 为企业 j 第 t 年的现金及现金等价物增加额；$\Delta STD_{j,t}$ 为企业 j 第 t 年的将于一年内到期的长期负债增加额；$Dep_{j,t}$ 为企业 j 第 t 年的折旧和摊销成本；$A_{j,t-1}$ 为企业 j 第 $t-1$ 年末的总资产；$\Delta REV_{j,t}$ 为企业 j 第 t 年的主营业务收入增加额；$\Delta AR_{j,t}$ 为企业 j 第 t 年的应收账款增加额；$PPE_{j,t}$ 为企业 j 第 t 年的固定资产。

这样，运用模型（3）即可得到公司盈余管理的替代指标操控性应计利润（DAC）：

$$DAC_{j,t} = TAC_{j,t}/A_{j,t-1} - NDAC_{j,t} \quad (3)$$

为了证明结论的可靠性，根据前人的研究成果，采用模型（4）运用最小二乘法检验假设 1，假设 2 和假设 3。

$$\begin{aligned} ABSDAC = {} & \beta_0 + \beta_1 YDUM + \beta_2 SOE + \beta_3 YDUM * SOE + \beta_4 Firm + \beta_5 Firm * SOE \\ & + \beta_6 ROA + \beta_7 Size + \beta_8 Lev + \beta_9 Grow + \beta_{10} OCF + \beta_{11} ACCR + \varepsilon_t \end{aligned} \quad (4)$$

其中 $ABSDAC$ 是操控性应计利润的绝对值，用以表示公司的盈余管理程度。$YDUM$ 是哑变量，由于 19 号文是 2002 年 11 月发布，因此会影响 2002 年审计师对财务报表审计行为，以此为分界点，2002 年之前 $YDUM$ 为 0，2002 年及其之后年份 $YDUM$ 为 1。SOE 为终极控制权性质，若为国有控股则取值为 1，否则取值为 0。已有研究发现，国有控股公司正向盈余管理程度显著低于非国有控制公司（薄仙慧和吴联生，2009）。$Firm$ 为事务所规模，若为四大事务所，则取值为 1，否则为 0，已有研究表明，会计事务所类型影响公司的盈余管理水平，非四大会计事务所审计的公司，其盈余管理水平更高（Becker et al.，1998）。

模型（4）中的估计系数 β_1 表示对非国有控股公司而言，19 号文发布后与发布前公司盈余管理水平的差异，如果 β_1 显著为负，则表明对非国有控股公司而言，19 号文发布后公司的盈余管理程度降低，经审计的财务报表质量变好；估计系数 β_2 表示 19 号文发布前，国有控股公司和非国有控股公司盈余管理水平之间的差异，如果 β_2 显著为负，表明在 19 号文发布前，相对于非国有控股公司而言，国有控股公司盈余管理水平较低；估计系数 β_3 表示相对于非国有控股公司而言，国有控股公司在 19 号文发布前后盈余管理水平的变化，如果 β_3 显著为正，则表明相对于非国有控股公司而言，国有控股公司在 19 号文发布前后盈余管理水平的变化较小。β_4 为 19 号文发布前，经四大和非四大审计的公司盈余管理水平的差异，若 β_4 显著为负，则表明 19 号文发布前，经四大审计的公司盈余管理水平较低；β_5 表示相对于经非四大审计的公司而言，经四大审计的公司在 19 号文发布前后盈余管理水平的变化，如果 β_5 显著为正，则表明经四大审计的公司在 19 号文发布前后盈余管理水平的变化较小。根据假设 1，19 号文发布后，公司的盈余管理水平显著降低，

因此预计 β_1 显著为负；根据假设 2，相对于非国有控股公司而言，19 号文对国有控股公司的盈余管理水平影响较小，因此预计 β_3 显著为正；根据假设 3，相对于经“非四大”事务所审计的公司而言，19 号文对经“四大”事务所审计的公司影响较小，因此预计 β_5 显著为正。

根据研究背景和相关文献，模型（4）还控制了如下方面的因素：

ROA 为总资产收益率，它等于公司当年净利润与年初年末总资产平均数的比值。已有研究发现，由于政策的要求和人们对公司盈利的预期，导致上市公司在没有达到相应的盈余“门槛”时会进行盈余管理，因此，公司的盈余水平是公司进行盈余管理的重要因素（雷光勇、刘慧龙，2006）。

Size 为公司规模，它等于公司年末总资产的自然对数。公司规模与政治成本负相关，为了降低政治成本，公司会采取一定的策略减少政治家的关注，而管理当局最常用的方法就是选择合适的会计方法降低当期盈余，因此，公司规模越大，越有可能将当期盈余递延到将来，以避免高额利润而受到政府管制（Watts and Zimmerman，1978）。

Lev 为财务杠杆，它等于公司年末总负债与年末总资产的比值。企业的债务契约会影响企业的会计选择（Watts，1977），为避免违约成本，越接近违反债务契约条款的公司，越有可能将未来盈余转移到现在（Collins，Rozeff and Dhaliwal，1980），因此，预计公司负债水平与盈余管理程度负相关。

Grow 为公司短期成长性，它等于公司当年销售收入的增长率。Dechow and Skinner（2000）发现，当公司管理层有特定的增长目标时，他们会平滑各个年度的收入以达到稳定增长的目的；Richardson（2000）发现，公司的成长性越高，其进行盈余管理的程度更高；而白云霞和吴联生（2008）发现，中国上市公司的成长性与盈余管理程度负相关。

OCF 为公司经营现金流量，它等于公司当年的经营现金净流量与年末总资产的比值，已有研究表明，尽管在超额应计的计算过程中已经考虑到了经营现金流的影响，但是经营现金流对超额应计仍有负向作用，所以在使用超额应计的绝对值作为盈余管理水平的衡量指标时仍要作为控制变量（Hribar and Nichols，2007）。

ACCR 为公司滞后一期的应计利润，它等于上年公司应计总额与上年年初资产总额的比值。已有研究发现，公司应计利润存在反转现象（Dechow et al.，1995；Sloan，1996），并且反转主要在一年之内发生。上期的应计利润越高，经理层本期向上盈余管理的能力越弱。类似于 Koh（2003），运用滞后一期的应计利润控制操纵弹性。

相关变量的定义详细见表 5-3 所示。

表 5-3 **变量定义**

变量名称	变量定义
ABSDAC	操控性应计利润的绝对值，用修正的琼斯模型获得（Dechow，Sloan and Sweeney，1995）
YDUM	哑变量，2002 年之前取值为 0，2002 年及其之后取值为 1。
SOE	终极控制权性质，若为国有控股则取值为 1，否则取值为 0。
Firm	事务所规模，若为四大事务所，则取值为 1，否则为 0

续表

变量名称	变量定义
ROA	总资产收益率，它等于公司当年净利润与年初年末总资产平均数的比值
Size	公司规模，它等于公司年末总资产的自然对数。
Lev	财务杠杆，它等于公司年末总负债与年末总资产的比值
Grow	公司短期成长性，它等于公司当年销售收入的增长率
OCF	公司经营现金流量，它等于公司当年的经营现金净流量与年末总资产的比值
ACCR	公司滞后一期的应计利润，它等于上年公司应计总额与上年年初资产总额的比值。

三、样本与描述统计

本章所需的财务数据全部来自于 *CSMAR* 数据库，终极控制权性质来自 *CCER* 数据库。由于 *CCER* 数据库中终极控制权性质数据自 1998 年开始，且 2002 年 11 月财政部发布 19 号文，前后各取 4 年的数据，故而本章的样本区间为 1998—2005 年。本章选取的样本数据来自于在深圳证券交易所和上海证券交易所上市的全部 A 股上市公司，在得到全样本数据的基础上，本章对所需数据做了如下处理：（1）剔除金融行业的公司，金融行业会计准则与其他行业会计准则具有较大差异，相关指标在金融行业与非金融行业之间不具有可比性，本章遵从研究惯例，予以剔除；（2）剔除了其他财务数据缺失的公司；（3）为了降低异常值的影响，将所有变量均进行 1% 分位数 Winsorize 处理，即将小于 1% 分位数的值赋值为 1% 分位数变量的值，大于 99% 分位数的值赋值为 99% 分位数变量的值。

表 5-4 报告了样本数据年度分布。总样本共有 6982 个，且呈逐年递增的趋势，这与我国上市公司数目增加的趋势相同。其中，国有公司共有 5345 个，占总样本的 76.55%，这说明从总体上讲，大部分上市公司为国有控股，国有企业在国民经济发展过程中起到主导地位，研究国有公司的行为模式及治理效应意义重大。从历年的状况来看，国有企业所占比例呈现逐年递减的趋势，这与我国实行国有股减持、股权分置改革一系列降低国有股持股比例的宏观经济政策的实施相关。按照四大和非四大审计的公司进行划分可以看出，四大审计的公司占总公司的 6.69%，1998 年四大审计的公司所占比重最高，1999 年四大审计的公司所占比重最低。

表 5-4　　样本分布

年份	全样本	非四大	四大	四大占比	非国有	国有	国有占比
1998	75	67	8	10.67%	9	66	88.00%
1999	686	660	26	3.79%	114	572	83.38%
2000	786	755	31	3.94%	140	646	82.19%
2001	893	843	50	5.60%	168	725	81.19%
2002	1036	946	90	8.69%	235	801	77.32%
2003	1109	1020	89	8.03%	284	825	74.39%

续表

年份	全样本	非四大	四大	四大占比	非国有	国有	国有占比
2004	1172	1088	84	7.17%	335	837	71.42%
2005	1225	1136	89	7.27%	352	873	71.27%
合计	6982	6515	467	6.69%	1637	5345	76.55%

表5-5报告了描述性统计结果。从全样本来看，*ABSDAC* 的平均值和标准差为0.0905和0.0843，最大值和最小值分别为0.4837和0，表明上市公司进行盈余管理的程度差异很大，但是由于标准差小于平均值，因此不会对整体回归结果造成影响；*YDUM* 的均值为0.6505，说明2002年之后的公司在总体样本中占65.05%；*SOE* 的平均值为0.7655，说明我国上市公司大部分为国有控股公司；*Firm* 的平均值为0.0669，说明经四大审计的上市公司在总体样本中占6.69%；*ROA* 的平均值为0.0243，中位数为0.0338，1/4分位数为0.0072，最大值和最小值分别为0.2587和-0.5158，一方面说明中国上市公司中大部分是盈利的，所占比例大于75%，另一方面也说明公司之间的盈利能力差异较大，亏损的公司亏损非常严重；*Size* 的平均值为21.0809，标准差为0.9204，说明我国上市公司规模差异不是很大；*Lev* 的平均值为0.5110，最小值和最大值分别为0.0733和2.7232，3/4分位数为0.6214，说明上市公司中资产负债率差异很大，很多公司资产负债率大于1，已经资不抵债；*OCF* 的差异也非常大，平均值为0.0464，最小值为-0.2378，最大值为0.3209，1/4分位数为0.0048，说明大部分上市公司来自于经营活动的净现金流均为正；*Grow* 的平均值和标准差分别为0.2291和0.7037，最小值和最大值为-0.8775和8.6378，1/4分位数为-0.0401，表明虽然中国上市公司在成长性方面存在较大的差异，其中25%以上的上市公司是负增长；*ACCR* 的平均值和中位数分别为-0.0490和-0.0416，3/4分位数为0.0238，说明50%以上的上市公司中应计总额为负。

表5-5　**描述性统计结果**

变量	N	均值	标准差	中位数	最小值	最大值	1/4分位数	3/4分位数
ABSDAC	6982	0.0905	0.0843	0.0653	0.0000	0.4837	0.0308	0.1224
YDUM	6982	0.6505	0.4768	1	0	1	0	1
SOE	6982	0.7655	0.4237	1	0	1	1	1
Firm	6982	0.0669	0.2498	0	0	1	0	0
ROA	6982	0.0243	0.0867	0.0338	-0.5158	0.2587	0.0072	0.0646
Size	6982	21.0809	0.9204	21.0238	18.8124	24.1258	20.4811	21.6483
Lev	6982	0.5110	0.2779	0.4889	0.0733	2.7232	0.3581	0.6214
Grow	6982	0.2291	0.7037	0.1326	-0.8775	8.6378	-0.0401	0.3374
OCF	6982	0.0464	0.0809	0.0449	-0.2378	0.3209	0.0048	0.0894
ACCR	6982	-0.0490	0.1416	-0.0416	-0.5952	0.5774	-0.1166	0.0238

表 5-6　　均值比较

年份	样本量	平均值	中位数	均值比较	中位数比较
1998	75	0.0913	0.0718		
1999	686	0.0949	0.0689		
2000	786	0.0987	0.0720		
2001	893	0.1049	0.0734	0.0997	0.0719
2002	1036	0.0889	0.0631		
2003	1109	0.0898	0.0652		
2004	1172	0.0869	0.0635		
2005	1225	0.0775	0.0578	0.0855	0.0626
差异				0.0142***	0.0093***

*：10% 水平下显著；**：5% 水平下显著；***：1% 水平下显著。

表 5-6 报告了 19 号文前后盈余管理（*ABSDAC*）水平的变化。从表 5-6 可以看出：19 号文之前，盈余管理程度最高的一年是 2001 年，为 0.1049，最低的一年为 1998 年，为 0.0913；19 号文之后，盈余管理程度最高的一年为 2003 年，为 0.0898，最低的一年为 2005 年，0.0775；因此可以看出，19 号文之前，公司的盈余管理程度逐年上升，19 号文之后，公司的盈余管理程度逐年降低。对此进行检验发现，19 号文之后，公司的盈余管理程度平均值比 19 号文之前降低 0.0142，中位数比 19 号文之前降低 0.0093，且均在 1% 水平上显著异于 0。由此，初步验证了假设 1，19 号文之后，公司的盈余管理水平降低，公司的盈余质量提高。

表 5-7 报告了各变量的 Pearson 相关系数。由表 5-5 可以看出，*YDUM* 与 *ABSDAC* 相关系数显著为负，说明 19 号文之后，公司的盈余管理水平降低；*SOE* 与 *ABSDAC* 负相关，说明国有控股公司盈余管理程度较低；*Firm* 与 *ABSDAC* 相关系数显著为负，说明经四大审计的上市公司盈余管理水平较低；此外，*ROA*，*Size*，*OCF* 与 *ABSDAC* 相关系数显著为负，说明盈利能力越高，公司规模越大，来自经营活动的现金流越多的公司，盈余管理程度较低；*Lev*，*Grow* 与 *ABSDAC* 相关系数显著为负，说明公司资产负债率越高，增长越快的公司，盈余管理程度越高；*ACCR* 与 *ABSDAC* 的相关系数为正，但不显著，说明由于盈余反转的作用，应计总额与公司盈余管理的方向可能不确定。从其他变量之间的关系来看，它们之间都不存在高度相关性，因此，多重共线性对于模型（4）来说不会产生重要的影响。同时，其他变量之间的相关关系也非常直观与合理，如公司规模与盈利能力显著正相关，负债水平与盈利能力显著负相关。

表 5-7　　　　　　　　　　　　　　**相关系数**

	ABSDAC	*YDUM*	*SOE*	*Firm*	*ROA*	*Size*	*Lev*	*Grow*	*OCF*
YDUM	-0.0798 ***								
SOE	-0.1016 ***	-0.1000 ***							
Firm	-0.0552 ***	0.0580 ***	0.0643 ***						
ROA	-0.1591 ***	-0.0801 ***	0.1127 ***	0.0975 ***					
Size	-0.1459 ***	0.1577 ***	0.1811 ***	0.2705 ***	0.2882 ***				
Lev	0.1930 ***	0.1096 ***	-0.1378 ***	-0.0860 ***	-0.5711 ***	-0.1011 ***			
Grow	0.0743 ***	0.0025	-0.0454 ***	0.0005	0.2264 ***	0.0417 ***	-0.0159		
OCF	-0.0818 ***	0.0415 ***	0.0824 ***	0.0838 ***	0.3487 ***	0.1676 ***	-0.1642 ***	0.0943 ***	
ACCR	-0.0082	-0.0623 ***	-0.0093	0.013	0.0673 ***	-0.0437 ***	-0.1505 ***	-0.0074	-0.0255 **

*：10%水平下显著；**：5%水平下显著；***：1%水平下显著。

表 5-8 报告了模型（4）的回归结果，因变量为公司的盈余管理程度（*ABSDAC*）。其中模型 1 报告的是普通 *OLS* 回归结果，模型 2 报告的是按照 Peterson（2009）的方差调整所做的回归结果，作为普通 *OLS* 回归结果的稳健性检验。从模型 1 的回归结果可以看出，*YDUM* 的回归系数为负，且在 1%水平下显著，说明对非国有控股公司而言，19 号文发布后，经审计的上市公司的财务报表盈余管理程度显著下降，公司的盈余质量提高，验证了假设 1；*SOE* 的回归系数为负，且在 1%水平下显著，说明 19 号文发布之前，国有控股公司的盈余管理水平显著低于非国有控股公司；*SOE* * *YDUM* 的回归系数显著为正，且 *SOE* +*SOE* * *YDUM* 的回归系数为正，说明相对于非国有控股公司而言，19 号文对国有控股公司的影响较小，验证了假设 2。*Firm* 的回归系数显著为负，说明 19 号文发布之前，四大审计的上市公司盈余管理水平较低；*Firm* * *YDUM* 的回归系数显著为正，说明相对于非四大审计公司而言，19 号文发布之后，四大审计公司的上市公司盈余管理水平变化较小，验证了假设 3。

此外，其他变量对公司盈余管理水平（*ABSDAC*）的影响也符合预期。如，*ROA* 的回归系数显著为负，说明公司的盈利水平越好，盈余管理程度越低；*Size* 的回归系数显著为负，说明公司的规模越大，盈余管理程度越低，因为规模大的公司信息透明度较高；*Lev* 的回归系数显著为正，说明公司的资产负债率越高，盈余管理程度越高，公司有动机通过盈余管理达到债务契约的要求；*Grow* 的回归系数显著为正，说明公司成长的越快，公司的盈余管理程度越高。

表 5-8　　**回 归 分 析**

	模型 1		模型 2	
	回归系数	*T* 值	回归系数	*T* 值
YDUM	-0.0269	5.83***	-0.0269	3.00***
SOE	-0.0194	4.44***	-0.0194	3.36***
SOE * *YDUM*	0.0112	2.20**	0.0112	1.65*
Firm	-0.0186	2.38**	-0.0186	2.94***
Firm * *YDUM*	0.0218	2.43**	0.0218	2.80***
ROA	-0.0701	4.54***	-0.0701	3.71***
Size	-0.0078	6.50***	-0.0078	4.35***
Lev	0.045	10.15***	0.045	5.74***
Grow	0.0109	7.58***	0.0109	6.86***
OCF	-0.0161	1.23	-0.0161	1.44
ACCR	0.0027	0.39	0.0027	0.52
截距项	0.2675	10.52***	0.2675	6.38***
调整 R^2	0.085		0.085	
F	29.39***		18.44***	
N	6982		6982	

*：10% 水平下显著；**：5% 水平下显著；***：1% 水平下显著。

表 5-8 中模型 2 是用 Peterson（2009）的方法所做的稳健性检验，从表 6 可以看出，所得结论与模型 1 用普通 *OLS* 回归所得结论相同。此外，为了使得所得结果更加可靠，本章还采用以下方法进行稳健性检验：首先，文中采用的是直接法计算操控性应计利润，用间接法计算得到的操控性应计利润来检验三个假设，得到的结论依然不变；其次，我们加入 *Loss* 这个控制变量，公司复杂度 *AR* 和 *INV*；再次，在计算 *ROA* 时，我们采用了年末总资产代替原来的年初总资产；最后，从表 5-4 可以看出，1998 年的数据在剔除了缺失之后的样本非常少，因此我们在删除了 1998 年及 2005 年的数据后，取 19 号文前后 3 年的数据重新进行分析。以上稳健性检验所得到的研究结论不变。

四、结论与启示

本章以 19 号文发布，财政部收回行政监管权为背景，以 1998 年至 2005 年中国 A 股上市公司为研究样本，以盈余管理作为审计质量的体现，通过单变量检验及多元回归分析研究财政部收回行政监管权是否有助于提高审计质量，并且 19 号文的颁布是否对终极控制权不同的公司及由不同规模事务所审计的公司盈余管理水平的影响存在差异。研究结果表明，与 19 号文发布之前相比，财政部收回行政监管权后，中注协专门负责行业自律监管，财政部门实施行政监管，该双重监管体制能够显著地提高审计质量，降低经审计的上市公司盈余管理水平，最终提高上市公司的盈余质量；进一步的研究还发现，终极控制权性质会影响19号文的实施后果，相对于非国有控股公司而言，19号文的实施对国有控股公司的影响较小；以四大和非四大作为审计师水平的衡量，结果显示，19号文后实施的双重监管体制对“四大”事务所审计质量的影响显著小于“非四大”事务所。

本章最主要的贡献是：（1）验证了在中国现实背景下，由财政部门对CPA行业实施行政监管、中注协对CPA行业实施自律监管的效果；（2）验证了CPA的行政监管权力交接前后对不同规模事务所的影响；（3）验证了CPA的行政监管权利交接前后对终极控制权性质不同的企业的影响；（4）在发现事实的基础上，给出一些我国监管体制的建议。

本章的研究结果具有以下政策启示：（1）财政部收回行政监管权后，中注协负责对CPA和会计师事务所的自律监管，财政部门负责行政监管，该体制变化能够提高审计质量，本章的研究支持了财政部19号文的规定。（2）财政部在收回行政监督权之后，由于财政部和中注协对CPA行业监管足够重视，发布一系列后续文件，并采取切实可行的监管举措，促使监管效率显著提高。（3）19号文出台后的近几年，证监会在对上市公司信息披露进行监管时，凡涉及CPA与会计师事务所的执业质量问题，一揽子交由财政部门或中注协处理。本章认为，一定程度的权力集中有助于提高行政监管效率，从侧面验证了多头监管的无效率。此外，本章研究还发现，19号文的效果对原来审计质量差的事务所及非国有控股公司具有监督作用，而对于原来审计质量好的四大会计师事务所及国有控股公司的审计监督作用有限；因此建议财政部应将更多的精力放在对非四大会计师事务所及审计非国有控股公司的事务所进行监管，以达到成本效益的目的。

本章的研究存在一定的局限性：（1）所涉及的时间区间比较长，无法消除很多宏观因素的影响；（2）由于多头监管现象依然存在，而监管效率的提高是由多方面共同努力的结果，我们的研究很难对监管效率的提高具体归功于哪一方进一步量化，但我们认为中注协加强行业自律监管与财政部门强化行政监管是监管效率提高的核心力量；（3）2002年19号文后，中注协的行业自律监管取得显著成效，同时仍部分存在注协代为执行财政部门行政监管职责的现象，因此，中注协行业自律监管与财政部门行政监管效率是否同步提高，难以确定。

但从会计师事务所方面反映出来的信息看，中注协的行业监管影响面最大，在所有的监管部门中，只有注协系统的监管是系统规范的监管；同时，财政部门的监管大多也借助于注协和注册会计师去完成。所以，本章虽然是以19号文收回行政监管权为背景研究监管效率，但研究结论仍然支持本书提出的实行“行业自律监管为主、政府行政监管为辅”的体制。

需要说明的是，本章论证19号文后行业监管的有效性，并不是验证行业监管没有问题，本书第三章分析的监管体制问题、第四章分析的监管方法问题，都是行业监管必须解决的紧迫问题，也是进一步提高监管效率的关键所在。

第六章　CPA 行业监管的法律责任研究

国内外有关 CPA 法律责任的研究，都是针对 CPA 应承担的行政责任、民事责任和刑事责任开展的，对监管者应承担怎样的法律责任研究较少。本部分在对美英等国 CPA 行业监管法律责任现状进行分析的基础上，指出我国 CPA 行业监管法律责任的不足，并试图提出强化监管者责任的措施。

第一节　美英等国对 CPA 行业监管法律责任的有关规定

综观美英等国 CPA 行业监管的相关法律，其中对被审单位的会计责任、对 CPA 的审计责任规定较为具体，对自律监管机构和独立监管机构的监管责任也有相关规定，但对政府监管部门如美国 SEC、英国贸工部的监管责任规定较少。

一、《1933 年证券法》和《1934 年证券交易法》中对相关法律责任的规定

美国《1933 年证券法》第 11 节规定了 CPA 对第三者的责任和 CPA 的权力，可归纳为：(1) 任何购买注册报表中所说明的证券的第三者，都可以就注册报表中所包括的已审财务报表中的重要错报和漏报起诉 CPA。(2) 作为报表使用的第三者，无须证明他们信赖了财务报表，也不必证明 CPA 在审计中是否有过失或欺诈行为。使用者只须证明已审财务报表中包含了重要错报和漏报。(3) 作为抗辩，CPA 有责任举证：在当时情况下，已执行了充分的审计，或全部或部分损失是由误导性财务报表以外的其他因素造成的。关于损失的计算，按照原告购买证券所付金额与诉讼案发生时证券的市场价格或者与出售价格（如果证券卖出的话）之间的差额计算①。还在第 24 节规定：有违反本法任何条款或违反 SEC 根据其权力颁布的条例或规则的任何人、或在根据本法发出的注册报告中有意制造对任何重大事实的不真实陈述或漏报规定其中应报的或为使报告书中的陈述不至被误解所必要的重大事实的任何人，一经确认便应被罚以不超过 1 万美元的罚金或不超过 5 年的监禁，或两者并罚②。

《1934 年证券交易法》第 10 节规定：任何人有下列行为之一都是违法：(1) 不管采用何手段、策略和计谋进行欺诈；(2) 对重大事实说明不实或者故意隐瞒在当时情况下

---

① 蒙哥马利审计学翻译组译：《蒙哥马利审计学》(上)，中国商业出版社 1989 年版，第 101 页。

② 美国《1933 年证券法》第 24 节，参照财政部《注册会计师法》修订工作小组编译的《世界部分国家和地区注册会计师法规集》，第 14 页。

使财务报表不被误解的重大事实；（3）以虚假或欺诈他人的方式从事证券买卖的任何行为、业务或经营。第13节“定期报告和其他报告”规定：上市公司应根据SEC制定的对于投资者的适当保护和保证证券公平交易所必要或适当的规则和条例，向SEC提交年度报告和季度报告，其中年度报告应由独立公共会计师证明……任何人不得故意违反或故意不实施内部会计管理制度或故意伪造账本、记录或账目……第32节“罚则”规定：任何人如果违反本法条款或本法下的规则规章或要求的遵守义务，或故意或明知而作出或导致作出在申请或报告或注册报告书中或由任何自律组织对有会员资格、参与资格或成为会员的关联方的申请所作的义务承担中的陈述，而陈述相对于任何客观事实而言是错误的或带误导性的，则在证实的基础上，该人应被处以100万美元以下的罚款或处以10年以下的监禁，或两者并处；如果该人员为非自然人，则应处以250万美元以下的罚款，但任何人如果证明其不知晓有关规则规章的规定，则不得因违反此类规则或规章而处以上述监禁。第19节“自律组织的注册、责任和监督”规定：如果自律组织的对应管理机构对获得通知或听证会的记录发现该自律组织的高级职员或理事有意违反本法的相关规则，有意滥用职权，或不具有合理理由未遵守相关法规，若管理机构认为其相应行动对于公众利益、保护投资者或推动本法的目的是必要的或适当的，则有权命令将该职员、理事撤换或予以指责。

二、美国州会计法规对CPA法律责任的有关规定

美国50个州及4个特区，都有自己的会计成文法，相关会计法规中对CPA的法律责任都作出具体规定。以下仅列举佛罗里达州《会计法》对CPA法律责任的规定。

美国佛罗里达州《会计法》第473章“公共会计”规定了在本州执业的CPA的法律责任。其中第322节规定：有以下故意行为：（1）不是CPA，却从事公共会计业务；（2）使用或意图使用已经被暂时吊销、吊销或处于暂停使用情形的CPA执照；（3）CPA从事公共会计业务过程中有任何欺骗行为；（4）没按本法规定保持良好的道德品质等，应对其处以以下一种或一种以上的处罚：（1）否决颁发执照的申请；（2）吊销或临时吊销执照；（3）对每一种罪状或违法行为处以5000美元的行政性罚款；（4）发出警告书；（5）令执业者停业一段时间，直至达到州会计委员会明确规定的条件，其中包括要求执业者参加继续教育课程，或者在其他持业者监管下工作；（6）限制CPA被授权的执业范围；（7）吊销或临时吊销专业技能证书等。第323节规定：如有以下情形：（1）试图通过贿赂或作假来获取CPA执业许可；（2）执业者在知情的情况下编写或提交假报告或假档案，故意不按照联邦或州法规定提交报告或档案，或是进行阻挠、妨碍，包括诱导他人进行阻挠妨碍；（3）用虚假、伪造或误导的方式宣传产品和服务，或是在名称或内容上有误导；（4）在从事公共会计业务时犯有造假或欺诈行为，或出现过失、能力不足及其他行为不端；（5）持执照从事公共会计业务过程中的任何欺骗行为；（6）没有按本规定保持良好的道德品质等，将被处罚诉讼程序。美国佛罗里达州《会计条例》规定了具体的处罚标准，如（1）试图通过行贿或虚假陈述取得执照，如已取得执照的，吊销执照并罚款5000美元，未取得执照的，否决其申请；（2）故意编写或提交假报告，处罚最低限度为警告、

一年察看，最高限度为吊销执照及5000美元罚款；（3）能力不足（如精神或身体缺陷），最低处罚为警告、一年临时吊销执照、两年察看和5000美元罚款，最高处罚为5000美元罚款和吊销执照；（4）失职或行为不端如缺乏独立性，最低处罚为警告、一年察看并审查执业情况和继续教育情况，最高处罚为警告、一年吊销执照，2年察看并审查执业和继续教育情况；（5）缺乏良好的道德品质，最低处罚为警告及一年察看，最高处罚为吊销执照①。

三、萨班斯法案中与CPA法律责任相关的规定

安然事件后，美国2002年发布的萨班斯法案修订了《1933年证券法》和《1934年证券交易法》，加重了CPA、上市公司和PCAOB的责任，但法案增加了SEC的权力，却并没有加大其责任。对相关各方的法律责任规定如下：

（一）进一步明确了CPA的法律责任

第105节“调查和惩诫程序”：根据规则，PCAOB可以对注册的会计师事务所及有关人员的任何活动或执业行为或疏忽进行调查，如果这些行为可能违反了本法的条款、PCAOB的规定、证券法律关于编制和出具审计报告及会计师义务与责任的条款，包括SEC根据本法发布的规定或专业准则，而无需考虑违规行为如何引起PCAOB的注意。除了PCAOB认为必要或适当的行为外，PCAOB的规定可以：在PCAOB认为与调查相关或重要的情况下，要求事务所或与注册的会计师事务所有关的任何人员陈述证词；在PCAOB认为与调查相关或重要的情况下，要求注册的会计师事务所或任何有关人员，不论他们位于何处，提供审计工作底稿和其他事务所拥有的文件；PCAOB可以检查事务所或有关人员的账册、记录，以便确定提供的文件或材料是否准确；在PCAOB认为与调查相关或重要的情况下，通过适当的通知，在调查所需要的范围内，根据PCAOB规定，要求包括注册的会计师事务所的客户在内的任何人陈述证词，提供文件；在PCAOB认为与调查相关或重要的情况下，规定向SEC请求签发传票的程序，要求包括注册的会计师事务所的客户在内的任何人陈述证词，提供文件。如果注册的会计师事务所或任何有关人员拒绝陈述证词、提供文件，或拒绝进行与PCAOB合作的其他活动，则PCAOB可以：暂停或禁止此人在注册的会计师事务所中执业，或要求注册会计师事务所终止与此人的联系；暂停或吊销会计师事务所的注册；根据PCAOB的规定，采用PCAOB认为是适当的其他较轻处罚措施。PCAOB应当将其对可能违反证券法律事项的未决调查通知SEC，以便与SEC执法部门的工作进行协调，以保障SEC的调查工作。PCAOB可以将按照本节规定的调查移送：SEC；其他任何联邦职能管理当局，如果调查涉及的审计报告所服务的机构处于这些当局的管辖范围；根据SEC的决议，移送至：美国司法部部长；1个或更多州的首席检察官；适当的州级管理当局。惩戒程序（1）通知：PCAOB应规定，PCAOB在确定注册的会计师事务所或有关人员是否应受到惩戒的任何程序中，应当给定事务所或有关人

① 本部分仅以佛罗里达州《会计法》和《会计条例》为例，参照财政部《注册会计师法》修订工作小组编译的《世界部分国家和地区注册会计师法规集》，第170～171页。

员明确的惩戒理由；通知事务所或有关人员，为他们提供辩护的机会；记录程序。（2）公开听证：本节规定的听证会不应当是公开的，除非 PCAOB 有更好的理由，而且取得有关方的同意。（3）证明材料：PCAOB 根据本小节实施处罚的决议，应有证明材料支持，该材料列示如下内容：注册会计师事务所及有关人员的每一活动或执业行为（或疏忽的行为），或者构成处罚的依据；PCAOB 认为违反的本法特定条款、证券法律、PCAOB 规定或专业准则；实施的处罚，包括处罚权限。（4）处罚：PCAOB 的处罚措施包括：撤销会计师事务所在 PCAOB 的注册、禁止注册会计师在注册的会计师事务所就业、对事务所处以不超过 1500 万美元的罚款、对个人处以不超过 75 万美元的罚款。如 2009 年下发的 5 份处罚决定中，撤销事务所注册 4 家、禁止执业 3 人、暂停执业 2 人、对 1 人巨额罚款，处罚比较严厉。（5）故意或其他知情行为，第（4）款规定的处罚和罚款，仅适用于：故意或知情行为，包括粗心的行为，导致违反了法律、法规、规章或专业准则；反复的疏忽行为，每一次都导致违反法定、监管或专业准则。（6）未进行督导：如果 PCAOB 发现下列情况，则 PCAOB 可以根据本节规定，对注册会计师事务所或事务所的督导人员进行处罚：事务所未能合理地督导相关人员，未执行 PCAOB 规则中关于审计或质量控制准则的要求，或未执行本法、PCAOB 规定、证券法律中与编制和出具审计报告及会计师责任有关的条款，包括 SEC 的规则或专业准则；相关人员违反了本法或此类规定、法律或准则。

（二）SEC 对 PCAOB 的监管（明确 PCAOB 的监管责任）

第 107 节“SEC 对 PCAOB 的监管”规定：SEC 可以根据法规的规定，为保护公众及投资者的利益，以及本法案和其他证券法规的其他目的，减少 PCAOB 的职责，以加强对本法案、证券法规、PCAOB 的规定以及专业准则的遵循。SEC 一旦从保护公众及投资者利益，或促进对本法案、证券法律的执行出发，认为此举必要或合适时，可以根据法规的规定，批评或限制 PCAOB 的行动、功能和运作。这种情况发生在 SEC 给予通知与听证机会后，发现 PCAOB：违反了或不能遵循本法案、PCAOB 自身以及证券法规的规定；没有合理的判断或理由，未能促使已注册会计师事务所及其关联人遵循规定和专业准则。SEC 从保护公众及投资者利益，或促进对本法案、证券法律的执行出发，认为此举必要或合适时，可以批评或开除 PCAOB 的成员。这种情况发生在 SEC 给予通知与听证机会后，发现该成员：有意违反本法案、PCAOB 的规定以及证券法规；有意滥用 PCAOB 成员的权力；没有合理的判断或理由，未能促使注册会计师事务所及其关联人遵循规定和专业准则。

（三）加大了公司对财务会计报告的会计责任

第 906 节“公司对财务报告的责任”规定：每一份由发行证券的公司根据 1934 年证券交易法第 13（a）节或第 15（d）节向 SEC 申报的包含财务报告的定期报告都应包括公司首席执行官和财务总监写声明。声明包括财务报告的定期报告是完全按照 1934 年证券交易法第 13（a）节或第 15（d）节的要求编写的，定期报告中的信息在所有重大方面都公允的反映了公司的财务状况和经营成果。无论是谁，（1）知道包括财务报告的定期报告没有满足本节的所有要求却根据本节（a）和（b）小节签署证明的，应该被处以最多 100 万美元的罚款，最多 10 年的监禁，或并罚；或（2）明知包括财务报告的定期报告没有满足本节的所有要求却根据本节（a）和（b）小节蓄意签署证明的，应该被处以最多

500 万美元的罚款，最多 20 年的监禁，或并罚。

（四）加大了 SEC 的权力和资金支持

第 601 节“财政拨款方面的权利”规定“除了其他分配给 SEC 的资金外，为保证 SEC 能够正常履行其职能，2003 年 PCAOB 将获得 77.6 亿美元的财政拨款，其中：（1）10.27 亿美元用作额外的薪酬，包括根据《投资者和资本市场费用救济法案》（the Investor and Capital Market Fee Relief Act）规定的工资和福利项目；（2）10.84 亿美元将用于信息技术、证券安全强化以及恢复和缓解“9·11”恐怖袭击的影响；（3）9.8 亿美元用于增加 200 名以上的专业人员，以便对联邦证券法律要求的审计师及审计服务进行监督，提高 SEC 同上述审计师和审计服务相关的调查和监管能力。此外，可以增加 SEC 的力量，以便实施其计划，包括充分信息披露和禁止欺诈，管理层风险，行业技术复核，符合性测试，检查工作，市场监管，投资管理等”。第 602 节“SEC 的执业许可权”在《1934 年证券交易法》第 4 节 B 后加入下列内容：“第 4 节 C SEC 的执业许可权（1）SEC 的谴责权——在存在特定事项，并经 SEC 调查确认以及给予当事人听证机会后，SEC 可以谴责当事人，并根据情况暂时或永久停止当事人执行同 SEC 有关业务的资格。这些事项包括：（a）未取得代理权的情况下代理他人行为；（b）缺乏诚信基础，或者参与不道德和不适当的专业行为；（c）蓄意违反，或蓄意帮助和教唆违反联邦证券法律、规定和规范。（2）定义——对于注册的会计公司或其关联人员来说，本节规定的“不适当的职业行为”是指：（a）故意行为，包括不计后果的行为，其结果导致违反执业准则行为发生；（b）过失行为，包括：在会计公司或其关联人员知晓或应当知晓应当进一步详查的情况下，极不合理地处置单个事项，其结果导致违反执业准则行为发生；反复不合理地处置某些事项，反映出缺乏执行相关业务的胜任能力。法案最后关于“SEC 权力的作用”——在本法案和 PCAOB 章程中，没有任何条款会被解释为削弱和限制 PCAOB 如下权力：（1）在执行证券法方面，SEC 的职权是监管会计执业人员，会计师事务所，或与上述事务所相关联的人员；（2）对准备和发布审计报告，或其他可适用的法律，SEC 的职权是依据的证券法律、规定、规章的其他条款，为会计或审计执业或审计独立性设置标准；或（3）SEC 能够对任何注册会计师事务所以及任何与该所相关联的人员主动进行法律的、行政的或监管方面的制裁。

我们知道，安然事件后，安然公司破产，安达信会计公司解体，整个 CPA 行业受尽责难，AICPA 的权力被大大削弱，而一向负责上市公司会计信息披露监管和证券市场 CPA 行业监管的美国 SEC 没有承担任何监管责任。但是与我国不同的是，美国国会对 SEC 的监管也相当严格。

四、英国《公司法》对 CPA 及监管团体法律责任的规定

英国 1989 年《公司法》第二部分“应聘为公司审计师的资格”对监管团体的责任规定如下：贸工大臣可以用书面通知要求某认可的监管团体或合格团体向其提供有关资料，以便贸工部行使相关职能。贸工大臣可以要求对提供的资料作出时间限制和以特定方式进行检查。任何时候，贸工大臣发现（1）某认可的监管团体没有遵守相关要求；（2）某认

可的专业资格不符合相关规定；（3）某认可的监管团体或合格团体未能履行本部分规定的责任，贸工大臣可以向法院提交申请，而不是撤销有关认可令。如果法院认为有关条款或要求得不到执行，或该团体未能履行有关责任，它可以命令有关监管团体或合格团体采取它所要求的措施，以保证有关条款或要求得到执行或有关责任得到履行。对 CPA 的责任规定如下：如 CPA 提供他知道在重要方面存在措施或误导的信息或资料或因疏忽大意而提供在重要方面存在错误或误导的信息或资料，构成违法行为，应受到以下处罚：（1）被起诉定罪处以不超过 2 年的监禁或罚款或两者并用；（2）数罪并罚处以不超过 6 个月的监禁或不超过法定上限的罚款或两者并罚等①。

第二节　我国 CPA 行业监管法律责任有关规定及存在的问题

一、现行法规中有关监管责任的内容

《会计法》（1999）第 31 条规定：有关法律、行政法规规定，须经注册会计师进行审计的单位，应当向受委托的会计师事务所如实提供会计凭证、会计账簿、财务会计报告和其他会计资料以及有关情况。任何单位或者个人不得以任何方式要求或者示意 CPA 及其所在的会计师事务所出具不实或不当的审计报告。财政部门有权对会计师事务所出具审计报告的程序和内容进行监督。第 47 条规定：财政部门及有关行政部门的工作人员在实施监督管理中滥用职权、玩忽职守、徇私舞弊或者泄露国家秘密、商业秘密，构成犯罪的，依法追究刑事责任；尚不构成犯罪的，依法给予行政处分。

《注册会计师法》（1994）第 5 条规定：国务院财政部门和省、自治区、直辖市人民政府财政部门，依法对注册会计师、会计师事务所和注册会计师协会进行监督、指导。无监管责任的相关内容。

《证券法》（2006）第 179 条规定：国务院证券监督管理机构依法对证券发行人、上市公司、证券交易所、证券公司、证券登记结算机构、证券投资基金管理公司、证券服务机构的证券业务活动，进行监督管理。第 169 条规定：投资咨询机构、财务顾问机构、资信评级机构、资产评估机构、会计师事务所从事证券服务业务，必须经国务院证券监督管理机构和有关主管部门批准。投资咨询机构、财务顾问机构、资信评级机构、资产评估机构、会计师事务所从事证券业务的审批管理办法，由国务院证券监督管理机构和有关主管部门制定。第 227 条规定：国务院证券监督管理机构或国务院授权的部门有下列情形之一的，对直接负责的主管人员和其他直接责任人员，依法给予行政处分：（1）对不符合本法规定的发行证券、设立证券公司等申请予以核准的；（2）违反规定采用本法规定的现场检查、调查取证、查询、冻结或者查封等措施的；（3）违反规定对有关机构和人员实施行政处罚的；（4）其他不依法履行职责的行为。第 228 条规定：证券监督管理机构的

① 英国 1989 年《公司法》，参照财政部《注册会计师法》修订工作小组编译的《世界部分国家和地区注册会计师法规集》，第 277～280 页。

工作人员和发行审核委员会的组成人员，不履行本法规定的职责，滥用职权、玩忽职守，利用职务便利牟取不正当利益，或者泄露所知悉的有关单位和个人的商业秘密的，依法追究法律责任。

《会计师事务所审批和监督暂行办法》（2005 年财政部发布）第 3 条规定：财政部和省级财政部门应当遵循公开、公平、公正、便民、高效的原则，依法审批会计师事务所，监督会计师事务所的业务活动。第 70 条规定：财政部或者省级财政部门的工作人员在实施审批和监督过程中，滥用职权、玩忽职守、徇私舞弊或者泄露国家秘密、商业秘密的，依法给予行政处分。

二、现行监管法律责任存在的问题

从上述相关法规中，我们可以看出有关监管责任的严重不足。笔者认为主要存在以下问题：

（一）责任表述不明

《会计法》中对会计人员的违法责任表述较为明确，如有不依法设置会计账簿、私设会计账簿、未按规定填制、取得原始凭证或者填制、取得的原始凭证不符合规定、以未经审核的会计凭证为依据登记会计账簿或者登记会计账簿不符合规定的、随意变更会计处理方法的、向不同的会计资料使用者提供的财务会计报告编制依据不一致、未按规定保管会计资料致使会计资料毁损、灭失等行为，由县级以上财政部门责令限期改正，可对单位并处 3000 元以上 5 万元以下的罚款，对直接负责的主管人员和其他直接责任人员，处 2000 元以上 2 万元以下的罚款，属于国家工作人员的，由其所在单位或有关单位给予行政处分；如有伪造变造会计凭证、会计账簿、编制虚假财务会计报告等行为，构成犯罪的，依法追究刑事责任，不构成犯罪的，由县级以上财政部门予以通报，可对单位并处 5000 元以上 10 万元以下的罚款，对其直接负责的主管人员和其他直接责任人员，可处 3000 元以上 5 万元以下的罚款，属于国家工作人员的，还应由其所在单位或有关单位依法给予撤职直至开除的行政处分，对其中的会计人员，由县级以上财政部门吊销会计从业人员资格证书；有隐匿或故意销毁依法应当保存的会计凭证、会计账簿、财务会计报告等行为，构成犯罪的，依法追究刑事责任等。

《注册会计师法》中对 CPA 和事务所的法律责任表述也比较明确，如第 20 条规定：CPA 执业时，如遇委托人示意其作不实或不当证明、委托人故意不提供有关会计资料和文件、因委托人有其他不合理要求，致使 CPA 出具的报告不能对财务会计的重要事项作出正确表述等情形，应当拒绝出具有关报告。第 21 条规定：CPA 执业时执业准则确定的工作程序出具报告，不得有明知委托人对重要事项的财务会计处理与国家有关规定相抵触，而不予指明、明知委托人的财务会计处理会直接损害报告使用人或其他利害关系人的利益，而予以隐瞒或作不实的报告、明知委托人的财务会计处理会导致报告使用人或利害关系人产生重大误解，而不予指明、明知委托人会计报表的重要事项有其他不实的内容，而不予指明等行为。如事务所违反第 20 条、第 21 条规定的，由县级以上财政部门给予警告，没收违法所得，可并处违法所得 1 倍以上 5 倍以下的罚款，情节严重的，暂停其经营业务或予以撤销；CPA 违反第 20 条、第 21 条规定的，由县级以上财政部门予以警告，情节严重的，可暂停其执业或吊销 CPA 证书。CPA 与事务所违反第 20 条、第 21 条规定，故意出具虚假的审计报告、验资报告，构成犯罪的，依法追究刑事责任。

但《会计法》和《证券法》等对监管部门应承担的法律责任仅表述为：若有滥用职权、玩忽职守、徇私舞弊等行为，构成犯罪的依法追究刑事责任，不构成犯罪的，依法给予行政处分。这样的表述看似严厉，其实监管人员在监管过程中究竟该负怎样的责任，工作过失怎么处理，监管不力负何责任？规定很不明确。《注册会计师法》对中注协、财政部门均没有监管责任规定。

（二）责任分配不均

会计法中明确了会计人员的会计责任，面对重大的会计责任，会计人员工作时时刻感到利剑高悬、工作战战兢兢；注册会计师法中明确了 CPA 及事务所的审计责任，面对严格的审计责任，审计人员执业时谨小慎微、如履薄冰；但监管人员工作无责任压力，检查出问题，依法对会计人员和 CPA 及事务所追究责任，检查不出问题，就是没问题，或者说是查出问题有功，查不出问题无过，不负连带责任，更没有相应的责任追究期限。由此笔者认为，法律责任在会计人员、审计人员和监管人员之间的分配不均衡、不公平。

（三）责任要求不严

我们知道，会计人员需参加考试取得从业资格证，通过全国统一考试方能具备会计师、高级会计师的任职条件；审计人员需通过难度较大的 CPA 全国统一考试取得全科合格证，再经过 CPA 工作实务方能得到 CPA 执业证书；但监管人员却不需要考试（我们认为公务员考试不能替代专业胜任能力考试），尽管近年来监管部门引进人才的门槛已经从本科到硕士，再从硕士到博士了，但会计从业人员和 CPA 的门槛也在同步提高。同时，会计人员和 CPA 都有严格的专业胜任能力和职业道德要求，还有较完善的后续教育制度，而 CPA 行业监管人员却几乎没有相关要求①。由此可见监管部门对监管人员的专业责任要求不够严格。

（四）责任追究不易

虽然相关法规中规定了监管人员若存在滥用职权、玩忽职守、徇私舞弊等行为，将依法追究责任，但怎样界定滥用职权、玩忽职守、徇私舞弊，又该怎样追究？每年有多少监管者因监管失败而承担法律责任？我国恢复 CPA 制度 30 余年又有多少监管者因监管失败承担了法律责任？这一点值得我们深思。

---

① 2006 年实施的新《证券法》第 182 条对证券监管机构工作人员的职业道德作了基本要求：如必须忠于职守、依法办事、公正廉洁、不得利用职务便利牟取不正当利益，不得泄露所知悉的有关单位和个人的商业秘密。其他对监管人员提出条件要求的，基本上是当需要借助于 CPA 的力量时，对 CPA 担任监管人员应具备条件的要求。

第三节 改进我国CPA行业监管法律责任的思路

笔者认为，作为监管机构，应认真履行监管职责，当监管中发现问题时，要做到恰当惩戒和处罚，必须首先分清被审单位和CPA的责任。所以本节先讨论会计责任和审计责任的划分，再探讨如何强化监管部门的监管责任。

一、正确划分会计责任和审计责任

中注协和财政部及相关执法部门在对CPA进行惩戒和处罚时，首先要分清财务会计报告虚假的会计责任和审计责任，尽可能避免CPA代被审计单位受过，然后再依法进行相应的处罚。

（一）会计责任的概念及内涵

会计责任有广义和狭义两种观念。广义的会计责任就是企业的受托责任，是会计对企业财政财务收支的合法性、效率性和效果性方面的责任。狭义的会计责任是指被审计单位对编制的财务会计报告所负的责任。关于会计责任的探讨有如下主要观点：

杨时展（1997）提出：会计责任指的是因受命或受托经营财政或财务收支，对命令或托付人所负的一种以最大善意充分体现其意志的责任。现代民主国家的各级政府及其公职人员的会计责任包括以下各项：（1）负责以最大善意遵照法律的规定，执行国家的任务，并遵照法律手续，进行因执行任务而发生的财政和财务资源上的一切收支，登记账目，按期据实报告，绝对不允许一切以权谋私的行为。（2）负责以最经济、最有效的办法使用管理上项资源。（3）负责使前项资源的使用最大限度地达到预定目的。公职人员的会计责任有三方面，即遵守道义与法律方面的；经济和效率方面的；获得良好效果方面的。在公共组织内，这一会计责任性原则对任何级别的公仆们都适用。

Arens等（2003）提出：管理当局的会计责任是采用合理的会计政策，保持适当的内部控制，在财务报表中作出公允反映。

秦荣生（1995）认为：会计责任是指会计主体以必要的权限从事资财保管以及对企业整个经济事项进行确认、记录、核算、报告和监督等活动的人员及会计主体自身应负的责任。会计责任按其内容可分为会计的反应责任和会计的监督责任两种。会计的反应责任主要表现在四个方面：一是对经济事项的记录和核算，二是运用专门方法对会计事项进行专门反应，三是遵循会计核算的一般要求，四是对外提供会计报表。会计的监督责任包括会计监督责任和会计受审责任两个方面。

刘国常（2001）认为：会计责任应当是指会计活动主体对与提供真实、完整会计信息有关的各方面所应承担的责任。会计责任包括会计职业责任和会计法律责任两个方面。会计职业道德责任是会计机构和会计人员在承办会计业务和完成会计任务过程中所应承担的有关责任，又包括会计职业道德责任和会计职业工作责任。而会计法律责任是指会计机构和会计人员因工作失职而触犯有关法律规定，所应承担的责任。

我国《会计法》规定的会计机构和会计人员的会计责任主要有：依照《会计法》进

行会计核算，实行会计监督，建立内部稽核制度，遵守职业道德，及时编制、提供符合《会计法》和相关准则要求的财务会计报告和其他会计信息资料。单位负责人的会计责任是：对本单位的会计工作和会计资料的真实性、完整性负责，应当保证财务会计报告真实完整。

（二）审计责任的概念和内涵

审计责任是CPA和事务所对审计财务报表所负的责任。关于审计责任探讨的主要观点有：

美国《审计准则公告第1号》（SAS1 AU110）指出CPA的审计责任是：审计师有责任计划或执行审计，以便为财务报表中是否存在因错误或舞弊而引起的重要错报获得合理保证。由于受审计证据性质和舞弊特性的影响，审计师只能为发现重要错报获得合理的而不是绝对的保证。审计师没有责任计划和执行审计，以为发现因错误或舞弊而引起的、对财务报表来说不重要的错报获得合理保证。Arens等指出：错报分为两类：错误和舞弊。错误是指财务报表中的无意错报，舞弊则是指故意错报。舞弊又分为侵吞资产和欺诈性财务报告。违反行为是除了舞弊之外的其他违反法律或政府法规的行为。CPA需花大量时间计划和执行审计，以便查出错误和舞弊。不管错误还是舞弊，CPA都必须对报表是否不存在重要错报获得合理保证。发现舞弊通常比发现实务更困难，因为管理当局总是试图掩盖其舞弊行为，但这些困难并不能改变CPA恰当计划和执行审计的责任。CPA应对有直接影响的（对财务报表的特定账户余额产生直接影响的）违法行为承担责任，与对错误和舞弊承担的责任相同。CPA对发现有间接影响的违法行为不提供任何保证。

李若山、周勤业（2002）认为：在我国，CPA的审计责任是按照执业准则的要求，实施必要的审计程序，对企业财务报表是否按照公认会计原则的要求真实、公允地反映企业的财务状况和经营成果发表审计意见。

周勤业（1996）还指出：审计责任专指审计人员在承办审计业务中应履行的职责，以及因工作失误造成公众的损失，而应向社会公众承担的法律责任。

王光远（1996）认为：审计责任原则要求执业审计师，恰当地运用审计准则，审查构成被审计单位财务会计报告的各个制度因素、数量、意见等证据材料，提出公允的审计意见。

刘国常（2001）认为：审计责任也分为广义和狭义两种观念。广义的审计责任是站在全社会的立场上，去观察和认识CPA及事务所应当承担的审计责任及其审计相关责任。广义审计责任包括：对客户的责任，对同行的责任，对社会公众的责任，对政府的责任，对资源、环境和社会可持续发展的责任，对社会公益事业的责任。狭义的审计是指站在审计职业的立场上，去观察和认识CPA及事务所应承担的审计责任。狭义的审计责任主要包括前三项，即CPA及事务所对客户、同行和社会公众的责任。

（三）正确区分被审计单位的会计责任与CPA的审计责任

被审计单位有责任建立健全并有效执行内部控制制度，保护资产的安全完整，选用正确的会计政策和方法，保证财务会计报告的真实性、完整性。CPA有责任严格按照执业准则，制定可行的审计工作计划，采用恰当的审计程序，收集充分可靠的审计证据，出具真实合法的审计报告。CPA 和被审计单位应该担负各自应负的责任，两者的责任不可相互替代和减免。通过区分会计责任和审计责任，可以使 CPA 和被审计单位明确各自的职责，有助于审计工作的正常开展；有助于保护 CPA 和被审计单位的合法权益；有助于报告使用者，特别是处理诉讼纠纷的执法人员判断 CPA 和被审计单位各自应承担的过失责任。

如何区分被审计单位的会计责任和 CPA 的审计责任？

我国《审计准则第 1101 号——财务报表审计的目的和一般原则》指出：按照审计准则的规定对财务报表发表审计意见是 CPA 的责任；在被审计单位治理层的监督下，按照适用的会计准则和相关会计制度的规定编制财务报表是被审计单位管理层的责任。财务报表审计不能减轻被审计单位管理层和治理层的责任。

关于审计责任的认定，财政部监督检查局（2009）提出：认定审计责任应当结合违规情节和危害后果，避免抛开会计责任孤立地认定审计责任。（1）从监管效率的角度讲，财政部门的监管重点应是执业质量恶劣、造成严重影响的事务所，以抓大案要案为主，重点关注造成一定危害后果的审计违规问题。（2）从处理处罚的角度讲，企业违规问题的轻重和危害后果，也是判断事务所审计责任大小和进行处理处罚时考虑的重要因素，不宜孤立地考虑审计责任。(3) 从与行业自律的分工角度讲，财政部门的检查应显著区别于行业自律检查，不能只关注事务所审计程序是否规范、到位，必要时要延伸检查企业的会计信息质量，结合企业的会计责任来认定审计责任。企业进行会计造假肯定要承担会计责任，但有会计责任不一定存在审计责任。现行的审计模式是在测试内部控制制度基础上实施的抽样审计，存在发现不了企业会计问题的可能性，关键要看事务所是否实施了必要的审计程序，是否存在审计程序上的缺失。

CPA 在执行财务报表审计业务时，是通过签订审计业务约定书来明确被审计单位的会计责任和 CPA 的审计责任的。审计业务约定书是会计师事务所与被审计单位签订的，用以记录和确认审计业务的委托与受托关系、审计目的和范围、双方的责任和报告的格式等事项的书面协议。我国《审计准则第 1111 号——审计业务约定书》规定审计业务约定书的主要内容包括：财务报表审计的目标；管理层对财务报表的责任；管理层编制财务报表采用的会计准则和相关会计制度；审计范围，包括指明在财务报表审计业务时遵守的审计准则；执行审计工作的安排，包括出具审计报告的时间要求；审计报告的格式和对审计结果的其他沟通形式；由于测试性质和审计的其他固有限制以及内部控制的固有局限性，不可避免地存在着某些重大错报可能仍然未被发现的风险；管理层为 CPA 提供必要的工作条件和协助；CPA 不受限制地接触任何与审计有关的记录、文件和所需要的其他信息；管理层对其作出的与审计有关的声明予以书面确认；CPA 对执业过程中获知的信息保密；审计收费，包括收费的计算基础和收费安排；违约责任；解决争议的方法；签约双方法定代表人或其授权代表的签字盖章，以及签约双方加盖的公章等。

近年来，国外许多上市公司的年报已经包括一份关于管理当局责任及其与会计师事务所关系的报告书。图 6-1 是管理当局报告书的例子。

2000 年年度报告

管理当局报告

波音公司全体股东：

后附的波音公司的合并财务报表及其子公司报表由管理当局编制，并对其完整性和客观性负责。这些财务报表是按照一般公认会计原则编制的，包括管理当局以其最佳估计和判断为基础的金额。本年度报告中的其他财务信息与财务报表中的信息是一致的。

管理当局已经建立并保持了一套内部控制，旨在为防止或及时发现对财务报表中的重大错误或舞弊提供合理保证。该内部控制制度包括广泛传达公司政策和业务操作方法说明，它们旨在要求所有雇员在执行公司事务中都保持高尚道德标准。通过提供适当职权授权和职责分工的组织安排，并通过审查管理当局贯彻执行情况的内部审计，增强内部控制。

财务报表已由德勤有限责任合伙会计师事务所（Deloitte & Touche LLP）的独立注册会计师进行了审计。他们的审计是按照一般公认审计准则进行的，并包括内部控制的审查和交易的抽样测试。独立审计师报告附后。

董事会下属的审计委员会全部由外部董事组成。他们定期与独立注册会计师、管理当局和内部审计师会见，审查会计、审计、内部会计控制、诉讼和财务报告事项等。独立注册会计师和内部审计师可以自由地接触审计委员会，毋须管理当局的同意。

Philip M. Condit	B. E. Givan	Gray W. Beil
董事局主席兼首席执行官	高级副总裁兼财务总监	副总裁兼主审计长

图 6-1　波音公司的管理当局报告①

我国目前的上市公司年报没有要求上市公司出具管理当局报告书，但年报的第一项内容“重要提示”里包括了管理当局的重要声明：（1）本公司董事会、监事会及董事、监事、高级管理人员保证本报告所载资料不存在任何虚假记录、误导性陈述或者重大遗漏，并对其内容的真实性、准确性和完整性承担个别及连带责任。（2）本公司负责人、主管会计工作负责人、会计机构负责人（会计主管人员）声名：保证本年度报告中财务会计报告的真实完整。

但按照信息不对称原理，管理当局比 CPA 更了解公司交易和财务会计报告中包含的资产、负债和所有者权益情况，CPA 对公司的了解仅限于在审计过程中获取的信息。管理当局的声明并不等于管理当局的诚信，CPA 决不能因管理当局的声明而省略或减少相关的审计程序。“CPA 不能假定管理当局是不诚实的，但必须考虑他们不诚实的可能性，也不应当假定管理当局是诚实的。”同时，被审计单位的会计责任会严重影响审计责任，

① Arens 等：《审计与保证服务——整合法》，张龙平、谢盛纹主译，东北财经大学出版社 2005 年版，第 97 页。

如果管理当局有意舞弊且想方设法掩盖，存在严重的重大错报风险，而CPA给予了应有的关注且实施了必要的程序却未发现其舞弊行为，一旦该公司财务会计报告涉及诉讼，报告使用者通常会首先起诉CPA，CPA可能会成为上市公司蓄意造假的替罪羊。认清经营失败、审计失败和审计风险之间的区别将有助于判断会计责任和审计责任。经营失败是指企业由于经济或经营条件，如经济衰退、不当的管理决策或出现意料之外的行业竞争等，而无法归还贷款、或无法满足投资者的预期。经营失败的极端情形是申请破产。存在经营失败通常是管理当局蓄意舞弊的前提。审计失败是指CPA由于没有遵守执业准则的要求而发表了错误的审计意见。审计风险则是财务报表事实上存在重大错报，CPA却认为财务报表是公允反映的并发表了无保留意见的风险。由于现代审计是在测试的基础上收集证据，发现惊心掩盖的舞弊是极其困难的，尽管CPA遵守了执业准则，但总会存在不能发现某些重大舞弊的风险。报告使用者和CPA之间存在着期望差距，绝大多数CPA都认为，按照公认审计准则执行审计是CPA的全部期望，而众多报告使用者却认为担保财务报表的准确性，监管法律支持CPA的观点，但不幸的是期望差距往往导致莫须有的法律诉讼。

因此，有关部门在对CPA及事务所进行惩戒和处罚时，必须区分被审计单位的会计责任和CPA的审计责任，通过复核CPA的审计程序和工作底稿判断CPA应负的审计责任，尽量避免或减少CPA代被审计单位受过。属于被审计单位管理层的责任有错误、舞弊、违法行为和经营失败，属于CPA及事务所的责任有违约、过失（包括普通过失和重大过失）和欺诈。CPA职业界有责任教育报告使用者，使其明确：由于审计中存在的固有限制①，影响CPA发现重大错报表的能力，CPA不能对财务报表整体不存在重大错报获取绝对保证。审计工作不能对财务报表整体不存在重大错报提供担保，审计意见不是对被审计单位生存能力和管理层经营效率、效果提供的保证。

（四）CPA应承担的法律责任

CPA因违约、过失或欺诈给客户和其他利害关系人造成损失的，按照有关法律和规定，可能被判负行政责任、民事责任或刑事责任。行政责任对CPA个人来说，包括警告、暂停执业、吊销CPA证书等；对事务所而言，包括警告、没收违法所得、罚款、暂停执业、撤销等。民事责任主要是指赔偿受害人损失。刑事责任主要是指按有关法律程序判处一定的徒刑。

美国CPA的法律责任主要包括：（1）对客户的责任。是指CPA未能在商定日期完成一项非审计业务，或者不恰当地退出审计业务，或是未能发现贪污行为，或是违反保密性要求等。（2）习惯法下对第三者的责任。第三者包括现有的和潜在的股东、供应商、银行和其他债权人、客户和雇员等，如果由于信赖了误导性财务报表而遭受损失，事务所可

① 导致固有限制的因素主要包括：（1）选择性测试方法的运用；（2）内部控制的固有局限性；（3）大多数审计证据是说服性而非结论性的；（4）为形成审计意见而实施的审计工作涉及大量判断；（5）某些特殊性质的交易和事项可能影响审计证据的说服力。参见我国《审计准则第1101号——财务报表审计的目标和一般原则》第14条。

能要对第三者承担法律责任。(3) 联邦证券法下的民事责任。在有关CPA法律责任诉讼案中，增长最快的是联邦证券法下的民事责任诉讼案。主要是由于集体诉讼的逐渐流行，同时从被告那里获得巨额赔偿变得相对容易，此外证券法也强加给CPA相当严格的责任标准（如《1933年证券法》第11节），法院依据这些严格的诉讼标准，往往判原告胜诉。但依据最近的民事侵权行为修正法案的规定，这种情况可能会发生变化。(4) 刑事责任。根据美国《统一证券法》、《1933年证券法》、《1934年证券交易法》、《联邦邮政舞弊法》和《联邦伪造报表法》等法律规定，有意参与虚假报表行为欺诈他人者均触犯法律，被判承担刑事责任。

我国《注册会计师法》第六章“法律责任”中规定了CPA的行政责任、刑事责任和民事责任。其中第39条规定的行政责任有：警告、没收违法所得、罚款、暂停营业和撤销等。第39条有关刑事责任的表述为：“会计师事务所、CPA违反本法第20条、第21条的规定，故意出具虚假的审计报告、验资报告，构成犯罪的，依法追究刑事责任。”关于民事责任的条款是第42条“会计师事务所违反本法规定，给委托人、其他利害关系人造成损失的，应当依法承担赔偿责任”。《会计师事务所审批和监督暂行办法》(2005) 第64条规定：会计师事务所违反本办法第56条规定的，给予警告，没收违法所得，可并处违法所得1倍以上5倍以下的罚款；情节严重的，可以暂停其经营业务或者予以撤销。第65条规定：注册会计师违反本办法第56条规定的，给予警告；情节严重的，可以暂停其执行业务或者吊销注册会计师证书。注册会计师违反本办法第57条规定的，责令限期改正，逾期不改正的予以公告。第66条规定：会计师事务所或者注册会计师违反本办法第56条的规定，故意出具虚假的审计报告、验资报告，构成犯罪的，依法追究刑事责任。第67条规定：公民、法人或者其他组织未经批准，擅自从事注册会计师法第14条规定的注册会计师业务的，给予警告，并责令其停止违法活动，没收违法所得；情节严重的，可以并处1倍以上5倍以下的罚款。我国《证券法》(2006) 第173条规定：证券服务机构为证券的发行、上市、交易等证券业务活动制作、出具审计报告、资产评估报告、财务顾问报告、资信评级报告或者法律意见书等文件，应当勤勉尽责，对所依据的文件资料的真实性、准确性、完整性进行核查和验证。其制作、出具的文件有虚假记载、误导性陈述或者重大遗漏，给他人造成损失的，应当与发行人、上市公司承担连带赔偿责任，但是能够证明自己没有过错的除外。第223条规定：证券服务机构未能勤勉尽责，所制作、出具的文件有虚假记载、误导性陈述或者有重大遗漏的，责令改正，没收业务收入，暂停或者撤消证券服务业务许可，并处以业务收入1倍以上5倍以下的罚款。对直接负责的主管人员和其他直接责任人员给予警告，撤消证券从业资格，并处以3万元以上10万元以下的罚款。第225条规定：上市公司、证券公司、证券交易所、证券登记结算机构、证券服务机构，未按照有关规定保存有关文件和资料的，责令改正，给予警告、并处以3万元以上30万元以下的罚款；隐匿、伪造、篡改或者销毁有关文件和资料的，给予警告，并处以30万元以上60万元以下的罚款。第226条规定：投资咨询机构、财务顾问机构、资信评级机构、资产评估机构、会计师事务所未经批准，擅自从事证券服务业务的，责令改正，没收违法所得，并处以违法所得 1 倍以上 5 倍以下的罚款。证券服务机构违反本法规定或者依法制定的业务规则的，由证券监督管理机构责令改正，没收违法所得，并处以违法所得 1 倍以上 5 倍以下的罚款；没收违法所得或者违法所得不足 10 万元的，处以 10 万元以上 30 万元以下的罚款；情节严重的，责令关闭或者撤销证券服务业务许可。《公司法》第 208 条规定：承担资产评估、验资或者验证的机构提供虚假证明材料的，由公司登记机关没收违法所得，处以违法所得 1 倍以上 5 倍以下的罚款，并可由主管部门依法责令该机构停业，吊销直接责任人员的资格证书，吊销营业执照。承担资产评估、验资或验证的机构因过失提供有重大遗漏的报告的，由公司登记机关责令改正，情节较重的，处以所得收入 1 倍以上 5 倍以下的罚款，并可由主管部门依法责令该机构停业，吊销直接责任人员的资格证书，吊销营业执照。承担资产评估、验资或验证的机构因其出具的评估结果、验资或者验证证明不实，给公司债权人造成损失的，除能够证明自己没有过错的外，在评估或者证明不实的金额范围内承担赔偿责任。我国最高人民法院《关于审理证券市场因虚假陈述引发的民事赔偿案件的若干规定》（2003 年 2 月 1 日起实施），对证券市场虚假陈述①导致的民事赔偿案件的认定、受理范围、诉讼程序、归责原则和举证责任、损失认定等都作出了较为具体明确的规定②。整体来看，2006 年 1 月 1 日开始实施的新《证券法》和《公司法》对 CPA 法律责任的规定有很大改进，与 1999 年的相关条款比较，可操作性大大加强。

关于处罚尺度，监督检查局（2009）认为：美国《萨班斯法案》强化了对有关犯罪行为的处罚力度，提高了证券犯罪和会计造假的违规成本，对犯罪行为起到了遏制作用。第一，提高了证券欺诈犯罪的处罚。故意进行证券欺诈的犯罪最高可判处 25 年入狱，对个人和公司的罚金最高可达 500 万美元和 2500 万美元。同时，规定故意破坏或捏造文件阻止、妨碍联邦调查的行为视为严重犯罪，将被处罚款或 20 年入狱。起诉证券欺诈犯罪的诉讼时效由原来从违法行为发生起 3 年和被发现起 1 年分别延长为 5 年和 2 年。第二，若高级管理人员违反相关规定，可被除以 50 万美元以下的罚款，或判处入狱 5 年，这加大了公司高级管理人员的会计责任。第三，事务所审计工作底稿应至少保存 5 年，违者将予以罚款或判处 10 年入狱。相比较而言，我国《会计法》处罚力度偏轻、对单位负责人的责任追究力度明显偏弱，导致会计违法成本很低，会计造假屡禁不止。例如，财政部门依据《会计法》，对单位负责人作出的行政处罚最高金额只有 5 万元。这样的经济处罚力度太轻，使得会计违法收益极高，而成本很低，即使是在高查处概率下，其违法的风险收益仍然大大高于风险成本。我国现行法律法规中仍然存在重视行政及刑事的法律处罚、不重视民事法律责任的调节等问题，对民事赔偿责任还缺乏足够界定，导致因会计造假而利益受损的民事主体往往难以得到赔偿。

---

①　其中第 17 条指出：虚假陈述包括虚假记载、误导性陈述、重大疏漏和不正当披露四种行为。

②　刘俊海等：《〈证券法〉修改中 CPA 虚假陈述民事责任研究》，中注协《发展研究资料》（No. 2005-8）

二、强化监管者的法律责任

（一）监管者需承担怎样的法律责任

前已述，我国现行法规对监管者法律责任的规定都比较抽象①，但相关法规对监管者职责（说是职责，实际上是对权力的规定）规定都比较具体，如《会计法》第32条规定：财政部门对各单位是否依法设置会计账簿；会计凭证、会计账簿、财务会计报告和其他会计资料是否真实、完整；会计核算是否符合本法和相关准则制度规定；从事会计工作的人员是否具备从业资格等情况实施监督。第33条规定：财政、审计、税务、人民银行、政权监管、保险监管等部门应当依据有关法律、行政法规规定的职责，对有关单位的会计资料实施监督检查。《注册会计师法》相关条款规定财政部门的监管职责有：制定CPA考试办法；审定批准CPA执业准则、规则等；批准设立会计师事务所；对CPA和事务所实施处罚等。《证券法》第179条规定证券监督管理机构的监管职责有：依法制定有关证券市场监管的规章、规则，并依法行使审批或核准权；依法对证券的发行、交易、登记、托管、结算等进行监管；依法对证券发行人、上市公司……证券服务机构……的证券业务活动进行监管；依法制定从事证券业务人员的资格标准和行为准则，并监督实施；依法监督检查证券发行、上市和交易的信息公开情况；依法对证券业协会的活动进行指导和监督；依法对违反证券市场监管法律、行政法规的行为进行查处等。总之，相关法规都是政府约束被监管者，而监管者把自身看作是相关法规的非关联者。从立法目的来看，都是为了保护投资者和公共利益，促进行业和社会主义市场经济健康发展等，但监管者无责任的监管不可能有好的效率与效果，也难以很好地为立法目的服务。我国怎样由权力政府向责任政府过渡？首要的是在立法上解决这个问题。

监管者究竟要否承担法律责任，该承担哪些法律责任？笔者认为，监管者不仅要承担法律责任，而且应比执行者担负更重的法律责任，因为政府（监管者）代表的是公众形象，其不作为或重大过失造成的影响、损失或危害远远大于个体执行者。监管者需承担的法律责任主要有：（1）不作为、无意过失、有意普通过失、有意重大过失的行政责任。对于某直接监管责任人来说，其行政责任主要包括完成一定时数的后续教育、通报批评、罚款、警告、处分、降职直至开除公职。该监管者的领导要承担相应的连带行政责任。情节严重，应对监管机构进行通报批评或罚款。（2）滥用职权、徇私舞弊的行政责任和刑事责任。承担的相关行政责任同（1），构成犯罪的，按有关法律判处一定的徒刑。（3）民事责任。我国《民法通则》第121条规定，国家机关或国家机关工作人员在执行职务中，侵犯公民、法人的合法权益造成损害的，应当承担民事责任。监管部门出具无保留意见的监管报告，若日后涉及民事诉讼，监管部门和人员应承担连带民事责任。

（二）规范监管者法律责任的思路

一种思路是出台《CPA行业监管法》，专门规范监管的目标、监管人员的专业胜任能

---

① 2006年修订的《审计法》第52条仍将审计人员的法律责任规定为：滥用职权、徇私舞弊、玩忽职守或者泄露所知悉的国家秘密、商业秘密的，依法给予处分；构成犯罪的，依法追究刑事责任。《会计法》规范会计人员的行为，《注册会计师法》规范事务所和CPA的行为，而《审计法》却主要是规范被审计者的行为。好像一涉及政府机关就无法定责。

力要求和考试办法、监管的体制、监管的内容、监管的方法、监管的实施程序、监管者的权力、监管者的职责、监管应达到的质量标准、监管者的法律责任等。但出台专门的 CPA 行业监管法可能有较大的难度。

另一种思路是在现有法规中进一步明确 CPA 行业监管者的法律责任。首先在《注册会计师法》的修订中，必须明确各级注协和各级财政部门的法律责任，法律赋予了他们监管 CPA 行业的权力，就必须规定对应的责任。各级注协及相关监管人员应承担的责任包括：(1) 监管不力责任；(2) 监管过失责任；(3) 惩戒不力责任；(4) 惩戒不当责任；(5) 违法责任。各级财政部门和相关监管人员应承担的责任包括：(1) 不作为的责任；(2) 监管过失责任；(3) 滥用职权、徇私舞弊责任等。刑法第 397 条对滥用职权、玩忽职守、徇私舞弊罪作出了处罚规定。《刑法释义》① 中是这样界定的：滥用职权罪和玩忽职守罪是渎职犯罪的两种表现形式，他们在犯罪的主体和所侵犯的客体上是相同的，犯罪主体都是国家机构工作人员，犯罪客体都是国家机构的正常活动。但在犯罪的主观方面和行为特征上又是不同的，滥用职权罪在行为特征上是胡乱地、没有限制地使用职权，致使公共财产、国家和人民的利益遭受重大损失。主观上是故意行为。玩忽职守罪的行为特征表现在或是对应尽的职责义务不去履行、消极怠慢；或是不认真履行，敷衍塞责。主观上是疏忽大意。并非一切滥用职权和玩忽职守都构成犯罪，国家机关工作人员的滥用职权和玩忽职守行为，导致公共财产、国家和人民利益遭受重大损失的，才构成犯罪，处三年以下有期徒刑或者拘役；情节特别严重的，处三年以上七年以下有期徒刑。最高人民检察院对重大损失的司法解释主要从以下几个方面把握：(1) 死亡 1 人以上（含 1 人）的；(2) 重伤 3 人以上（含 3 人）的；(3) 直接经济损失 5 万元以上（含 5 万元）的；(4) 造成严重政治影响的。而徇私舞弊是滥用职权里性质特别恶劣的一种。徇私就是服从私情、听从私利的指挥做不合法的事，舞弊就是用欺骗的方法做违法乱纪的事，有法不依，玩弄法律。主观恶性大，对国家机关的正常管理活动是一种威胁。所以法律单独列出一款，指明由于徇私舞弊而犯渎职罪的，处 5 年以下有期徒刑或拘役，情节特别严重的，处 5 年以上 10 年以下有期徒刑。刑罚第 403 条对公司监管方面徇私舞弊犯罪作出了规定，笔者认为应适用于 CPA 行业监管。《刑法释义》解释为：监管方面徇私舞弊犯罪的主体是国家有关主管部门的国家机关工作人员，徇私舞弊行为侵害的客体是国家对 CPA 的监管活动。政府监管部门工作人员徇私舞弊、滥用职权，将破坏国家对 CPA 的监管活动，破坏国家机关应该为公众提供的服务，因此法律上将此种行为使国家公共财产、国家和人民利益遭受重大损失的，规定为犯罪，处 5 年以下有期徒刑或拘役；尚未造成重大损失的，依法给予行政处分。

建议依据《刑法》的处罚标准和《民法通则》的有关规定，在《注册会计师》中界定出各种责任的标准，并制定相应的行政责任和依法追究刑事责任的具体对应条款。新《证券法》赋予证券监督管理机关对 CPA 更大的监管权力，虽然第 227 条对证券监督管理机关工作人员不依法履行职责行为的行政责任作了规定，但对监管人员从事的

① 全国人大常委会法工委研究室编写组：《中华人民共和国刑法释义》，人民出版社 1997 年版，第 521～532 页。

监管活动，特别是对 CPA 行业监管法律责任的规定很不具体，建议也依据《刑法》、《民法通则》的有关条款，在《证券法》中进一步细化监管者的责任类型、处罚尺度和追究办法。

只有明确了监管者的法律责任，提高监管者的主动性和责任感，才能真正提高监管效率，从而实现立法目的，维护社会公共利益和投资者的合法权益，促进 CPA 行业和社会主义市场经济的健康发展。

参考文献

中文文献

[1]［美］阿尔文·A. 阿伦斯等：《审计学——整合方法研究》，石爱中等译，中国审计出版社 2001 年版。
[2]［美］阿兰·斯密德：《制度与行为经济学》，刘璨、吴水荣译，中国人民大学出版社 2002 年版。
[3]［美］道格拉斯·R. 卡迈克尔、约翰·J. 威林翰、卡罗·A. 沙勒：《审计概念与方法——现行理论与实务指南》，刘明辉、胡英坤主译，东北财经大学出版社 1999 年版。
[4]［美］迈克尔·查特菲尔德：《会计思想史》，文硕等译，中国商业出版社 1989 年版。
[5] 朱锦余：《注册会计师执业报告研究》，高等教育出版社 2005 年版。
[6]《会计师事务所执业质量检查制度（试行）》的说明、《会计师事务所执业质量检查手册》。
[7]《刘仲黎会长在中国会计审计准则体系发布会上发表重要讲话》，载《中国注册会计师》2006 年第 2 期。
[8]《中国注册会计师》通讯员：《ACCA 阐述对安然事件的立场》，载《中国注册会计师》2002 年第 4 期。
[9]《注册会计师职业的国际化与中国注册会计师行业的发展——刘仲黎会长在第二届注册会计师论坛上的主题演讲》，载《中国注册会计师》2005 年第 6 期。
[10] Arens 等：《审计与保证服务——整合法》，张龙平、谢盛纹主译，东北财经大学出版社 2005 年版。
[11] Canadian Comprehensive Auditing Foundation，Comprehensive Audit，转引自《杨时展论文集》。
[12] Mathas Dewatriport，Jean Tirole：《银行监管》，石磊、王永钦译，复旦大学出版社 2002 年版。
[13] Sarbanes-Oxley Act 和中注协：《萨班斯法案》，载《行业发展研究资料》（No. 2003－4）（吴文军执笔）。
[14] 爱尔兰特许会计师协会秘书长布赖恩·沃尔：《会计行业自律的未来》，载《爱尔兰会计行业》1999 年 10 月，章海贤、梁晶编译，转引自《中国注册会计师》2001 年第 1 期。

[15] 白晓红：《美国注册会计师行业管理体制的演变》，载《中国注册会计师》2002 年第 12 期。
[16] 白云霞、吴联生：《信息披露与国有股权私有化中的盈余管理》，载《会计研究》2008 年第 10 期。
[17] 薄仙慧、吴联生：《国有控股与机构投资者的治理效应：盈余管理视角》，载《经济研究》2009 年第 2 期。
[18] 鲍海滨：《从〈萨班斯—奥克斯利法案〉看我国上市公司监管》，载《中国金融家》2005 年第 7 期。
[19] 曾铁兵：《注册会计师职业协会问题研究评述》，载《中国注册会计师》2005 年第 7 期。
[20] 常勋、黄京菁：《会计师事务所质量控制》，东北财经大学出版社 2004 年版。
[21] 常勋：《从"银广夏"和"安然"事件看诚信的重要性》，见中注协编：《注册会计师、注册资产评估师行业诚信建设纲要》，中国财政经济出版社 2002 年版。
[22] 常志安译：《布莱尔抨击萨班斯法案》，载《中国注册会计师》2005 年第 7 期。
[23] 陈波：《基于国家经济信息安全的注册会计师行业监管制度研究》，载《财政监督》2011 年第 6 期。
[24] 陈波：《注册会计师行业独立型监管模式有效性研究——基于美国 PCAOB 运作情况的分析》，载《审计与经济研究》2010 年第 1 期。
[25] 陈国辉、李长群：《论会计市场失灵与政府监管》，载《会计研究》2000 年第 8 期。
[26] 陈汉文：《证券市场与会计监管》，中国财政经济出版社 2001 年版。
[27] 陈汉文：《注册会计师职业行为准则研究》，中国金融出版社 1999 年版。
[28] 陈建明：《注册会计师行业质量控制体系研究》，载《会计研究》2004 年第 3 期。
[29] 陈晓卿：《注册会计师行业监管模式的选择》，载《财政监督》2007 年第 6 期。
[30] 陈毓圭：《陈毓圭讲话——中注协在京召开全国秘书长工作会议》，载《中国注册会计师》2005 年第 5 期。
[31] 陈毓圭：《以诚信建设为主线，深入推进行业自律管理体制建设》，载《中国注册会计师》2003 年第 10 期。
[32] 程恩富：《公平与效率：如何兼得——程恩富教授 9 月 18 日在吉林大学的讲演》（节选），载《文汇报》2002 年 10 月 15 日。
[33] 崔宏：《萨班斯法案实施效果的初步分析》，载《中国注册会计师》2005 年第 12 期。
[34] 邓晖译：《PCAOB 今年要掀"检查风暴"》，载《中国注册会计师》2005 年第 5 期。
[35] 丁岩、李秀强：《注册会计师行业监管模式的国际比较》，载《中国农业会计》2007 年第 1 期。
[36] 樊千：《浅析我国注册会计师行业监管存在的问题及对策》，载《会计之友》2008 年第 2 期上。
[37] 封桂芹：《注册会计师行业管理体制现状及对策之我见》，载《中国总会计师》2009 年第 2 期。
[38] 冯毅：《从 2005 年世界发展报告看注册会计师职业在社会经济发展中的作用》，载

《中国注册会计师》2006 年第 3 期。
[39] 佛罗里达州《会计法》和《会计条例》，参照财政部《注册会计师法》修订工作小组编译的《世界部分国家和地区注册会计师法规集》。
[40] 郭道扬、吴联生：《论注册会计师审计质量保持机制——兼论我国注册会计师审计质量保持机制的改进》，载《审计研究》2003 年第 5 期。
[41] 何元福、徐志康、徐得均：《构建一个和谐注册会计师行业》，载《中国注册会计师》2005 年第 7 期。
[42] 何志尧：《大力发展民间自治性行业组织的思考》，载《中国注册会计师》2004 年第 5 期。
[43] 贺强、杜惠芬、李磊宁：《中国资本市场若干重大问题研究》，中国人民大学出版社 2004 年版。
[44] 恒毅：《英国、美国、德国的注册会计师考试制度比较》，载《中国注册会计师》2005 年第 12 期。
[45] 胡少先：《奏好构建和谐行业的四个乐章》，载《中国注册会计师》，2006 年第 1 期。
[46] 黄道国：《金融审计与金融监管研究》，湖北人民出版社 2004 年版。
[47] 黄法得、王晨潮：《安然事件后美国 CPA 行业监管同业复核制度改革述评》，载《财会通讯》2007 年第 1 期。
[48] 黄世忠、杜兴强、张胜芳：《市场　政府与会计监管》，载《会计研究》2002 年第 12 期。
[49] 黄世忠：《安然事件对注册会计师监管模式的影响》，载《中国注册会计师》2002 年第 2 期。
[50] 姜曾宽：《我国注册会计师选定监管存在的问题及对策》，载《财政监督》2010 年第 8 期。
[51] 姜学军、刘丽巍、范南：《金融对外开放与监管问题研究》，中国时代经济出版社 2005 年版。
[52] 蒋洪：《财政学》，上海财经大学出版社 2000 年版。
[53] 康玲、刘洪燕：《从监管角度看会计师事务所做大做强》，载《现代商业》2010 年第 5 期。
[54] 雷光勇、刘慧龙：《大股东控制、融资规模与盈余操纵程度》，载《管理世界》2006 年第 1 期。
[55] 李爽、吴溪：《审计失败与证券市场审计监管——基于证监会处罚公告的思考》，载《会计研究》2002 年第 2 期。
[56] 李爽、吴溪：《审计师变更研究——中国证券市场的初步证据》，中国财政经济出版社 2002 年版。
[57] 李扬、王国刚：《资本市场导论》，经济管理出版社 1998 年版。
[58] 李越、王勇：《对 CPA 审计质量的几点思考》，载《商业会计》2005 年第 12 期。
[59] 李若山、周勤业：《注册会计师法律责任理论与实务》，中国时代经济出版社 2002 年版。

[60] 李若山：《审计案例——国外审计诉讼案例》，辽宁人民出版社 1998 年版。
[61] 李若山：《注册会计师：经济警察吗》，中国财经出版社 2003 年版。
[62] 李晓慧：《审计实验室——审计实务个案分析》，经济科学出版社 2000 年版。
[63] 李长爱、申慧慧：《我国注册会计师行业监管效率研究》，载《审计研究》2008 年第 5 期。
[64] 李长爱：《试论我国注册会计师行业监管体系的构造》，载《湖北经济学院学报》2004 年第 1 期。
[65] 李长爱：《我国注册会计师行业监管方法改革研究》，载《管理世界》2008 年第 7 期。
[66] 李长爱：《英美 CPA 行业监管体制变迁及其启示》，载《会计之友》2007 年第 5 期（上）。
[67] 李长爱：《政府行政监管与行业自律监管的协调发展——提高我国注册会计师行业监管效率研究》，载《审计研究》2004 年第 6 期。
[68] 李长爱：《注册会计师行业监管理论问题研究》，载《会计论坛》2006 年第 1 期。
[69] 李长爱：《注册会计师行业监管体制改革探讨》，载《财会月刊》2006 年第 13 期，人大复印资料《审计文摘》2006 年第 7 期转载。
[70] 廖洪、张娟：《对上市公司审计实行监督的思考》，载《审计月刊》2004 年第 8 期。
[71] 林江鹏、唐久芳：《萨班斯法案视角下我国注册会计师行业诚信体系的构建》，载《特区经济》2007 年第 1 期。
[72] 林毅夫：《我国经济改革顺序的思考和突破口的选择》，载《经济社会结构比较》1989 年第 3 期。
[73] 刘峰、许菲：《我国审计市场制度安排与审计质量需求——中天勤客户流向的案例分析》，载《会计研究》2002 年第 12 期。
[74] 刘峰、张立民、雷科罗：《我国审计市场制度安排与审计质量需求——中天勤客户流向的案例分析》，载《会计研究》2002 年第 12 期。
[75] 刘峰：《会计准则变迁》，中国财政经济出版社 2000 年版。
[76] 刘峰：《制度安排与会计信息质量——红光实业的案例分析》，载《会计研究》2001 年第 7 期。
[77] 刘维：《美国注册会计师行业监管制度变迁对我国的启示》，载《财务与会计》2005 年第 6 期。
[78] 刘渝：《注册会计师行业信息管理探讨》，载《中国注册会计师》2006 年第 3 期。
[79] 刘刚：《萨班斯法案致使上市公司产生退市打算的原因》，载《中国注册会计师》2005 年第 7 期。
[80] 刘国常：《注册会计师审计责任问题研究》，中国科学文化出版社 2001 年版。
[81] 刘俊海等：《〈证券法〉修改中 CPA 虚假陈述民事责任研究》，中注协《发展研究资料》（No. 2005-8）。
[82] 刘明辉、金一：《注册会计师行为与制度约束的经济分析》，载《会计研究》1999 年第 10 期。

[83] 刘明辉、张宜霞：《上市公司会计监管制度及其改进》，载《会计研究》2002年第12期。
[84] 刘小兵：《政府管制的经济分析》，上海财经大学出版社2004年版。
[85] 刘仲藜：《刘仲藜会长在"中国会计审计准则体系发布会"上发表的重要讲话》，载《中国注册会计师》2006年第2期。
[86] 刘仲黎：《在改革中前进的中国资本市场和中国会计师行业——刘仲黎会长4月6日在英格兰及威尔士特许会计师协会布鲁塞尔会议上的演讲》，载《中国注册会计师》2005年第5期。
[87] 卢现祥：《西方新制度经济学》，中国发展出版社2003年版。
[88] 陆建桥：《后安然时代的会计与审计——评美国〈2002萨班斯—奥克斯利法案〉对会计、审计发展的影响》，载《会计研究》2002年第10期。
[89] 鹿霞：《萨班斯法案背景下对我国上市公司会计监管问题的研究》，青岛理工大学，2010年。
[90] 美国《1933年证券法》、《1934年证券交易法》，参照财政部《注册会计师法》修订工作小组编译的《世界部分国家和地区注册会计师法规集》。
[91] 《蒙哥马利审计学》（上），蒙哥马利审计学翻译组译，中国商业出版社1989年版。
[92] 乔世震：《审计案例》，中国财政经济出版社2002年版。
[93] 乔引花、贾茜：《关于注册会计师行业监管模式的探讨》，载《西安财经学院学报》2009年第1期。
[94] 秦红伟：《我国注册会计师行业监管新模式的构建研究》，沈阳大学，2010年。
[95] 秦荣生：《亟待明确的会计责任和审计责任》，载《注册会计师通讯》1995年第3期。
[96] 全国人大常委会法工委研究室编写组：《中华人民共和国刑法释义》，人民出版社1997年版。
[97] 任明川：《美国上市公司会计监督委员会的组织运作评述》，载《中国注册会计师》2005年第3期。
[98] 任明川：《英国会计职业投诉与惩戒制度》，载《中国注册会计师》2003年第12期。
[99] 萨利·亨克利：《中注协举办的首届CPA论坛中的讲话——行业自律与公众利益》，载中注协编《行业发展研究资料》，经济科学出版社2005年版。
[100] 宋发达、张后芳：《充分发挥行业协会的市场中介作用》，载《杭州商学院学报》1994年第6期。
[101] 孙铮、王志伟、吴茜：《市场监管 公司治理 会计改革——从美国〈2002年SOX法案〉看中国的会计改革》2002年第12期。
[102] 谭静：《完善我国注册会计师行业监管的对策研究》，载《商业文化》2011年第5期。
[103] 唐久芳、林江鹏、李鹏飞：《萨班斯法案视角下我国注册会计师行业诚信问题的思考》，载《财会通讯》2006年第11期。
[104] 《中国注册会计师》通讯员：《ACCA阐述对安然事件的立场》，载《中国注册会计

师》2002年第4期。
[105] 王翠婷：《萨班斯法案下注册会计师独立性的思考》，载《武汉金融》2007年第5期。
[106] 王光远：《制度基础审计学》，湖北科学技术出版社1992年版。
[107] 王敏、朱永祥：《试析我国注册会计师行业监管体系的现状》，载《财政监督》2009年第10期。
[108] 王善平、赵国宇：《注册会计师行业监管的若干问题研究》，载《审计与经济研究》2006年第5期。
[109] 王素梅、邓云：《注册会计师法律责任体系的政策研究——基于〈萨班斯—奥克斯利法案〉的视角》，载《财会通讯》2006年第11期。
[110] 王轶、马文玲：《我国注册会计师行业监管模式的分析》，载《商业经济》2010年第9期。
[111] 王泽霞：《管理舞弊导向审计》，电子工业出版社2005年版。
[112] 魏标等：《建立与完善CPA行业监管体系的构想》，载《中国注册会计师》2002年第2期。
[113] 文硕：《世界审计史》，企业管理出版社1996年版。
[114] 我国《审计准则第1101号——财务报表审计的目标和一般原则》第14条、第15条，《中国注册会计师执业准则》(2006)，经济科学出版社2006年版。
[115] 席酉民、唐方成、郭士伊：《和谐理论》，西安交通大学出版社2004年版。
[116] 夏立军：《盈余管理计量模型在中国股票市场的应用研究》，载《中国会计与财务研究》2003年第2期。
[117] 萧英达、张继勋、刘志远：《国际比较审计》，立信会计出版社2000年版。
[118] 萧英达：《比较审计学》，中国财政经济出版社1991年版。
[119] 谢德仁、陈武朝：《注册会计师职业服务市场的细分研究》，载《会计研究》1999年第8期。
[120] 谢德仁：《注册会计师行业管制模式：理论分析》，载《会计研究》2002年第2期。
[121] 徐经长：《证券市场会计监管研究》，中国人民大学出版社2002年版。
[122] 徐政旦、谢荣、朱荣恩、唐清亮主编：《审计研究前沿》，上海财经大学出版社2002年版。
[123] 薛祖云：《会计信息市场与市场管制——关于会计信息管制的经济学思考》，暨南大学出版社2002年版。
[124] 薛祖云：《会计信息市场政府监管研究》，中国财经出版社2005年版。
[125] 阎达五、李勇、许辞寒：《发展我国注册会计师行业的一些思考》，载《中国注册会计师》2002年第3期。
[126] 杨纪琬、余秉坚：《现代中国会计手册》，中国财政经济出版社1988年版。
[127] 杨时展：《杨时展论文集》，企业管理出版社1997年版。
[128] 杨兴华：《试论在市场经济体制下发挥行业协会的作用》，载《管理现代化》1994年第4期。

[129] 杨再平：《效能观点——透视中国金融前沿问题》，经济科学出版社 2002 年版

[130] 杨哲英、关宇：《比较制度经济学》，清华大学出版社 2004 年版。

[131] 叶友等：《各国 CPA 的监管模式及对我国的借鉴意义——从行业自律到独立监管》，中国会计学会审计专业委员会编《2004 年年会论文集》。

[132] 英国 1989 年《公司法》，参照财政部《注册会计师法》修订工作小组编译《世界部分国家和地区注册会计师法规集》。

[133] 于鹏：《公司特征、国际"四大"与审计意见》，载《审计研究》2007 年第 2 期。

[134] 于志飞：《我国注册会计师行业监管缺陷及建议》，载《黑龙江对外经贸》2007 年第 7 期。

[135] 云南省财政厅课题组：《关于修改〈注册会计师法〉的几点意见》，载《中国注册会计师》2003 年第 10 期。

[136] 张荔等著：《发达国家金融监管比较研究》，中国金融出版社 2003 年版。

[137] 张莹、陈凯智：《借鉴国外经验，做好行业质量检查的思考——美国注协同业复核制度改革评述》，载《中国注册会计师》2006 年第 1 期。

[138] 张俊民：《会计监管》，立信会计出版社 2000 年版。

[139] 张连起：《和谐为道　服务为先——注册会计师协会功能建设随想》，载《中国注册会计师》2005 年第 7 期。

[140] 张连起：《会计师事务所质量控制》上海财经大学出版社 2003 年版。

[141] 张龙平：《审计》，经济科学出版社 1994 年版。

[142] 张龙平：《注册会计师审计控制系统研究》，东北财经大学出版社 1994 年版。

[143] 张龙平等：《国际审计风险准则的最新发展与启示》，载《会计研究》2004 年第 12 期。

[144] 张莹、陈凯智：《借鉴国外经验，做好行业执业检查的思考——美国注协同业复核制度改革评述》，载《中国注册会计师》2006 年第 1 期。

[145] 赵霜茁：《现代金融监管》，对外经贸大学出版社 2004 年版。

[146] 赵锡军：《论证券监管》，中国人民大学出版社 2000 年版。

[147] 赵一静：《萨班斯法案影响研究》，武汉理工大学出版社 2007 年版。

[148] 赵友良：《中国近代会计审计史》，上海财经大学出版社 1996 年版。

[149] 中国注册会计师协会课题组：《自我管制、政府管制与独立管制——注册会计师行业管理模式比较研究》，载《中国注册会计师》2001 年第 2 期。

[150] 中国注册会计师协会专业标准部：《政府监管与行业自律相结合是注册会计师行业健康发展的有力保证——英美注册会计师管理模式对我国的启示》，载《中国注册会计师》2001 年第 3 期。

[151] 中注协：《美国注册会计师行业监管体制考察报告》，载《行业发展研究资料》（No. 2004-20）。

[152] 中注协：《美国注册会计师同业互查制度研究报告》，载《行业发展研究资料》（№. 2003-2）（张莹执笔）。

[153] 中注协：《我国注册会计师事业的发展历程（一）》，载《中国注册会计师》1999

年第3期。
[154] 中注协：《英国贸工部公布职业团体的监管报告》，载《行业发展研究资料》（No. 2005-3）（陈颖、刘林译、袁昊校）。
[155] 中注协:《英国注册会计师行业管理体制：改革历程与启示》，载《行业发展研究资料》（No. 2005-2）。
[156] 中注协:《政府监管与行业自律相结合是注册会计师行业健康发展的有力保证——英美注册会计师管理模式对我国的启示》，载《中国注册会计师》2001年第3期。
[157] 中注协编:《中国注册会计师法律责任》，辽宁人民出版社1998年版。
[158] 中注协编:《中国注册会计师行业规范》，中国科学技术出版社2001年版。
[159] 中注协编:《注册会计师行业课题研究报告》，中国财政经济出版社2004年版。
[160] 中注协标准部编:《2002年、2003年上市公司审计报告非标准意见分析报告》，经济科学出版社2003年、2004年（杨志国执笔，杨援朝搜集资料）。
[161] 中注协组织翻译:《关于会计师事务所强制轮换潜在影响的法定研究》（美国审计总署GAO研究报告），中国财政经济出版社2004年版。
[162] 周勤业等:《审计》，上海三联书店1996年版。
[163] 周向群:《萨班斯法案对我国上市公司会计监管的借鉴》，载《产业与科技论坛》2008年第7卷第1期。
[164] 周仲飞:《银行监管案例精编》，上海财经大学出版社2004年版。
[165] 庄序莹:《中国证券市场监管理论与实践》，中国财政经济出版社2001年版。
[166] 庄智华:《民间审计的博弈均衡和失衡——对美国萨班斯法案经济后果的一种解读》，载《审计与经济研究》2010年第11期。

英文文献

[1] Abdul Majid and Marian Tong, Auditors' Liability for Client Fraud, Other Irregularities and Errors: A Legal and Empirical Note. *Hong Kong Journal of Business Management*, Vol. XIV (1996), pp. 69-81.
[2] Aharony, J. C. J. Lee, and T. J. Wong, 2000. Financial Packaging of IPO Firms in China. Journal of Accounting Research, 38 (1): 103-126.
[3] AICPA, The Auditor's Responsibility to Detect Fraud. *The CPA Letter*, 1994, January: 5.
[4] AICPA, *the Commission on Auditors' Responsibilities: Report, Conclusions, and Recommendations*, New York: AICPA, 1978.
[5] Alan Stone, *Regulation and its Alternatives*, Washington, DC: Congressional Quarterly Press, 1982.
[6] Alvin A. Arens, Randal J. Elder and Mark S. Beasley, *Auditing and Assurance Services* (Ninth Edition), Prentice Hall, 2003.
[7] Anderson, U. and G. Marchant, Auditor's Assessment of the Competence and Integrity of Auditee Personnel. *Auditing: A Journal of Practice and Theory (Supplement)*, 1989,

pp. 1-16.

[8] Arkes, H. R, R. M. Dawes and C. Christensen, Factors Influencing the Use of a Decision Rule in a Probabilistic Task. *Organizational Behavior and Human Decision Processes*, Vol. 37 (1986), pp. 93-110.

[9] B. M. Mitnick, *the Political Economy of Regulation*, New York: Columbia University Press, 1980.

[10] Barban Apostou, John M Hassell, Sally A Webber, Management Fraud Risk Factors: Ratings by Forensic Experts. *The CPA Journal*, Vol. 71 (October 2001), pp. 48-52.

[11] Becker, C. M. DeFond, J. Jiambalvo and K. R. Subramanyam. 1998. The Effect of Audit Quality on Earnings Managerment. Contemporary Accounting Research, 15: 1-24.

[12] Bell, T. B. S. Szykowny and J. J. Willingham, *Assessing the Likelihood of Fraudulent Reporting: A Cascade Logic Approach.* Working Paper, KPMG Peat Marwick, 1991.

[13] Bell, T. F. Marrs, I. Solomo and H. Thomas, *Auditing Organizations through a Strategic-systems Lens: The KPMG Business Measurement Process.* New Jersey: KPMG Peat Marwich LLP, 1997.

[14] Blochor, E. the Role Analytical Procedures in Detecting Management Fraud. A Research Project Prepared for theInstitute of Management Accountants, 1992.

[15] Bloomfield, R. J., Discussion of an Experimental Investigation of Auditor-Auditee Interaction under Ambiguity. *Journal of Accounting Research* (*Supplement*), 1999, pp. 157-165.

[16] Bloomfield, R. J., Strategic Dependence and Inherent Risk Assessment. *The Accounting Review*, Vol. 70 (January 1995), pp. 71-90.

[17] Buder, S., B. Ward and M. Zimbelman, *the Expectation Gap: Auditors and Investors Perceptions of Auditors' Fraud Detection Responsibilities.* Working Paper, Brigham Young University, 2000.

[18] Collins, D. W., M. S. Rozeff and D. S. Dhaliwal, 1981. The Economic Determinants of the Market Reaction to Proposed Mandatory Accounting Changes in the Oil and Gas Industry. Journal of Accounting and Economics, 3 (1): 37-71.

[19] D. Needham, *the Economics and Politics of Regulation: A Behavioral Approach*, Boston: Little Brown and Company, 1983.

[20] David L Landsittel, Some Current Challenges. *The CPA Journal* Vol. 70 (Oct. 2000), pp. 58-61.

[21] DeAngelo, L. 1981. Auditor Size and Audit Quality. Journal of Accounting and Economics, 3: 183-199.

[22] DeAngelo, L. Auditor size and audit quality. Journal of Accounting and Economics, 1981. Vol. 3: pp. 183-199.

[23] Dechow, P. M. and D. J. Skinner, 2000. Earnings Management: Reconciling the Views of Accounting Academics, Practitioners, and Regulators. Accounting Horizons, 14 (2): 235-250.

[24] Dechow, P. M., R. Sloan and A. P. Sweeney, 1995. Detecting Earnings Management. The Accounting Review, 70 (2): 193-225.

[25] DeFond, M and J. Jiambalvo. Factors Related to Auditor-Client Disagreements over Income Increasing Accounting Methods. Contemporary Accounting Research, 1993, Vol. 9, pp. 415-431.

[26] Ding, Y., H. Zhang, and J. Zhang. 2007. Private vs State Ownership and Earnings Management: Evidence from Chinese Listed Companies. Corporate Governance, 15 (2): 223-238.

[27] Donald H. Taylor and G. William Glezen, *Auditing: an Assertions Approach* (Seventh edition), John Wiley &Sons, 1997.

[28] Donald K. McConnell, Jr. and George Y Banks, a Common Peer Review Problem. *Journal of Accountancy*, Vol. 185 (June 1998), p. 39.

[29] Dye, R., Auditing Standards. Legal Liability and Auditor Wealth, Journal of Political Economy, 1993, Vol. 101, pp. 887-914.

[30] E. Kahm, *the Economics of Regulation: principles and Institution*, New York: John Wiley and Sons, 1970.

[31] Eining, M. M., D. R. Jones, and J. K. Loebbecke, Reliance on Decision Aids: An Examination of Auditors' Assessment of Management Fraud. *Auditing: A Journal of Practice and Theory*, Vol. 16 (Fall 1997), pp. 1-19.

[32] Engel E, Hayes R, Wang X. The Sarbanes-Oxley Act and firms'going-private decisions. Journal of Accounting and Economics, 2007, 44: 116-145.

[33] Epstein, M. and M. Geiger, Investor Views of Audit Assurance: Recent Evidence of the Expectation Gap. *Journal of Accountancy*, Vol. 177, No. 1 (January1994), pp. 60-66.

[34] Erickson, M., B. W. Mayhew, and W. L. Felix. Why do Audits Fail? Evidence from Lincoln Savings and Loan. *Journal of Accounting Research*, Vol. 38, No. 1 (Spring 2000), pp. 165- 194.

[35] Faccio, M., 2006. Politically connected firms. American Economic Review, 96 (1): 369-386.

[36] Feroz, E., K. Park and V. Pastena. 1991. The Financial and Market Effects of the SEC's Accounting and Auditing Enforcement Release. Journal of Accounting Research, 29 (Supplement): 107-142.

[37] Francis, J. and E. Wilson. 1988. Auditor Changes: A Joint Test of Theories Relating to Agency Costs and Auditor Differentiation. The Accounting Review, 63: 663-682.

[38] Franks, Stephen M. Schaefer, Michael D. Staunton, the Direct and Compliance Costs of Financial Regulation. *Journal of Banking & Finance*, Vol. 21 (1997) pp. 1547-1572.

[39] G. Previts and B. Merino, *A History of Accountancy in the United States*, 2nd edition, Columbus: Ohio State University Press, 1998.

[40] G. Stigler, the Theory of Economics Regulation. *The Bell Journal of Economics and Man-*

agement Science, Vol. 2, No. 1 (Spring 1971), pp. 3-21.

[41] G. Stinger, Public Regulation of the Securities Market. *Journal of Business*, April 1964.

[42] Gary G Johnson, Charry L. Rudesill, an Investigation into Fraud Prevention and Detection of Small Businesses in the United States: Responsibilities of Auditors, Manager, and Business Owners. *Accounting Forum*, Vol. 25, No. 1 (2001), pp. 56-76.

[43] George J. Siedel, Decision Tree Modeling of Auditor Liability Litigating. *Accounting Horizons*, Vol. 5 (June 1991), pp. 80-90.

[44] H. Binswanger and V. Ruttan, *Induced Innovation, Technology, Institution, and Development.* Baltimore: Johns Hopkins University Press, 1978, pp. 327-357.

[45] H. W. Robinson, *A History of Accountings in Ireland*, Institute of Chartered Accountants in Ireland, 1964, p. 30.

[46] Hackenbrack, K., The Effect of Experience with Different Sized Clients on Auditor Evaluations of Fraudulent Financial Reporting Indicators. *Auditing: A Journal of Practice and Theory*, Vol. 12 (Spring1993), pp. 99-110.

[47] Harris J, Amhowitz, the Accounting Profession and the Law: the Misunderstood Victim. *Journal of Accountancy*, May, 1987.

[48] Healy, P. and J. Wahlen, A review of the Earnings Management Literature and Its Implications for Standard Setting. *Accounting Horizons*, Vol. 13, No. 4 (December 1999), pp. 365-383.

[49] Hian Chye Koh, E-Sah Woo, the Expectation Gap in Auditing. *Managerial Auditing Journal*, Vol. 13 (1998), pp. 147-154.

[50] Hilary G, Lennox C. The credibility of self-regulation: evidence from the accounting profession's peer review program. Journal of Accounting and Economics, 2005, 40: 211-229.

[51] Hribar, P. and C. Nichols, 2007. The Use of Unsigned Earnings Quality Measures in Tests of Earnings Management. Journal of Accounting Research, 45 (5): 1017-1053.

[52] Humphrey, C., P. Mozier and S. Turley, the Audit Expectations Gap in Britain: An Empirical Investigation. *Accounting and Business Research*, Vol. 23 (1993), pp. 395-411.

[53] Illegal Act: What Are the Auditor's Responsibility? *Journal of Accountancy*, January 1991.

[54] Imhoff, E. A., A Comparison of Analysts' Accounting Quality Judgments among CPA Firms' Clients. Auditing: A Journal of Practice & Theory, 1988. Vol. 7: pp. 182-191.

[55] John Kerry and Senator Hank Brown, The BCCI Affair, A Report to the Committee on Foreign Relations, United States Senate, December 1992, http: //www. fas. org/ irp/congress/ 1992_rpt/bcci/

[56] John L. Carey, Professional Ethics of Certified Public Accountants. *The American Institute of Accountants*, 1956.

[57] John L. Carey, *The Rise of the Accounting Profession: To Responsibility and Authority 1937-1969*, American Institute of Certified Public Accountants, 1970.

[58] Johnson, P. E, K. Jamal and RG. Berryman, Effects of Framing on Auditor Decisions. *Organizational Behavior and Human Decision Processes*, Vol. 50, No. 1 (1991): 75-105.

[59] Joyce, E. and G. Biddle, Are Auditors' Judgments Sufficiently Regressive? *Journal of Acounting Research*, Vol. 19 (1981b), pp. 323-349.

[60] Kaplan, S. E. and P. M. J. Reckers, an Empirical Examination of Auditors' Initial Planning Process. *Auditing: a Journal of Practice and Theory*, Vol. 4 (Fall 1984), pp. 1-19.

[61] Kato, T., and C. Long. 2006, Executive Turnover and Firm Performance in China . American Economic Review, 96: 363-367.

[62] Kinney W R Jr. Twenty-five years of audit deregulation and re-regulation: what does it mean for 2005 and beyond. Auditing: A Journal of Practice and Theory, 2005, 24 (Supplement): 89-109.

[63] Koh, P. S., 2003. On the Association between Institutional Ownership and Aggressive Corporate Earnings Management in Australia. British Accounting Review, 35: 105-128.

[64] Kreutzfeldt, R. W. Analysts' Forecasts as an Exogenous Risk Indicator in Analytical Auditing. *Advances in Accounting*, Vol. 12 (1994), pp. 307-312.

[65] Krishnan, J. Does Big6 Auditor Industry Expertise Constrain Earnings Management? Accounting Horizons, 2003. Vol. 17 (Supplement): pp. 1-16.

[66] Large, A., *Financial Service Regulation: Making the Tier System Work*, 1993.

[67] Lennox C, Pittman J. Auditing the auditors: evidence on the recent reforms to the external monitoring of audit firms. Journal of Accounting and Economics, 2010, 49: 84-103.

[68] Lennox, C. Audit Quality and Executive officer's affiliations with CPA firms, Journal of Accounting & Economics, 2005. Vol. 39, pp. 201-231.

[69] Leuz C, Triantis A, Wang Y. Why do firms go dark? Causes and economic consequences of voluntary SEC deregistrations. Journal of Accounting and Economics, 2008, 45: 181-208.

[70] Littleton, A. C., *Accounting Evolution to 1900*, New York, 1933.

[71] Mancino, J., the Auditor and Fraud. *Journal of Accountancy*, (April 1997), pp. 32-36.

[72] Marc Quinty and Micheal W. Talor, *Regulatory and Supervisory Independence and Financial Stability*, IMF, WP/02/46.

[73] Nelson, M., J. Elliott and R. Tarpley. 2002. Evidence From Auditors about Managers' and Auditors' Earnings Managerment Decisions. The Accounting Review, 77 (Supplement): 175-202.

[74] Nichols, D. and D. Smith. Auditor Credibility and Auditor Changes. Journal of Accounting Research, 1983. Vol. 21: pp. 534-544.

[75] Palmrose, Z. 1988. An Analysis of Auditor Litigation and Audit Service Quality. The Accounting Review, 63: 55-73.

[76] Palmrose, Z. An Analysis of Auditor Litigation and Audit Service Quality. The Accounting

Review, 1988. Vol. pp. 63: 55-73.

[77] Palmrose. Z., an Analysis of Auditor Litigation Disclosures. *Auditing: A Journal of Practice and Theory* (*Supplememt*), 1991, pp. 54-71.

[78] Paul Munte, Thomas A Ratcliffe, Auditor's Responsibilities for Detection of Fraud. *The National Public Accountant*, Vol. 43 (September 1998), pp. 26-28.

[79] Peltzman. S, Toward a More General Theory of Regulation. *The Journal of Law and Economics*, Vol. 19 (1976), p. 212.

[80] Pincus, K., Auditor Individual Differences and Fairness of Presentation Judgments. *Auditing: A Journal of Practice and Theory*, Vol. 9, No. 3 (Fall 1990), pp. 150-166.

[81] Public Oversight Board (POB), *Panel on Audit Effectiveness. Report and Recommendations*, Stamford, Ct: POB, 2000.

[82] Public Oversight Board, *In the Public Interest: A Special Report by the Public Oversight Board of the SEC Practice Section*, AICPA. Stamford, Connecticut: Public Oversight Board, 1993.

[83] Qian, Y.. 1994. A Theory of Shortage in Socialist Economies Based on the 'Soft Budget Constraint'. American Economic Review, 84 (1): 145-156.

[84] Richard Brown, *A History of Accounting and Accountants*, Edited and Partly Written, Frank Cass& Co. Ltd. (London), First Edition, 1905.

[85] Richardon, W. J., 2000. Information Asymmetry and Earnings Management: Some Evidence. Review of Quantitative Finance and Accounting, 15 (4): 325-347.

[86] Ross Watts and Jerold Zimmerman, *Auditors and the Determination of Accounting Standards*. Working Paper Series No. GPB 78-06, Graduate School of Management, the University of Rochester, 1981a.

[87] Ross Watts and Jerold Zimmerman, the Demand For and Supply of Accounting Theory: The Market for Excuses. *Accounting Review*, 1979, pp. 273-304.

[88] Ross Watts and Jerold Zimmerman, *the Markets for Independence and Independent Auditors*. Working Paper Series No. GPB80-10, Graduate School Management, the University of Rochester, 1981b.

[89] Simmunic, D. and M. Stein. 1987. Product Differentiation in Auditing: Auditor Choice in the Market for Unseasoned New Issues (The Canadian Certified General Accountants Research Foundation, 1987).

[90] Simunic D A. Discussion of twenty-five years of audit deregulation and re-regulation: what does it mean for 2005 and beyond. Auditing: A Journal of Practice and Theory, 2005, 24 (supplement): 111-113.

[91] Sloan, R. G., 1996. Do Stock Prices Fully Reflect Information in Accruals and Cash Flows about Future Earnings? The Accounting Review, 71 (3): 289-315.

[92] Stephen E. Loeb, *Ethics in the Accounting Profession*, American Institute of Certified Public Accountants, 1978.

[93] Stephen Zeff, Leaders of Accounting Profession: Who Made a Difference, *Journal of Accountancy*, Vol. 14 (May 1987), pp. 46-77.

[94] Tayor,P. , Stuart, T. *The Regulation of Accounting*, Basil Blackwell, Oxford, UK, 1986.

[95] Teoh, S. H. and T. J. Wong. Perceived Auditor Quality and the Earnings Response Coefficient. The Accounting Review, 1993, Vol. 68: pp. 346-366.

[96] Teoh, S. H. and T. J. Wong. 1993. Perceived Auditor Quality and the Earnings Response Coefficient. The Accounting Review, 68: 346-366.

[97] Watts and Zimmerman, Agency Problems, Auditing, and Theory of the Firm: Some Evidence. *Journal of Law and Economics*, Vol. 26 (October 1983), pp. 613-634.

[98] Watts, R. and J. L. Zimmerman. 1978. Towards a Positive Theory of the Determination of Accounting Standards. The Accounting Review, 53 (1): 112-134

[99] Watts, R. , 1977. Corporate Finance Statements: Product of Market and Political Processes. Australian Journal of Management, 2 (1): 53-75.

相关网站:

[1] 中国注册会计师协会网站: www. cicpa. org. cn

[2] 中国财政部网站: www. mof. gov. cn

[3] 中国证监会网站: www. csrc. gov. cn

[4] 上海证券交易所网站: www. sse. com. cn

[5] 深圳证券交易所网站: www. sse. org. cn

[6] 美国注册会计师协会网站: www. aicpa. org

[7] 美国证券交易委员会网站: www. sec. gov

[8] 美国公共公司会计监管委员会网站: www. pcaobus. org

[9] 英国贸工部网站: www. dti. gov. uk

[10] 英国独立监管机构——财务报告理事会网站: www. frc. org. uk

[11] 英国会计团体咨询委员会 (CCAB) 网站: www. ccab. or